Außenwirtschaftstheorie

Einführung und Neuere Ansätze

Von

Dr. Udo Broll
Universität Osnabrück

und

Dr. Bernhard M. Gilroy
Hochschule St. Gallen

2., durchgesehene Auflage

R. Oldenbourg Verlag München Wien

Die Deutsche Bibliothek – CIP-Einheitsaufnahme

Broll, Udo:
Außenwirtschaftstheorie : Einführung und neuere Ansätze /
von Udo Broll und Bernhard M. Gilroy. – 2., durchges. Aufl. –
München ; Wien : Oldenbourg, 1994
ISBN 3-486-22964-8

NE: Gilroy, Bernhard M.:

Druck: Grafik + Druck, München
Bindung: R. Oldenbourg Graphische Betriebe GmbH, München

ISBN 3-486-22964-8

INHALT

Vorbemerkung

Die vorliegende Arbeit will eine Einführung in die Problemstellung der Aussenwirtschaftslehre geben. Die *Internationalisierung der Wirtschaft*, (d.h. die zunehmende weltwirtschaftliche Integration der Güter- und Finanzmärkte und die Internationalisierung der Produktion durch Direktinvestitionen oder vertragliche Kooperationen) hat in den letzten Jahre in der Aussenwirtschaftstheorie und -empirie zu Akzentverschiebungen in der Analyse geführt. Man löst sich zunehmend von der Vorstellung vollkommen kompetitiver Märkte, man beschäftigt sich verstärkt mit dem intra-industriellen Handel (denn in den Industrieländern sind regelmässig wichtige Exportbranchen zugleich auch die wichtigsten Importbranchen), man berücksichtigt einen der wichtigsten Akteure des Handels und der internationalen Faktorbewegungen, nämlich die Multinationalen Unternehmen und man interessiert sich neben den Wirkungen neuerer (strategischer) Handelspolitiken auch für die Frage, *warum* es zu protektionistischen Massnahmen überhaupt kommt (dies ist die Fragestellung der Neuen Politischen Ökonomie des Protektionismus).

Seit den siebziger Jahren hat es bei den aussenwirtschaftlichen Rahmenbedingungen entscheidende Veränderungen gegeben. Neben dem Zusammenbruch des festen Wechselkurssystems traten die Ölpreisschocks und die dramatische Zuspitzung an den internationalen Finanzmärkten. All diese Ereignisse haben die Bedingungen der Internationalen Arbeitsteilung verändert und weniger stabil gemacht.Als Folge zeigte sich, wie sehr weltwirtschaftliche Vorgänge zu einem wichtigen Bestimmungsfaktor der nationalen Volkswirtschaften geworden sind.

Mit der vorliegenden Arbeit ist beabsichtigt, eine Informationslücke zu schliessen, um dem studentischen Leser den Zugang zu den neueren Beiträgen und ihr Verständnis zu erleichtern. Ausgehend von einer Einführung in die traditionelle Aussenhandelstheorie werden einige neuere Entwicklungen auf dem Gebiet des **intra-industriellen Handels**, der **Multinationalen Unternehmen**, der **strategischen Handelspolitik** und der **Neuen Politischen Ökonomie des Protektionismus** dargestellt.

Wir danken Herrn Professor H.J. Vosgerau als Sprecher des Sonderforschungsbereichs 178 "Internationalisierung der Wirtschaft" der Deutschen Forschungsgemeinschaft, Herrn Professor H. Siebert für wichtige Anregungen in seinen Doktorandenseminaren und den Herren Professor C.T. Ebenroth und B. Genser für ihre Unterstützung. Herrn Professor R. Leu, Herrn Professor H. Hauser, Herrn Professor H. Ursprung und Herrn M. Weigert danken wir für die Förderung des Buches und den Herren Professoren R. Jones, E. Helpman, A. Hillman, J. Silber, S. Donnenfeld, J. Zilcha, M. Casson, J. Chipman und E. Furubotn für die Anregungen, die wir durch ihre Vorträge und bei Diskussionen erhalten haben. Danken möchten wir auch allen Studenten des Aufbaustudiums "Internationale Wirtschaftsbeziehungen" der Universität Konstanz für kritische Anmerkungen und Fragen sowie Herrn Professor M. Braulke, PD H.G. Seifert-Vogt, Dr. E. Jäger, Dr. B. Eckwert , I. Abrahamsen, H. Kaplanek, Michael Gerfin, und Alan Pitts. Alle Unrichtigkeiten und Irrtümer gehen zu Lasten der Autoren.

U.B.; B.M.G.

0. Einführung

0.1 Traditioneller Ansatz der Aussenwirtschaftstheorie (bei vollkommener Konkurrenz)

0.1.1 Relativer Preisvorteil und Handelsstruktur

Ein Güteraustausch zwischen zwei Ländern kommt zustande, wenn in einer Situation ohne Handel (Autarkielage) Unterschiede in den Relativpreisen vorliegen. Unterschiede in den relativen Preisen bedeuten, dass die Länder bei unterschiedlichen Gütern Preisvorteile haben. Die relativen Preisvorteile bestimmen somit die Existenz des Aussenhandels und zugleich die Aussenhandelsstruktur. Wenn ein Land komparative Preisvorteile in einem Gut besitzt, so wird es dieses Gut exportieren und sich auf die Produktion dieses Gutes spezialisieren.[1]

Andererseits ist es wichtig, zu wissen, auf welche Bestimmungsfaktoren diese relativen Preisvorteile zurückzuführen sind. Diese Bestimmungsfaktoren für Unterschiede in den Relativpreisen sind (i) unterschiedliche relative Faktorausstattungen, (ii) Unterschiede in den verfügbaren Technologien und (iii) Unterschiede in den Nachfragebedingungen.

Faktorreichlichkeit, verbunden mit der Faktorintensität in der Produktion, begründet Kostenvorteile und damit relative Preisevorteile. Diesen Zusammenhang verwendet das HECKSCHER-OHLIN-Theorem (das im folgenden Abschnitt ausführlicher dargestellt wird, da es als das wichtigste Aussenhandelstheorem angesehen werden kann). Auch Unterschiede in Produktivitäten (technologische Unterschiede) können Preisvorteile begründen. Unterschiedliche Nachfrageverhältnisse können ebenfalls zu unterschiedlichen Relativpreisen führen.

---

[1] Preisvorteile und Handel ("comparative advantage and trade patterns") lassen sich mit Hilfe des dualen Ansatzes der modernen Außenhandelstheorie (vgl. DIXIT/NORMAN [1982]) relativ leicht zeigen, wobei der Zwei-Güter-Fall immer nur einen Spezialfall darstellt. Sei p ein Preisvektor, m der Nettoimportvektor des Inlands, 'a' und '*' stehen für Autarkie und Ausland, dann gilt immer, sofern Handel der Autarkiesituation vorgezogen wird $p^a \cdot m \geq 0$; $p^{a*} \cdot m^* \geq 0$. Im Freihandelsgleichgewicht sind die Gütermärkte geräumt, $m + m^* = 0$, (bzw. $m^* = -m$); Additition der beiden Ungleichungen ergibt dann

$$(p^a - p^{a*}) \cdot m \geq 0$$

Autarkiepreisdifferenzen sind mit den Importmengen positiv korreliert.

0.1.2 Theorie der Faktorproportion (HECKSCHER-OHLIN-Theorem)[2]

Das Grundmodell der güterwirtschaftlichen Aussenhandelstheorie, mit dem sich jeder Student der Wirtschaftswissenschaft bzw. der Nebenfachstudent inhaltlich beschäftigen muss, führt zu vier Theoremen. Das Faktorpreisausgleichstheorem, das RYBCZYNSKI-, das STOLPER-SAMUELSON-Theorem und das HECKSCHER-OHLIN-Theorem. Die zuerst genannten drei Theoreme geben wichtige Hinweise über die Beziehungen zwischen den (endogenen) Faktorpreisen und Güterangeboten einerseits und den (exogenen) Grössen Produktpreise und Faktorausstattungsmengen einer Volkswirtschaft andererseits. Das vierte Theorem, das HECKSCHER-OHLIN-Theorem, gibt Aufschluss über die sich einstellende Aussenhandelsstruktur aufgrund unterschiedlicher, relativer Faktorausstattungen.

Im folgenden werden diese Theoreme anhand des Grundmodells der sogenannten reinen Aussenhandelstheorie vorgestellt. Das Verständnis der Grundlagen der güterwirtschaftlich orientierten Aussenhandelstheorie ist zentral. Das Grundmodell stellt einen allgemeinen gleichgewichtstheoretischen Ansatz dar und dient vielen neueren Entwicklungen auf dem Gebiet der Aussenhandelstheorie als Referenzgrösse. Der Student wird mit diesem Grundmodell ständig konfrontiert werden und er sollte deshalb in der Lage sein, sich mit der Konstruktion und dem Erklärungsmuster dieses Ansatzes schriftlich und mündlich auseinanderzusetzen.

Dem Grundmodell der Faktorproportion liegen folgende Annahmen zugrunde. Die Anzahl der Güter, der Faktoren und der Länder wird auf zwei beschränkt. Die Produktionsfaktoren sind vollkommen mobil zwischen den Sektoren. Die Marktform entspricht der vollkommenen Konkurrenz und die verfügbaren Technologien sind im In- und Ausland gleichermassen vorhanden. Man unterstellt dabei konstante Skalenerträge in der Produktion. Die (relative) Faktorausstattung zwischen den handeltreibenden Ländern darf nicht zu stark divergieren. Die in- und ausländischen Konsumenten haben identische, homothetische Präferenzen.

Man geht von folgenden Gleichgewichtsbedingungen aus, wobei p_x, p_y die Produktpreise, w, r die Faktorpreise für Arbeit L und Kapital K darstellen. Die Input- bzw. Faktorverbrauchskoeffizienten $a_{Lx}(\cdot)$, $a_{Kx}(\cdot)$, $a_{Ly}(\cdot)$ und $a_{Ky}(\cdot)$ geben den kostenminimalen Faktorverbrauch zur Herstellung einer Einheit von Gut X und Y an. Somit gilt im Gleichgewicht

[2] Einen sehr guten Überblick über die Faktorproportionentheorie geben CAVES/JONES[1985], Kapitel 7; ROSE [1986], CHIPMAN [1987], JONES [1987], SIEBERT [1989].

$$a_{Lx}(w,r)\cdot x + a_{Ly}(w,r)\cdot y = L \qquad \text{.... (1.1)}$$

$$a_{Kx}(w,r)\cdot x + a_{Ky}(w,r)\cdot y = K \qquad \text{.... (1.2)}$$

$$a_{Lx}(w,r)\cdot w + a_{Kx}(w,r)\cdot r = p_x \qquad \text{.... (2.1)}$$

$$a_{Ly}(w,r)\cdot w + a_{Ky}(w,r)\cdot r = p_y \;. \qquad \text{.... (2.2)}$$

Das Gleichungssystem (bestehend aus vier Gleichungen in vier Unbekannten (x,y,w,r)) besteht aus den Faktormarktgleichgewichtsbedingungen und den Null-Gewinnbedingungen.

Man erkennt aus dem Gleichungssystem im langfristigen Marktgleichgewicht, dass es eine Beziehung zwischen den Inputs (K,L) und den Outputs (x,y) gibt (vgl.(1.1)-(1.2)) und dass es ebenso eine Beziehung zwischen den Faktorpreisen (w,r) und den Produktpreisen (p_x, p_y) gibt (vgl. (2.1)-(2.2)). Es wird nun analysiert, welche Gleichgewichtsänderungen (d.h. Änderungen in den Faktorpreisen und in den Güterangebotsmengen) durch Änderungen exogener Bestimmungsgründe (d.h. Änderungen in den Faktorbeständen oder in den Produktpreisen) bewirkt werden. Die Wirtschaftstheorie nennt diese Art von Analyse eine <u>komparativ-statische Analyse</u> (vgl. HERBERG [1985]). Man ist an Änderungen der Gleichgewichtswerte interessiert; deshalb werden die o.g. Gleichgewichtsbedingungen in Änderungsraten formuliert. Aus dem o.g. System (1.1)-(2.2) ergibt sich somit (für $\hat{x} \equiv dx/x$ als relative Änderung)

$$\lambda_{Lx}\cdot\hat{x} + \lambda_{Ly}\cdot\hat{y} = \hat{L} \qquad \text{.... (3.1)}$$

$$\lambda_{Kx}\cdot\hat{x} + \lambda_{Ky}\cdot\hat{y} = \hat{K} \text{ [3]} \qquad \text{.... (3.2)}$$

$$\theta_{Kx}\cdot\hat{r} + \theta_{Lx}\cdot\hat{w} = \hat{p}_x \qquad \text{.... (4.1)}$$

[3] Das totale Differential der Faktormarktgleichgewichtsbedingung (1.1) ergibt $da_{Lx}\cdot x + da_{Ly}\cdot y + a_{Lx}\cdot dx + a_{Ly}\cdot dy = dL$, somit sind die relativen Änderungen $\frac{a_{Lx}\cdot x}{L}\cdot\hat{x} + \frac{a_{Ly}\cdot y}{L}\cdot\hat{y} = \hat{L}$ bzw. mit den Faktoranteilen λ_{Lx} und λ_{Ly}: $\lambda_{Lx}\cdot\hat{x} + \lambda_{Ly}\cdot\hat{y} = \hat{L}$. Da sich die Faktorpreise (w,r) nicht ändern, ist die Summe $da_{Lx}\cdot x + da_{Ly}\cdot y$ identisch Null (vgl. ANHANG V.1).

$$\theta_{Ky}\cdot\hat{r} + \theta_{Ly}\cdot\hat{w} = \hat{p}_y \,.$$ [4] .... (4.2)

Die Faktoranteile werden durch λ_{ij}, die Kostenanteile durch θ_{ij} angegeben. Je nach Fragestellung wird entweder auf das komparativ-statische Gleichungssystem (3.1)-(3.2) bzw. auf das Gleichungssystem (4.1)-(4.2) oder auf die Gleichgewichtsbedingungen (1.1)-(2.2) zurückgegriffen. So werden beispielsweise beim Faktorpreisausgleichs-Theorem und beim HECKSCHER-OHLIN-Theorem die Gleichgewichtsbedingungen (1.1)-(2.2) verwendet. Bei der Herleitung des RYBCZYNSKI-Theorems und des STOLPER-SAMUELSON-Theorems wird auf das komparativ-statische Gleichungssystem (3.1)-(4.2) zurückgegriffen.

Das Faktorpreisausgleichstheorem lautet: Im In- und Ausland herrschen die gleichen Faktorpreise.[5]

(Zur Beweisführung). Sei p der Relativpreis von Gut X, dann gilt im Gleichgewicht (mit $p_y \equiv 1$)

$$c^x(w,r) = p$$ .... (2.1')

$$c^y(w,r) = 1\,,$$ .... (2.2')

wobei $c^x(\cdot)$ und $c^y(\cdot)$ die Stückkosten zur Produktion einer Einheit von Gut X und Y darstellen und lediglich eine andere Schreibweise für die linke Seite der Stückkostengleichungen (2.1) und (2.2) sind. Aus (2.2') folgt, dass der Faktorpreis w eine Funktion von den Kapitalkosten r ist: $w=w(r)$. Wird $w(r)$ in (2.1') eingesetzt, so ergibt sich $c^x(w(r),r)=p$.

Daraus folgt die implizite Funktion $r=\bar{r}(p)$ und damit gilt auch $w=w(r(p)) \equiv \bar{w}(p)$. Die Faktorpreise sind also eindeutig durch die Produktpreise bestimmt (unter den Annahmen, die für die HECKSCHER-OHLIN-Welt relevant sind). Da Freihandel zum Ausgleich der Güterpreise führt (Güterarbitrage führt zum Ausgleich der Produktpreise), folgt daraus, dass auch die Faktorpreise sich im In- und Ausland ausgleichen (da $w^* = \bar{w}^*(p)$ und $r^* = \bar{r}^*(p)$).

---

[4]Zur Herleitung des komparativ-statischen Gleichungssystems ((3.1)-(4.2)) siehe auch den ANHANG V.1.

[5]Vgl.Schittko [1976], insbesondere Kapitel 4 "Problem des Faktorpreisausgleichs".

Existiert ein Gleichgewicht bei freiem Güteraustausch und ausgeglichenen Faktorpreisen, so ist dies als ein Gleichgewicht einer integrierten Weltwirtschaft (in unserem Beispiel bestehend aus zwei Ländern) interpretierbar (integrierte vs. segmentierte Märkte ist eine wichtige Unterscheidung in der Modellbildung der Aussenhandelstheorie), in der sowohl Güter als auch Produktionsfaktoren international handelbar bzw. international mobil sind. Die ausgeglichenen Faktorpreise einer integrierten Wirtschaft eignen sich aber auch als Faktorpreise, die sich allein aus Güterhandel ergeben, vorausgesetzt, dass sich die Produktionsmengen beider Volkswirtschaften in zulässige Mengen zerlegen lassen, so dass sie die Faktormarkt- und Gütermarktgleichgewichtsbedingungen in beiden Ländern simultan erfüllen.

Diese Vorstellung lässt sich graphisch verdeutlichen (diese Darstellung wird in DIXIT/NORMAN [1982], HELPMAN/KRUGMAN [1985] und in vielen Beiträgen verwendet). In Abb.: 0.1 ist die Faktorausstattungsbox einer integrierten Wirtschaft eingezeichnet. Die Strecken OA und OA' kennzeichnen die kostenminimierenden Faktoreinsatzvektoren in beiden Sektoren X und Y. So kennzeichnet die Strecke OA die Menge an Arbeit und Kapital, die erforderlich ist, um die Menge $\bar{x}$ (=x+x*) von Gut X in einer integrierten Wirtschaft herstellen zu können. Die Strecke OA' kennzeichnet den kostenminimalen Faktoreinsatz für das Outputniveau $\bar{y}$ (=y+y*) der integrierten Weltwirtschaft.

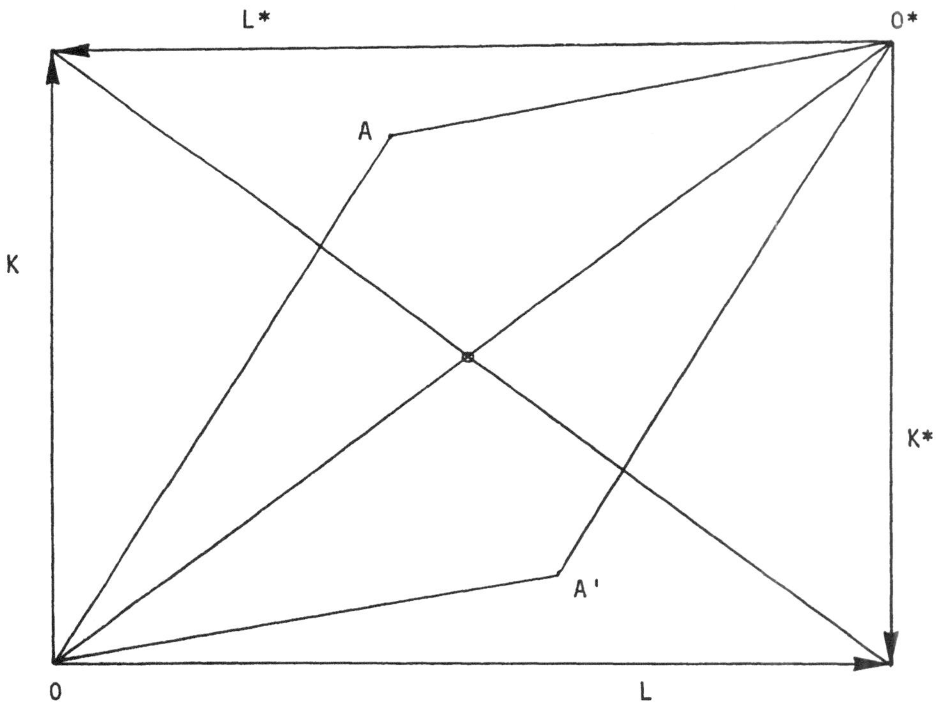

Abb.: 0.1 Faktorausstattungsbox und Faktorpreisausgleichsparallelogramm

Das Parallelogramm OAO*A' wird als Faktorpreisausgleichsparallelogramm bezeichnet. Alle Faktorausstattungspunkte, die in dieser Fläche liegen, führen zu einem Faktorpreisausgleich. Die Produktions-, Konsum- und Handelsstrukturen lassen sich nun bei Faktorpreisausgleich graphisch verdeutlichen (vgl. Abb.: 0.2). Bei Faktorpreisausgleich muss der Ausstattungspunkt E der integrierten Wirtschaft in einem Kegel, der durch die Strahlen 0A, OA' bzw. 0*A und 0*A' gebildet wird, liegen. Der Faktorausstattungspunkt E_0 bestimmt die in- und ausländische Produktionsstruktur (die Punkte P_x,P_y und P_x^*, P_y^*). Die Einkommensverteilung zwischen den Ländern bestimmt, mit der Annahme identischer, homothetischer Präferenzen, die Konsumstruktur (die Punkte C_x,C_y, C_x^* und C_y^*).Unterschiede in der Produktionsstruktur und Konsumstruktur bestimmen die Handelsstruktur. So lässt sich die Strecke $\overline{P_y C_y}$ als inländischer Import des Gutes Y und die Strecke $\overline{P_x C_x}$ als inländischer Export des Gutes X interpretieren.

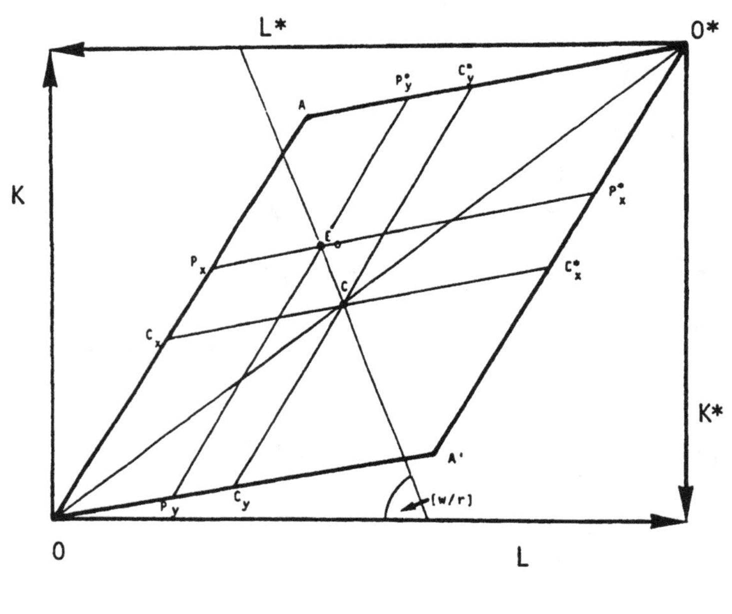

Abb.: 0.2 Faktorausstattung, Produktions-, Konsum- und Aussenhandelsstruktur bei Faktorpreisausgleich

Das HECKSCHER-OHLIN-Theorem lässt sich ebenfalls mit den Abb.: 0.1 und 0.2 skizzieren. Vorab zwei Definitionen zur Faktorintensität und zur (physischen) Faktorreichlichkeit. Die Faktorintensität eines Gutes wird über die Faktorverbrauchskoeffizienten $a_{ij}(\cdot)$ angezeigt. Das Gut X ist kapitalintensiv in der Produktion, wenn für alle (w,r) gilt

$$\frac{a_{Kx}(w,r)}{a_{Lx}(w,r)} > \frac{a_{Kx}(w,r)}{a_{Ly}(w,r)}$$

Der Begriff der Faktorreichlichkeit einer Ökonomie wird wie folgt operationalisiert. Ein Land ist kapitalreichlich ausgestattet, wenn gilt (wobei w für die Weltwirtschaft steht)

$$\frac{K}{L} > \frac{K^w}{L^w} \quad \text{bzw.} \quad \frac{K}{K^w} > \frac{L}{L^w} \quad ,$$

wobei K^w und L^w die Weltfaktormengen für Arbeit ($L^w \equiv L+L^*$) und Kapital ($K^w \equiv K+K^*$) darstellen. Der Faktorausstattungspunkt E_0 in der Abb.: 0.2 bedeutet somit, dass das Inland mit Kapital reichlich ausgestattet ist, denn es gilt für E_0 : $K/L > K^w/L^w$ (der Faktorstrahl OE_0 gibt die inländische Kapitalintensität K/L an; der Faktorstrahl 00* gibt K^w/L^w an).

Das HECKSCHER-OHLIN-Theorem besagt: Eine Volkswirtschaft exportiert das Gut, dessen Produktion faktorintensiv in bezug auf den relativ reichlich vorhandenen Produktionsfaktor ist.

(Zur Beweisführung). Zur Vereinfachung werden die Gleichgewichtsbedingungen (1.1)-(1.2) in Matrizenform dargestellt (vgl. LEAMER [1984]). Es gilt

$$\begin{bmatrix} a_{Lx} & a_{Ly} \\ a_{Kx} & a_{Ky} \end{bmatrix} \cdot \begin{bmatrix} x \\ y \end{bmatrix} = \begin{bmatrix} L \\ K \end{bmatrix}$$

oder verkürzt $A \cdot X = V$ (mit A als der Inputmatrix, X dem Outputvektor und V dem Faktorausstattungsvektor).

Für die Null-Gewinnbedingungen (2.1)-(2.2) gilt analog

$$\begin{bmatrix} a_{Lx} & a_{Kx} \\ a_{Ly} & a_{Ky} \end{bmatrix} \begin{bmatrix} w \\ r \end{bmatrix} = \begin{bmatrix} p_x \\ p_y \end{bmatrix}$$

oder verkürzt $A' \cdot W = P$ (mit A' der transponierten Inputmatrix A, W dem Faktorpreisvektor und P dem Produktpreisvektor).

Für $A \cdot X = V$ lässt sich auch $X = A^{-1} \cdot V$ schreiben (vorausgesetzt, dass $a_{Kx}/a_{Lx} \neq a_{Ky}/a_{Ly}$). Der Output ist eine Funktion der Faktorausstattung. Dies gilt aber auch für die Weltwirtschaft: $X^w = A^{-1} \cdot V^w$.

Wir haben angenommen, dass die Präferenzen der in- und ausländischen Konsumenten identisch und homothetisch sind. Daraus folgt, dass eine Volkswirtschaft entsprechend ihres Einkommensanteils am gesamten Welteinkommen (d.h. $GDP/GDP^w \equiv s$) Güter nachfragt. Der inländische Konsumvektor C lautet demnach

$$C = s \cdot X^w \qquad \text{.... (5)}$$

(Vgl. Abb.: 0.2. Im Punkt C konsumiert das Inland die Gütermengen C_x und C_y, wobei das Streckenverhältnis OC zu 00* die relative Einkommensposition s der inländischen Volkswirtschaft anzeigt).

Der Vektor der Nettoexporte 'EX' der betrachteten Volkswirtschaft ist definiert als die Differenz zwischen dem Produktionsvektor X und dem Konsumvektor C. Mit den o.g. Definitionen und Beziehungen ergibt sich

$$EX = X - C = A^{-1} \cdot V - s \cdot X^w = A^{-1} \cdot V - s \cdot A^{-1} \cdot V^w = A^{-1} \cdot (V - s \cdot V^w). \qquad \text{....(6)}$$

Der Vektor $[V - s \cdot V^w]$ entspricht gerade dem Vektor der Faktorausstattungsunterschiede, d.h.:

$$(V - s \cdot V^w) = \begin{bmatrix} L - sL^w \\ K - sK^w \end{bmatrix} = \begin{bmatrix} L^w(L/L^w - s) \\ K^w \; K/K^w - s) \end{bmatrix} \qquad \text{...(7)}$$

Es lässt sich zeigen: ist das betrachtete Land reichlich mit Kapital ausgestattet (d.h. gilt $K/K^w > L/L^w$), so besitzt der Vektor der Faktorausstattungsunterschiede (7) die Vorzeichen (-;+).

Im Handelsgleichgewicht gilt, dass der Wert der Produktion p'X dem Wert des Konsums p'C entspricht. Mit (5) ergibt sich (aus $p'X = p'C = sp'X^w$) $s = p'X/p'X^w$. Im Gleichgewicht gilt ferner $A^{-1} \cdot W = P$ bzw. $W' = P'A^{-1}$. Bei einer ausgeglichen Handelsbilanz gilt folgende Beziehung

$$s = \frac{GDP}{GDP^w} = \frac{p'X}{p'X^w} = \frac{p'A^{-1}V}{p'A^{-1}V^w} = \frac{W'V}{W'V^w} =$$

$$\frac{[wL^w (L/L^w) + rK^w (K/K^w)]}{(wL^w + rK^w)} \qquad ....(8)$$

Der Einkommensanteil s entspricht im Gleichgewicht dem gewichteten Durchschnitt von Kapital- und Arbeitsanteil (8). Somit muss der Anteil s zwischen K/K^w und L/L^w liegen. Ist das Inland kapitalreich ausgestattet, dann gilt $K/K^w > L/L^w$ damit gilt aber auch $K/K^w > s > L/L^w$. Wird diese Eigenschaft auf (7) angewandt, so besitzt der Vektor der Faktorausstattungsunterschiede die Struktur (-;+).

Um die Vorzeichen des Nettoexportvektors EX bestimmen zu können (das Ziel der Analyse), fehlt uns nur noch die Vorzeichenstruktur der Matrix A^{-1}. Die Matrix A^{-1} ist gegeben durch

$$A^{-1} = \begin{bmatrix} a_{Lx} & a_{Ly} \\ a_{Kx} & a_{Ky} \end{bmatrix}^{-1} = \frac{1}{|A|} \cdot \begin{bmatrix} a_{Ky} & -a_{Ly} \\ -a_{Kx} & a_{Lx} \end{bmatrix},$$

mit $|A| = (a_{Lx} a_{Ky} - a_{Ly} a_{Kx}) = a_{Lx} a_{Ly} (a_{Ky}/a_{Ly} - a_{Kx}/a_{Lx})$.

Da der Sektor X kapitalintensiv produziert, gilt $|A| < 0$, und damit besitzt die Matrix A^{-1} folgende Vorzeichenstruktur

$$A^{-1} = \begin{bmatrix} - & + \\ + & - \end{bmatrix} .$$

Kommen wir zum Vektor der Exporte EX (6) zurück. Es gilt

$$EX = A^{-1} \cdot (V - sV^w) = \begin{bmatrix} - & + \\ + & - \end{bmatrix} \cdot \begin{bmatrix} - \\ + \end{bmatrix} = \begin{bmatrix} + \\ - \end{bmatrix} . \qquad ....(6')$$

Das betrachtete Land ist kapitalreich; es exportiert das kapitalintensiv hergestellte Produkt X (das erste Elemente im Handelsvektor ist positiv) und es importiert das arbeitsintensiv hergestellte Produkt aus dem Ausland (die Differenz zwischen Produktion und Konsum ist negativ).

Das HECKSCHER-OHLIN Modell verbindet die Faktorreichlichkeit einer Volkswirtschaft mit der Faktorintensität in der Produktion und leitet aus diesem Zusammenhang eine Aussage über die Aussenhandelsstruktur ab. Das Modell prognostiziert, dass die kapitalreiche Volkswirtschaft das kapitalintensive Gut exportiert und das arbeitsintensive Gut importiert. In FISCHER/DORNBUSCH/SCHMALENSEE [1988] findet sich zur Illustration dieser Modellprognose folgende Darstellung (vgl. Abb.: 0.3). Das Diagramm verbindet die Faktorreichlichkeit einiger ausgewählter Länder mit der Faktorintensität der Exporte dieser Länder. Auf der Abszisse ist die gesamtwirtschaftliche Kapitalintensität (die relative Kapitalausstattung in Tsd. Dollar pro Arbeiter) abgetragen. Auf der Ordinate ist die relative Kapitalintensität der Exporte zu den Importen abgetragen. So bedeutet beispielsweise ein Wert von 0,5, dass die Exporte nur zur Hälfte so kapitalintensiv sind, wie die Importe (beispielsweise gilt dies für Indien, Korea, Hong Kong; vgl. Abb.: 0.3). Die graphische Darstellung soll den positiven Zusammenhang, den das HECKSCHER-OHLIN Modell prognostiziert, verdeutlichen.

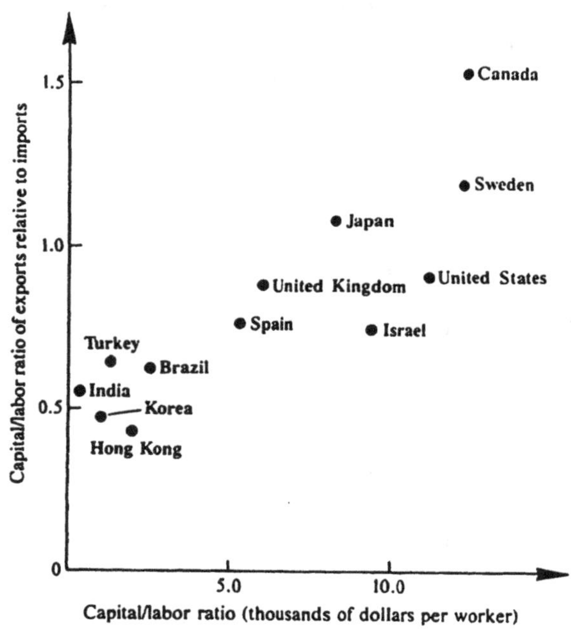

Abb. 0.3: Relative Kapitalintensität eines Landes und die relative Kapitalintensität der Exporte zu den Importen; Quelle: FISCHER/DORNBUSCH/SCHMALENSEE [1988]; S. 695.

0.1.3 Anpassungsprozesse

Änderungen in Preisen, Technologien und dem Markteintritt neuer Anbieterländer auf den internationalen Märkten führen im Inland zu Anpassungsprozessen. Wie erfolgen diese Anpassungsvorgänge und welche Konsequenzen ergeben sich für die Akteure? In diesem Zusammenhang ist die Kenntnis zweier Theoreme der Aussenwirtschaftslehre hilfreich, das sogenannte STOLPER-SAMUELSON-Theorem, das eine Beziehung zwischen einer Änderung in den Produktpreisen mit einer Änderung in den Faktorpreisen beschreibt (d.h. es beschreibt die Konsequenzen einer Preisänderung für das Faktoreinkommen) und das sogenannte RYBZYZINSKI-Theorem, das eine Beziehung zwischen einer Änderung in der Faktorausstattung eines Landes mit einer Änderung in der Produktionsstruktur beschreibt.

Das STOLPER-SAMUELSON-Theorem besagt, eine Zunahme des Relativpreises eines Gutes lässt den realen Preis des intensiv genutzten Faktors zunehmen und des nicht intensiv genutzten Faktors sinken. Oder in der Schreibweise unseres Modells[6]

$$\hat{r} > \hat{p}_x > \hat{p}_y \equiv 0 > \hat{w} \; . \qquad \text{.... (1)}$$

Der Anpassungsvorgang lässt sich (am Beispiel für den Produktionsfaktor Realkapital) wie folgt skizzieren. Die Produktion des arbeitsintensiven Sektors Y wird eingeschränkt, so dass dort Kapital freigesetzt wird. Die Expansion im kapitalintensiv produzieren Sektor X lässt den Ertragssatz für Kapital (r) zunehmen. Dabei ist die relative Erhöhung von r grösser als die Preisänderung von p_x. Die Nachfrage nach Kapital als Folge der Expansion des Sektors X ist grösser als die Freisetzung von Kapital infolge der Produktionsreduktion im arbeitsintensiven Sektor Y.

Das RYBCZINSKI-Theorem beschreibt das Ergebnis eines Anpassungsprozesses innerhalb einer Volkswirtschaft, der durch eine Zunahme eines Faktorbestandes erforderlich wird. Angenommen, der Bestand an Kapital nimmt zu ($\Delta K > 0$); der Bestand an Arbeit bleibe unverändert, ebenso sollen sich die Preise nicht ändern. Das RYBCZINSKI-Theorem lautet dann, dass der Output von dem Gut X zunimmt, da dieser Sektor den Faktor Kapital intensiv nutzt. Der Output von Y nimmt ab. In der Schreibweise des Modells bedeutet dies (vgl. ANHANG V.1)

[6](vgl. auch die Übungsaufgabe 3 in TEIL III. Zur Herleitung von (1) vgl. ANHANG V.1)

$\hat{x} > \hat{K} > \hat{L} \equiv 0 > \hat{y}$. .... (2)

0.1.4 Gains from Trade (Handelsgewinne).

Kann ein einzelnes Land aus der Internationalen Arbeitsteilung Handelsgewinne realisieren, um damit ein höheres gesellschaftliches Wohlfahrtsniveau zu erreichen ? Freihandel ist gesamtgesellschaftlich dann der Autarkielage bzw. einer Form eingeschränkten Handels vorzuziehen, wenn sich die Ökonomie, bewertet zu Freihandelspreisen p, den Autarkiekonsumvektor c^a 'leisten' kann,

$p \cdot c \geq p \cdot c^a$ . .... (1)

Diese Ungleichung lässt sich umschreiben (wobei folgende Eigenschaften Anwendung finden; in Autarkie gilt $c^a = x^a$ und bei Freihandel gilt die Handelsbilanzbedingung $p \cdot c = p \cdot x$):

$p \cdot x \geq p \cdot x^a$ . .... (1')

Die Bedingung (1') ist hinreichend für das Freihandelstheorem, d.h. ein Land kann die gesellschaftliche Wohlfahrt erhöhen, wenn es zu Freihandel übergeht.

(Zur Beweisführung). Seien e(p,u) die minimalen Konsumausgaben für ein Nutzenniveau u, bei dem Freihandelspreisvektor p. Aufgrund der Definition von e(·) gilt

$e(p,u^a) \leq p \cdot c^a = p \cdot x^a \leq p \cdot x = p \cdot c = e(p,u)$. .... (2)[7]

Da die Konsumausgaben e(·) in u zunehmen, gilt

$e(p,u^a) \leq e(p,u) \Rightarrow u \geq u^a$. .... (3)

Die Aussage über die Handelsgewinne (die Beziehung (3) besagt ja, Freihandel kann nicht schlechter sein, als Autarkie) basiert auf einer gesellschaftlichen Wohlfahrtsfunktion. Die Beziehung (3) sagt nichts darüber aus, wie der Wohlfahrtsgewinn auf die verschiedenen gesellschaftlichen Gruppen eines Landes verteilt ist.

Aus dem STOLPER-SAMUELSON-Theorem ist abgeleitet worden, dass nach Öffnung der Grenzen die Verteilung des Einkommens sich zuungunsten des Produktionsfaktors verändert, der relativ knapp ist. Trotzdem gilt, die gesamtwirtschaftlichen Gewinne, die durch Freihandel erzielt werden können, sind grösser als die gesamtwirtschaftlichen Verluste. D.h. die Faktoreigner, die von einem Übergang von Autarkie zu Freihandel profitieren, könnten die Verluste der Faktoreigner vollständig kompensieren, die negativ durch die internationale Arbeitsteilung betroffen werden. Die Gewinner aus Freihandel stehen nach den Kompensationszahlungen an die Verlierer immer noch besser da, als in der Autarkiesituation. Freihandel ist paretooptimal.

[7] Vgl. die **Übungsaufgabe 2.**

0.2 Neuere Entwicklungen der Aussenwirtschaftstheorie (bei unvollkommener Konkurrenz)

Der deutsche Sachverständigenrat zur Begutachtung der gesamtwirtschaftlichen Entwicklung erörterte in seinem Jahresgutachten 1985/86 das Phänomen der Internationalisierung der deutschen Wirtschaft. Der Sachverständigenrat verdeutlicht die Internationalisierungstendenzen anhand *dreier* Entwicklungslinien: (1) Zunehmende Integration der Gütermärkte in die Weltwirtschaft; (2) Internationalisierung der Produktion und (3) zunehmende internationale Verflechtung der Finanzmärkte.[8]

Die Internationalisierung einer Volkswirtschaft bringt Vorteile für alle mit sich. Eine Ökonomie, die die Möglichkeiten der internationalen Wirtschaftsbeziehungen besser nutzt, als andere Volkswirtschaften, kann einen höheren Lebenstandard erreichen. Der Preis, den eine Volkswirtschaft hierfür zu entrichten hat, ist die dauernde Bereitschaft aller am Wirtschaftsleben Beteiligten zur Anpassung an internationale Datenänderungen.

Den aussenwirtschaftlichen Komponenten im Wirtschaftskreislauf eines Landes kommt eine umso grösser Bedeutung zu, je stärker sie mit der Weltwirtschaft verflochten ist. Der durch die Summe aus Export- und Importquoten errechnete Offenheitsgrad der Bundesrepublik Deutschland, der Schweiz und Österreichs ist gegenwärtig sehr hoch (im Durchschnitt beträgt der Offenheitsgrad für die BRD ca. 60 v.H., für die Schweiz ungefähr 76 v.H. und für Österreich ca. 95 v.H.).

Internationalisierung der Gütermärkte durch intra-industrielle Arbeitsteilung. Zu Punkt (1) der Internationalisierung der deutschen Wirtschaft stellt der Sachverständigenrat fest, dass sich der Güteraustausch verstärkt gemäss der intra-industriellen Arbeitsteilung entwickelte und dass die deutsche Wirtschaft von dieser Form der Internationalen Arbeitsteilung in besonderem Masse profitierte. Was bedeutet intra-industrielle Arbeitsteilung im Vergleich zu einer inter-industriellen Arbeitsteilung?

Die Struktur der Exporte und Importe einer Volkswirtschft gibt erste Hinweise auf die international wettbewerbsfähigen Wirtschaftszweige eines Landes. Deutlich divergierende Schwerpunkte in der Güterstruktur von Aus- und Einfuhr entsprechen einer internationalen Spezialisierung zwischen den Sektoren (inter-industrielle Arbeitsteilung; so erklärt beispiels-

[8]Vgl. dazu ausführlich "Auf dem Weg zu mehr Beschäftigung"; Jahresgutachten des Sachverständigenrats zur Begutachtung der gesamtwirtschaftlichen Entwicklung 1985/1986; Tz. 140-145.

weise das HECKSCHER-OHLIN-Theorem die inter-industrielle Arbeitsteilung zwischen zwei Volkswirtschaften). Expandiert der Anteil des Austauchs gleichartiger Produkte (also Produkte innerhalb eines volkswirtschaften Sektors), so wird dies als zunehmende Aussenhandelsverflechtung durch eine verstärkte intra-industrielle Spezialisierung verstanden. Die Theorie und Empirie der intra-industriellen Arbeitsteilung besagt, dass die Spezialisierung nicht zwischen den Sektoren, sondern zwischen den **Subsektoren** eines Wirtschaftszweiges stattfindet (vgl. DONGES [1981], KRUGMAN/OBSTFELD [1988]; Kapitel 6, SIEBERT [1989], Kapitel 4). So werden beispielsweise deutsche PKWs nach Frankreich exportiert, fränzösische Fahrzeuge werden von deutschen Nachfragern gekauft. Wichtige Exportbranchen einzelner Industrieländer sind auch zugleich wichtige Importbranchen. Der intra-industrielle Handel schlägt sich innerhalb einer Branche in relativ hohen Export- und Importquoten nieder.

Die auf vollkommener Konkurrenz basierende Aussenhandelstheorie kann diese Form der Internationalen Arbeitsteilung nicht angemessen erklären (vgl. HELPMAN [1987]). In TEIL I der vorliegenden Arbeit wird gezeigt (und im folgenden Abschnitt wird darauf hingewiesen), wie neuere Ansätze der Aussenwirtschaftstheorie nicht vollkommen kompetitive Märkte heranziehen, um intra-industriellen Güteraustausch zu erklären.

Wichtige Arbeiten zur Theorie der intra-industriellen Arbeitsteilung stammen von HESSE [1974], der das Problem zuerst erkannte und formulierte, KRUGMAN [1979], [1980] der eine modelltheoretische Analyse für eine einfache Ökonomie mit einem Sektor und einem Produktionsfaktor und differenzierten Produkten entwickelte, BRANDER [1981], der intra-industriellen Handel in identischen Produkten auf der Basis eines Oligopols erklärte und HELPMAN [1981], HELPMAN/KRUGMAN [1985] der den HECKSCHER-OHLIN-Ansatz um die Monopolistische Konkurrenz nach CHAMBERLIN erweiterte (vgl. auch GREENAWAY/MILNER 'The Economics of Intra-Industry Trade' [1986], in der alle relevanten Arbeiten besprochen und in einen Gesamtzusammenhang gestellt sind).

Internationalisierung der Produktion durch Multinationale Unternehmen. Ein wichtiges Element der weltwirtschaftlichen Integration ist die internationale Kapitalverflechtung von Unternehmen. Durch den Aufbau von Produktionsstätten im Ausland können sich die Unternehmen besser auf den ausländischen Absatzmärkten behaupten. In diesem Sinne sind die Auslandsinvestitionen komplementär zu den Exportaktivitäten. Im internationalen Wettbewerb sind höhere Marktanteile oft nur dann realisierbar, wenn eigene Produktionsstätten bzw. Vertriebssysteme vorhanden sind. Dies begründet auch den engen Zusammenhang zwischen Direktinvestitionen und Multinationalen Unternehmen.

Theoretische und empirische Arbeiten zum Problem der Existenz und dem Wachstum Multinationaler Unternehmen basieren im wesentlichen auf der Vorstellung, dass diese Unternehmen über spezifische Wettbewerbsvorteile verfügen, die sie besser unternehmensintern verwerten, als über den externen (Export-) Markt. In dieser Interpretation sind Märkte und Unternehmen (Hierarchien) zwei alternative Organisationsformen zur internationalen Leistungserstellung und Leistungsverwertung (man spricht von der Internalisierung von unternehmensspezifischen Wettbewerbsvorteilen). Das Marktsystem bedient sich der Preise, die Unternehmung nutzt die Hierarchie zur Koordination wirtschaftlicher Transaktionen ('markets vs. hierarchies').

Eine entscheidungstheoretische Fundierung des Problems, unter welchen Bedingungen ein international tätiges Unternehmen entweder exportiert oder direktinvestiert bzw. eine kontraktorientierte internationale Leistungserstellung und Leistungsverwertung vornimmt, findet erst in neueren Arbeiten Berücksichtigung. Die wichtigen Arbeiten dazu sind u.a. (wichtig in dem Sinne, dass sie die Analyse der Internationalisierung der Produktion, wie er in der vorliegenden Arbeit interpretiert wird, weitergeführt haben) CASSON [1979],[1986],[1987], BUCKLEY/ CASSON [1981], BATRA/RAMACHANDARAN [1980], RUGMAN [1981], HELPMAN [1984a], MARKUSEN [1984], ETHIER [1986], HORSTMANN/MARKUSEN [1987a,b], BORNER [1986], VOSGERAU (ed.) [1989] und EBENROTH [1987a], wobei in der zuletzt genannten Arbeit neben der Internalisierungsthese die rechtliche Ausgestaltung von Investitionsverträgen im Mittelpunkt steht.

In TEIL II der vorliegenden Arbeit werden einige ausgewählte Aspekte der Internationalisierung der Produktion im Sinne der Internalisierungshypothese erörtert. Ausgangspunkt ist wiederum eine monopolistische bzw. oligopolistische Marktstruktur, auf denen die Multinationalen Unternehmen realistischerweise weltweit agieren.

Internationale Verflechtung der Finanzmärkte. Besonders expansiv hat sich in der jüngsten Vergangenheit der Prozess der Internationalisierung der Finanzmärkte vollzogen. Die starke Expansion des Kreditvolumens ging einher mit einer regionalen Ausweitung der Märkte und einer Verbesserung der Kommunikationssysteme, die dazu führten, dass auf den internationalen Finanzmärkten eine permanente Abstimmung über den Aussenwert der wichtigsten Währungen der Weltwirtschaft erfolgt. Die Zinselastizität der internationalen Kapitalbewegungen hat sich dadurch erhöht. Die relativ schnelle Reaktion der Finanzmärkte begünstigt andererseits die starken Wechselkursschwankungen, was nicht ohne Folgen für den realen Sektor der Volkswirtschaften bleiben kann (vgl. McKINNON [1988]). Das Phänomen der Internationalisierung der Finanzmärkte ist nicht Gegenstand der vorliegenden Arbeit (zur Internationalisierung der Finanzmärkte vgl. etwa KOHLHAGEN [1983], FAIR/DE BOISSEN [1988], und BORNER (ed.)[1988]).

Im Vordergrund der Arbeit stehen die Phänomene der Internationalisierung der Gütermärkte durch intra-industriellen Handel und die Internationalisierung der Produktion durch Direktinvestitionen Multinationaler Unternehmen. Neben diesen Themen werden in TEIL III Aspekte handelspolitischer Massnahmen erörtert. Die Analyse beschäftigt sich zuerst mit der strategischen Handelspolitik eines Landes. Ausgangspunkt der strategischen Handelspolitik ist eine Marktform, die nicht dem Konzept der vollkommenen Konkurrenz entspricht (vgl. BRANDER/ SPENCER [1985],SIEBERT [1988]). Die Handelspolitik nutzt den Handlungsspielraum, der sich auf monopolistischen bzw. oligopolistischen Märkten erst ergibt. Im weiteren wird der wichtigen Frage nachgegangen, warum es überhaupt zu protektionistischen Massnahmen kommen kann. Das wichtigste Theorem der Aussenhandelstheorie, mit dem der Student der Wirtschaftswissenschaften in der Aussenhandelstheorie zuerst konfrontiert wird, lautet ja, Freihandel ist effizient. Warum werden dann protektionistische Massnahmen überhaupt eingeführt bzw. beibehalten? Dies ist das zentrale Anliegen der Politischen Ökonomie des Protektionismus (vgl. FREY [1985]; HILLMAN [1989]).

0.2.1 Intra-Industrieller Güteraustausch

Intra-industrieller Handel liegt vor, wenn eine Branche bzw. eine Industrie eines Landes Güter sowohl exportiert als auch importiert. Es findet ein Güteraustausch zwischen ähnlichen oder sogar gleichen Produkten statt. Die internationale Spezialisierung findet also nicht zwischen den Sektoren (wie etwa inder HECKSCHER-OHLIN Wirtschaft), sondern zwischen den Subsektoren einer Branche statt. Ein grosser Teil der Handelsströme zwischen Industrieländern ist intra-industrieller Natur (vgl. Tabelle 0.1). Im Konsumgüterbereich im besonderen gibt es viele Beispiele dafür, dass neben inländischen Produkten auch ausländische Produktarten bzw. Produktvarianten nachgefragt werden. Wie lässt sich dieses Phänomen einer intra-industriellen Arbeitsteilung, das für die Industrieländer immer mehr an Bedeutung gewinnt, erklären ?

a) Mögliche Bestimmungsgründe für intra-industrielle Arbeitsteilung. Konsumenten, mit einem relativ hohen Einkommen bevorzugen nicht nur inländische Produktarten, sondern auch ausländische Produktvarianten. Für die Nachfragestruktur hochentwickelter Volkswirtschaften ist die Präferenz für ein differenziertes Güterangebot sehr ausgeprägt. Empirisch lässt sich beobachten, die Diversifizierung der Präferenzen geht mit steigendem Pro-Kopf-Einkommen der Konsumenten einher. Da sich die Industrie eines Landes nicht im selben Umfang diversifiziert, kommt es zu einem internationalen Güteraustausch in sehr ähnlichen Produkten (vgl. BROLL/ GILROY [1987]).

Andererseits bringen technologisch bedingte Vorteile, wie zunehmende Skalenerträge in der Produktion, Kostenvorteile mit sich. Bei zunehmenden Skalenerträgen lohnt es sich für die Unternehmen, ihre Absatzgebiete auszudehnen. Durch eine Internationalisierung der Absatzmärkte lassen sich Grössenvorteile realisieren. Als Absatzmärkte kommen dabei primär solche Volkswirtschaften in Frage, die ein ähnliches Entwicklungsniveau und damit eine ähnliche Nachfragestruktur aufweisen. Existieren mehrere Unternehmen in einer Branche, die mit zunehmenden Skalenerträgen operieren und die ein differenziertes Produkt anbieten, so kommt es zu einem intra-industriellen Güteraustausch.

Sind Handelshemmnisse, wie Transportkosten und Handelsrestriktionen, sehr bedeutend, so konzentrieren sich die Unternehmen in einer Volkswirtschaft vorwiegend auf den Inlandsmarkt. Sorgt der technologische Fortschritt für eine deutliche Reduktion der Transportkosten[9] oder werden Handelshemmnisse entscheidend abgebaut (beispielsweise durch eine Wirtschaftsge-

[9] Vgl. HESSE/KEPPLER/PREUSSE [1985].

meinschaft, man denke an den Binnenmarkt der EG 1992), so kommt es zu einer verstärkten Konzentration auf ausländische Absatzmärkte und damit auch zu einer intensiveren intra-industriellen Arbeitsteilung. Der intra-industrielle Handel ist beispielsweise zwischen den EG-Ländern relativ stark. Im Vergleich dazu ist der intra-industrielle Handel Japans mit seinen Handelspartnern sehr gering. Japan importiert Rohstoffe aus rohstoffreichen Regionen und exportiert Industrieprodukte vorwiegend in die Industrieländer. Der intra-industrielle Handel ist somit wenig ausgeprägt (vgl. Tabelle 0.1; der gesamtwirtschaftliche intra-industrielle Handelswert beträgt gerade 28,8 v.H.). Um den Zusammenhang zwischen der inter-industriellen Arbeitsteilung (der internationalen Arbeitsteilung, die zwischen den Sektoren stattfindet) und der intra-industriellen Arbeitsteilung (die Arbeitsteilung, die sich auf Subsektoren einer Branche bezieht) auch graphisch zu verdeutlichen, wurde von FISCHER/DORNBUSCH/SCHMALENSEE [1988] folgende Darstellung gewählt.

Tabelle 0.1:

Intra-industrielle Anteile (in v.H.; berechnet nach dem 4-Digit Disaggregation der ISIC Klassifikation für die Warengruppen 5-8) am gesamten Aussenhandel und im Handel mit bestimmten Ländergruppen (1980)

	Aussenhandel mit				
Land	**Welt**	**Süd-Europa ***	**Asiatische NIC's ****	**alle DC's**	**alle LDC's**
Australien	35,8	16,3	26,9	22,7	29,2
Belgien	79,7	54,1	29,8	77,6	40,1
BRD	65,4	42,3	24,4	74,1	34,6
Frankreich	80,4	64,4	29,7	79,2	44,2
UK	79,1	50,7	27,4	77,5	44,2
Italien	65,4	55,1	36,0	59,8	44,3
Japan	28,8	14,8	27,2	33,6	17,6
Kanada	58,5	30,6	15,7	56,7	33,0
Niederlande	74,2	43,0	24,8	70,3	45,5
Schweden	66,5	29,2	15,1	72,5	17,4
USA	60,7	33,8	26,5	66,7	35,0

* Gibraltar, Griechenland, Israel, Malta, Portugal, Türkei, Zypern.
**Asiatische "Newly Industrialized Countries". Hongkong, Macau, Singapur, Taiwan, Süd-Korea.

Quelle: CULEM/LUNDBERG [1986]

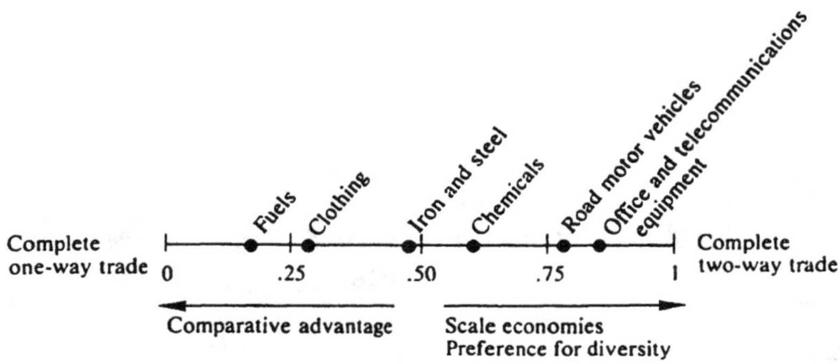

Abb.: 0.4 Intra-industrielle Arbeitsteilung für verschiedene Branchen der USA
Quelle: FISCHER/DORNBUSCH/SCHMALENSEE [1988], S. 696.

Auf einer Zahlengeraden werden, zwischen den Werten Null und Eins, die intra-industriellen Anteilswerte verschiedener Branchen der USA-Volkswirtschaft (für den Zeitraum 1978/79) abgetragen. Besteht keine intra-industrielle Güteraustauschbeziehung (weil eine Branche entweder nur exportiert oder nur importiert), so ist der Anteilswert Null. Wird innerhalb einer Branche soviel exportiert wie importiert wird, so ist der intra-industrielle Anteilswert gerade Eins (vgl. Abb.: 0.4).

Aus der Abb.: 0.4 kann man erkennen, dass die Handelsstruktur sehr unterschiedlich auf die Industrie verteilt ist. In der Oel-Branche (Fuels) ist der intra-industrielle Handel sehr gering (die US-Wirtschaft importiert Oel, exportiert aber nur sehr wenig). Andererseits werden Produkte der Branche für Büroausstattung und Telekommunikation (Office and telecommunications equipment) sowohl exportiert als auch importiert. Die Importe betragen 84 v.H. des Exportwerts. Die intra-industrielle Handelsverflechtung in dieser Branche ist also relativ hoch. Der intra-industrielle Handel ist auf Skalenerträge, auf die Präferenzen der Nachfrager für differenzierte Produkte und auf eine Integration der Märkte zurückzuführen (der Pfeil in Abb.: 0.4 zeigt in Richtung Intra-Handel). Der inter-industrielle Güteraustausch (wie im HECKSCHER-OHLIN Modell), spiegelt die komparativen Kostenvorteile einer Branche oder einer Volkswirtschaft wider (der Pfeil in Abb.: 0.4 zeigt in Richtung Inter-industrieller Handel). Entsprechend diesem Muster lassen sich die Branchen einer Volkswirtschaft entsprechend ihrer Aussenhandelsstruktur 'intra-bzw. inter-industrieller Schwerpunkt' einordnen.

b) Aussenhandel bei Monopolistischer Konkurrenz und intra-industrielle Güteraustausch. Analog zur HECKSCHER-OHLIN-Theorie (Theorie der Faktorproportion) besteht die Weltwirtschaft aus zwei Volkswirtschaften, Inland und Ausland. Beide Länder produzieren unter Verwendung von zwei Faktoren, Arbeit und Kapital. Es wird unterstellt, dass das Inland relativ reichlich mit Kapital ausgestattet ist. Das Ausland verfüge über einen relativ grossen Bestand an Arbeit. Es wird in den volkswirtschaftlichen Sektoren X und Y produziert. X sei der Industriesektor und Y der Agrarsektor. Der Industriesektor ist relativ kapitalintensiv in der Produktion; die Agrarproduktion ist relativ arbeitsintensiv. Das HECKSCHER-OHLIN-Theorem gibt Antwort auf die Frage nach der sich einstellenden Aussenhandelsstruktur, wenn die beiden Volkswirtschaften einen freien internationalen Güteraustausch beginnen.

Das HECKSCHER-OHLIN-Theorem ist eine Aussage, die auf der Beziehung zwischen der Faktorreichlichkeit eines Landes und der Faktorintensität in der Produktion beruht. Eine Volkswirtschaft exportiert jenes Gut, dessen Produktion faktorintensiv ist in bezug auf den relativ reichlich vorhandenen Produktionsfaktor. Das Inland wird in unserem Beispiel Industriegüter exportieren und Agrarprodukte importieren (vgl. Abb.: 0.5). In der Abbildung entspricht die Länge eines Pfeils dem wertmässigen Handelsstrom.Im Handelsgleichgewicht ist der Wert der Exporte der inländischen Industriegüter gleich dem Wert der Importe aus dem ausländischen Agrarsektor (vgl. Abb.:0.5).

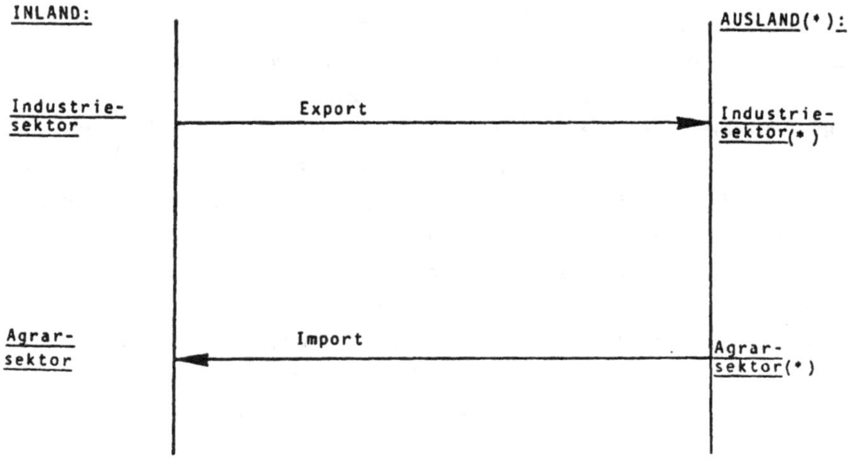

Abb.: 0.5 Aussenhandelsstruktur in der HECKSCHER-OHLIN-Wirtschaft

Wir nehmen nun an, dass der Industriesektor nicht mehr homogene Produkte unter Bedingungen der vollkommenen Konkurrenz anbietet, sondern dass es sich bei den in- und ausländischen Erzeugnissen um ähnliche, differenzierte Produkte handelt, die in einer mehr oder weniger engen Substitutionsbeziehung zueinander stehen. Die in- und ausländischen Unternehmen im Sektor X operieren unter Marktbedingungen der Monopolistischen Konkurrenz und produzieren unter Bedingungen zunehmender Skalenerträge. Aufgrund der zunehmenden Skalenerträge wird nicht jedes Land die vollständige Palette an differenzierten Produkten herstellen. Einige Produktvarianten, die im Ausland hergestellt werden, werden von inländischen Konsumenten präferiert; andererseits werden inländische Produktarten von ausländischen Nachfragern präferiert. Durch die Produktdifferenzierung und die Existenz von Skalenerträgen kommt es zu Exporten <u>und</u> zugleich zu Importen von industriellen Erzeugnissen. Das kapitalreiche Land ist nun ein <u>Netto</u>exporteur an industriellen Fertigwaren; es importiert Agrarprodukte im Austausch gegen Industriewaren (vgl. <u>Abb.:</u> 0.6).

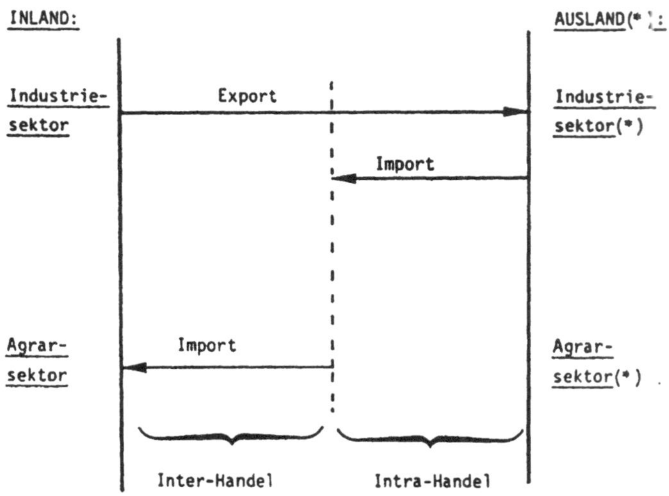

Abb.: 0.6 Aussenhandelsstrukturen in der CHAMBERLIN-HECKSCHER-OHLIN Ökonomie

Die inter- und intra-industriellen Handelsströme sind in der Abb.: 0.6 dargestellt. Intra-industrieller Handel ist definiert als Austausch von Produkten des gleichen Sektors; inter-industrieller Handel ist ein Austausch von Produkten des Sektors X gegen Produkte der Branche Y. Intra-industrielle internationale Arbeitsteilung führt zu einer Aussenhandelsspezialisierung zwischen den Subsektor einer Branche (hier der Branche X); der inter-industrielle Güteraustausch führt zu einer Aussenhandelsspezialisierung zwischen den Sektoren.

Folgende Implikationen aus dem Modell der sogenannten CHAMBERLIN-HECKSCHER-OHLIN Welt[10] sind entscheidend:

[10] Der Name CHAMBERLIN steht für den Begründer der Marktform der Monopolistischen Konkurrenz. HECKSCHER-OHLIN steht für ein Aussenhandelsmodell, das Kostendifferenzen durch Unterschiede in der relativen Faktorausstattung zwischen den Ländern erklärt (vgl. HELPMAN [1981]).

Der inter-industrielle Güteraustausch wird durch komparative Kostenvorteile bestimmt. In unserem Beispiel ist das kapitalreiche Land ein Nettoexporteur in den Gütern, die relativ kapitalintensiv hergestellt werden. Komparative Kostenvorteile spielen nach wie vor eine dominierende Rolle (vgl. auch LUNDBERG [1988]).

Andererseits gründet sich der intra-industrielle Güteraustausch nicht auf komparative Kostenvorteile. Wenn beispielsweise beide Länder über dieselbe relative Faktorausstattung verfügen, so kommt es trotzdem zu einem internationalen Handel (im HECKSCHER-OHLIN-Ansatz ist für Güteraustausch kein Platz, wenn die Faktorproportion zwischen den Ländern gleich ist). Der Güteraustausch wird durch die Art der Spezialisierung auf Produktvarianten erklärt. Die Konsumenten haben einerseits Präferenzen für in- und ausländische Produktvarianten, andererseits verhindern zunehmende Skalenerträge, dass ein Land alle möglichen Produktarten seinen Konsumenten bereithält. Skalenerträge in der Produktion [11] sind somit eine wichtige Determinante der Aussenhandelsstruktur. Im oben angegebenen Beispiel eines CHAMBERLIN-HECKSCHER-OHLIN Modells wirken komparative Kostenvorteile und Skalenerträge zusammen. Beide Elemente erklären den inter- und den intra-industriellen internationalen Handel.

Der Charakter der internationalen Arbeitsteilung zwischen handeltreibenden Volkswirtschaften wird durch die Ähnlichkeit der beide Ökonomien bestimmt. Angenommen die beiden Länder sind zwei hochentwickelte Ökonomien, die über relativ ähnliche Faktorausstattungen verfügen. Unter diesen Bedingungen ist der Anteil des inter-industriellen Handels relativ gering; dagegen ist der Anteil des intra-industriellen Handels sehr bedeutsam. Betrachtet man zwei Ökonomien, die sich in ihrer relativen Faktorausstattung sehr unterscheiden, beispielsweise ein Industrie- und ein Entwicklungsland, so kommt es zu einer deutlichen Aussenhandelsspezialisierung zwischen den Sektoren X und Y. Der inter-industrielle Handel dominiert, denn es liegen deutliche Unterschiede in den komparativen Kosten vor. Der intra-industrielle Güteraustausch ist unter diesem Szenario von untergeordneter Bedeutung.

0.2.2 Multinationale Unternehmen

In der vorliegenden Arbeit ist von einer speziellen Form des internationalen Kapitalverkehrs die Rede, von den sogenannten Direktinvestitionen. Die ökonomische Bedeutung von Direktinvestitionen, insbesondere zwischen den hochentwickelten Volkswirtschaften, hat in jüngerer Zeit enorm zugenommen (vgl. die Tabellen 0.2a und 0.2b für die Bundesrepublik Deutschland

---

[11] Vgl. ETHIER [1988].

und die Tabelle 0.3 für die Schweiz).

Tabelle 0.2a:

Wichtige Zielländer der deutschen Direktinvestitionen:

Zielland	Anteile an den Beständen 1986 in %
USA	28,2
Frankreich	8,1
Niederlande	7,7
Schweiz	7,5
Luxemburg	5,4
Brasilien	5,2
Grossbritannien	4,9
Belgien	4,2
Italien	3,8
Spanien	3,5

Quelle: Institut der Deutschen Wirtschaft [1988]

Tabelle 0.2b:
Wichtige Herkunftsländer der ausländischen Direktinvestitionen in der Bundesrepublik Deutschland

Herkunftsland	Anteile an den Beständen 1986 in %.
USA	37,3
Schweiz	14,4
Niederlande	12,0
Grossbritannien	9,4
Japan	6,4
Frankreich	6,1
Schweden	2,0
Italien	1,7
Österreich	1,3
Belgien	1,3

Quelle: Institut der Deutschen Wirtschaft [1988]

Ausländische Direktinvestitionen nehmen neben dem Aussenhandel in den internationalen Wirtschaftsbeziehungen einen immer wichtigeren Stellenwert ein. Für die Schweiz, als kleines offenes Land mit einer traditionell stark auslandsabhängigen Ökonomie, sind Direktinvestitionen von besonderer Bedeutung.

Einer erstmaligen Veröffentlichung von Zahlen über die schweizerischen Direktinvestitionen im Ausland (SCHLUP [1987], SNB , S. 284-290) zufolge beliefen sich die Bestände der schweizerischen Direktinvestitionen (Buchwerte) per Ende 1986 netto auf 5.5 Milliarden Franken.[12] Tabelle 0.3 belegt, dass fast dreiviertel dieser Investitionen in Europa und Nordamerika getätigt werden.

[12]Anzumerken ist, dass statistisch nur jene Unternehmen erfasst werden, deren Direktinvestitionskapital im Ausland 5 Millionen Franken überschreitet. Noch unvollständig erfasst sind ausländisch beherrschte Holdinggesellschaften.

Tabelle 0.3:

Schweizerische Direktinvestitionen:

Buchwert der Bestände Ende 1986 (in Mio Franken)

Region/Wirtschaftssektor	Industrie		Dienstleistung		Total	
	Bestand	%	Bestand	%	Bestand	%
EG	18669	46,6	6230	40,4	24899	44,9
Übriges Europa[1]	1713	4,3	456	3,0	2169	3,9
Nordamerika	10505	26,2	5526	35,9	16031	28,9
Übrige Industrieländer[2]	2961	7,4	355	2,3	3316	6,0
OPEC	589	1,5	156	1,0	745	1,3
Übrige Entwicklungsländer	5615	14,0	2690	17,4	8305	15,0
Total	40052	100,0	15413	100,0	55465	100,0

[1] Inklusive Staatshandelsländer

[2] Südafrika, Australien, Neuseeland, Japan

Quelle: SCHLUP [1987], S. 284, SNB,Quartalsheft No. 4.

Die Direktinvestitionen befinden sich zum grossen Teil in Industrieländern (circa 80 %). Während mehr als die Hälfte der Direktinvestitionen auf Europa entfallen, zeigt der Dienstleistungssektor mit einem Anteil von 35.9 % signifikantes Interesse für den nordamerikanischen Raum.

Die zehn grössten Empfängerländer der Investitionen (USA, BRD, Frankreich, Grossbritannien, Italien, die Niederlande, Brasilien, Japan, Spanien, und Kanada) decken sich weitgehend mit den wichtigsten Handelspartnern der Schweiz : 65 % der schweizerischen Exporte und 78 % der

Importe werden mit diesen Ländern abgewickelt. Dagegen fallen auf die Entwicklungsländer nur 15 % der Direktinvestitionen, wobei sich ein Drittel davon allein in den Schwellenländern Lateinamerikas (Mexiko, Brasilien, Argentinien) befinden. In 19 von 44 einzeln erfassten Entwicklungsländern und erfassten Ländergruppen übertrafen 1986 die Kapitalrückflüsse die Neuinvestitionen. Die schweizerischen Direktinvestoren beschäftigten Ende 1986 rund 691,000 Personen bei schweizerischen Töchtern im Ausland. Der Personalbestand im Ausland von 691,000 entspricht fast einem Viertel des Gesamtbeschäftigtenstandes der schweizerischen Volkswirtschaft (siehe ferner die Ausführungen in BORNER [1981] und BORNER/WEHRLE [1984].[13] Personalmässig sehen die Strukturen wie folgt aus. In Europa befinden sich fast 60 % der Beschäftigten aller schweizerischen Direktinvestitionen. Für die Entwicklungsländer liegt die Grössenordnung bei 20 %. Dagegen beträgt der Beschäftigungsanteil in Nordamerika etwa 15 % .[14]

Die These, Auslandsinvestitionen würden schweizerische Arbeitsplätze vernichten, trifft - gesamtwirtschaftlich betrachtet - nicht zu. Direktinvestitionen wirken mehrheitlich exportfördernd (komplementär) und damit arbeitsplatzstabilisierend. Das Problem liegt vielmehr darin, dass die Branchen, in denen Auslandsinvestitionen getätigt werden, sich nicht decken mit den Branchen, die durch die Auslandsinvestitionen exportbegünstigt werden. Dabei dürften die arbeitsplatzschaffenden exportfördernden Effekte auf lange Sicht überwiegen, wenn die Produktionsstruktur der direkt-investierenden Länder der neuen Bedarfslage angepasst wird (vgl. hierzu ferner BLATTNER/MAURER/WEBER [1987], S. 72-79)).

Multinationale Unternehmen, Direktinvestitionen und Handel. Direktinvestitionen werden primär von Multinationalen Unternehmen vorgenommen. Multinationale Unternehmen sind Unterneh-

---

[13]Aufgrund der noch unvollständigen statistischen Erfassung dürfte ein grösserer Personalbestand im Ausland von schweizerischer Unternehmen abhängig sein, als dies in der Zahl von 691.000 zum Ausdruck kommt.

[14]Die schweizerischen Direktinvestitionen in den USA erreichten per Jahresende 1986 den Betrag von 12,1 Mrd $, was einer Zunahme von 10 % gegenüber dem Vorjahr entspricht. Mit einem Anteil von 6 % nimmt die Schweiz unter den Auslandsinvestoren in den USA den 6. Platz ein. Die amerikanischen Direktinvestitionen in der Schweiz wurde Ende 1986 mit 17,5 Mrd Fr. ausgewiesen. Dies sind 1,3 Mrd oder 8 % mehr als im Vorjahr. Die Schweiz liegt unter den Bestimmungsländern amerikanischer Direktinvestitionen an 4. Stelle. Laut Angaben aus dem Jahrbuch 1987/88 der Swiss-American Chamber of Commerce beschäftigen die rund 600 US-Unternehmen in der Schweiz rund 53.000 Arbeitnehmer. Jeder 6. in der Schweiz Beschäftigte arbeitet bei einem amerikanischen Unternehmen.Siehe ferner die Studie von NELSON (1987) mit dem Ergebnis, dass Befürchtungen über eventuelle negative Beschäftigungsauswirkungen schweizerischer Direktinvestitionen in den USA sowohl in der Schweiz wie auch in den USA einer realen Grundlage entbehren.

men, die in mehreren Ländern Tochtergesellschaften und Zweigniederlassungen unterhalten. Zur Gründung einer ausländischen Tochtergesellschaft bzw. Zweigniederlassung sind i.d. R. Direktinvestitionen erforderlich. Dies begründet den engen Zusammenhang zwischen den Direktinvestitionen und Multinationalen Unternehmen. So betrachtet stellt ein Multinationales Unternehmen eine Weiterentwicklung eines nationalen Unternehmens dar; die Weiterentwicklung erfolgt dabei durch einen internationalen Transfer von Realkapital (Stichwort 'Internationale Faktorbewegung').

Existenz und Wachstum Multinationaler Unternehmen verdeutlichen, dass Faktorbewegungen in der Form von Direktinvestitionen sich neue organisatorische und rechtliche Formen schaffen, die die Intensität und Struktur der internationalen Handelsströme erheblich beeinflussen. Die Analyse zu diesem Fragenkomplex, die Interaktion zwischen der Existenz von Multinationalen Unternehmen und den Handelsbeziehungen, ist Gegenstand des TEILS II der vorliegenden Arbeit.

Die Direktinvestitionen der hochentwickelten Volkswirtschaften weisen in ihrer regionalen und sektoralen Struktur eine deutliche Übereinstimmung mit deren Aussenhandelsstruktur auf. Daraus kann der Schluss gezogen werden, dass Direktinvestitionen aus den Industrieländern primär absatzorientiert sind. Unter den möglichen Motiven von Direktinvestitionen kommt dem Absatzmotiv eine besondere Stellung zu. Dies zeigen verschiedene Arbeiten.[15]

Direktinvestitionen dienen aber nicht nur der Erschliessung, der Erweiterung ausländischer Märkte, sondern auch der Sicherung vorhandener Absatzgebiete.[16] Wichtig ist in diesem Zusammenhang die empirische Erfahrung, dass Multinationale Unternehmen Direktinvestitionen im Ausland vornehmen, um (drohende) Handelshemmnisse zu umgehen. Exporte mögen bei einem Zollsatz von Null profitabel sein. Drohen den Exporten drastische Einfuhrzölle, so müssen u.U. Exporte eingestellt bzw. stark eingeschränkt werden. Um diese drohenden Zollschranken zu umgehen, ist es sinnvoll, im Ausland direkt zu investieren, um von dort aus den Markt direkt zu beliefern. Zollschranken können somit durch die Internationalisierungsstrategie 'Produktion vor Ort' umgangen werden. Dieses Motiv, die durch Handelshemmnisse entstehenden Risiken (Verlust eines bestehenden Absatzmarktes) durch eine Direktinvestition zu umgehen, soll nun analytisch kurz behandelt werden.

---

[15]Vgl. beispielsweise CASSON [1979]; DUNNING [1985]; GILROY/BROLL [1987].

[16]Vgl. auch die Analyse für den asiatisch-pazifischen Raum GÖBEL/LANGHAMMER/WEISS [1988] in Kapitel II.

Wir betrachten einen oligopolistischen Markt mit nur zwei Unternehmen, die einer Nachfragefunktion für ein homogenes Produkt gegenüberstehen. Die Kosten-und Erlössituation für eine bereits im Markt befindliche inländische Unternehmung (die Multinationale Unternehmung) und eine ausländische Unternehmung (die sich erst für einen Markteintritt entscheiden muss) sei wie folgt gegeben (vgl. SMITH [1987]).

Die inländische Unternehmung hat die Möglichkeit, den ausländischen Markt durch Exporte zu beliefern oder direkt vor Ort zu produzieren, in dem sie vorab Direktinvestitionen in Höhe von G vornimmt. Exportiert die inländische Unternehmung und ist kein Konkurrenzunternehmen auf dem ausländischen Markt, so kann sie den Gewinn Π_E realisieren. Steht die inländische Unternehmung in Konkurrenz zu einem ausländischen Anbieter, so erhält sie als Exportgewinn nur noch Π_e (mit $\Pi_E > \Pi_e$, denn eine Marktteilung führt notwendigerweise zu einer Gewinnreduktion). Angenommen die inländische Unternehmung entscheidet sich für Direktinvestitionen und der ausländische Anbieter bleibt dem Markt fern, so erhält die Multinationale Unternehmung den Monopolgewinn Π_M abzüglich der Investitionen G (vgl. Tabelle 0.4). Konkurriert eine ausländische Unternehmung um Marktanteile gegenüber der Multinationalen Unternehmung, so kann die Multinationale Unternehmung nur noch den Gewinn Π_d, abzüglich der Investitionen G realisieren (mit $\Pi_M > \Pi_d$). In der Tabelle 0.4 sind die Internationalisierungsmöglichkeiten Exporte und Direktinvestitionen dargestellt.

Markteintritt, oder kein Markeintritt sind die Alternativen des ausländischen Anbieters. Die Gewinne sind in der Tabelle 0.4 wiedergegeben. Tritt die Unternehmung in den Markt ein, so hat sie neben den fixen Kosten für den Markteintritt (F), fixe Kosten für die Errichtung der Produktionsstätte (G) zu entrichten. Die fixen Kosten F fallen bei der Multinationalen Unternehmen nicht mehr an, da sie bereits auf dem Markt etabliert ist ("ownership advantage").

Tabelle 0.4:
Exporte oder Direktinvestitionen

Multinationale Unternehmung	**Ausländische Unternehmung:** Kein Markteintritt	Markeintritt
Exporte	$[\Pi_E ; 0]$	$[\Pi_e ; \Pi_e^* - F - G]$
Direkt-Investitionen	$[\Pi_M - G ; 0]$	$[\Pi_d ; \Pi_d^* - F - G]$

Die Wirtschaftssubjekte " Multinationale Unternehmung" und " Ausländische Unternehmung" sehen sich den in Tabelle 0.4 eingetragen Auszahlungen ('payoffs') gegenüber; sie verhalten sich annahmegemäss nicht-kooperativ. Die nicht-kooperative Lösung des oben beschriebenen Problems setzt sich sozusagen selbst ('self- enforcing') durch, da die Entscheidungen "exportieren vs. Direktinvestieren' bzw. 'Markteintritt/kein Markteintritt' unabhängig voneinander getroffen werden.[17]

Direktinvestitionen zur Umgehung von Zollbarrieren:

Angenommen, die fixen Kosten seien so hoch, dass die ausländische Unternehmung (unabhängig davon wie sich die Multinationale Unternehmung entscheidet) auf keinen Fall auf den Markt zutritt (d.h. es gilt $F + G > \Pi_e^* > \Pi_d^*$). Die Multinationale Unternehmung ist somit Angebotsmonopolist. Sind die Gewinne aus der Exportstrategie grösser als bei Direktinvestitionen, d.h. $\Pi_E > \Pi_M$ - G, so wird die Multinationale Unternehmung exportieren.

Die ausländische Regierung gehe nun dazu über, einen Zollsatz τ auf die Exporte der inländischen Multinationalen Unternehmung zu erheben, so dass der Gewinn aus Exporten reduziert wird und $\Pi_E(\tau) < \Pi_M$ - G gilt. In dieser Situation wird die Multinationale Unternehmung Direktinvestitionen vornehmen, um den mit Sicherheit erwarteten Gewinneinbussen aus Exporten zu entgehen. Bei Direktinvestitionen hat eine protektionistische Zollpolitik keinen Anknüpfungspunkt, um die Handelsströme zu regulieren.

0.2.3 Handelspolitiken

Die Zahl der administrativen Eingriffe und Regelungen im internationalen Güteraustausch durch die Regierungen der handeltreibenden Volkswirtschaften ist in der jüngsten Vergangenheit derart angestiegen, dass selbst Experten auf dem Gebiet des internationalen Protektionismus die Situation nicht mehr überschauen können. Dabei geht es vordergründig nur um die Aufzählung der protektionistischen Massnahmen; gar nicht erwähnt ist dabei die viel kompliziertere Fragestellung nach den möglichen Wirkungen all dieser Massnahmen.

Der TEIL III der vorliegenden Arbeit soll eine Hilfestellung geben, sich wenigstens mit einigen neueren Entwicklungen im Zusammenhang der internationalen Protektion (d.h. des Versuches nationaler Regierungen, die Welthandelsströme zu regulieren), auseinanderzusetzen.

[17]Eine kooperative Lösung zwischen der Multinationalen Unternehmung und dem ausländischen Anbieter setzen Einstimmigkeit und einen Mechanismus voraus, der geeignet ist, die bei Einstimmigkeit beschlossene kooperative Lösung auch durchzusetzen.

Diese neueren Entwicklungen sind theoretisch als auch wirtschaftspolitisch sehr relevant; dies gilt insbesondere für handelspolitische Massnahmen, denen der Charakter einer Industriepolitik zukommt (Stichwort: verlorene komparative Vorteile vgl. HESSE/KEPPLER/PREUSSE [1985]).

a) Strategische Handelspolitik

Um das Problem der neueren Entwicklungen auf dem Gebiet der Handelspolitik kurz darzustellen, wird im folgenden auf ein Beispiel der sogenannten Strategischen Handelspolitik (vgl. SIEBERT [1988]) hingewiesen, das in der neueren Aussenhandelstheorie grosse Bedeutung erlangt hat und mit dem sich der studentische Leser vertraut machen sollte. Das Beispiel ist so einfach gewählt, damit es ohne formalen Aufwand leicht reproduziert werden kann und somit das Problem der strategischen Handelspolitik deutlich wird. Das Beispiel dient aber auch als erste Orientierungshilfe, sich mit dem Problem des Protektionismus zwischen den Industrieländern auseinanderzusetzen.

In einigen Industrien bzw. Sektoren innerhalb der Industrieländer kann das Konzept der Marktform der vollkommenen Konkurrenz nicht (auch nicht annähernd) herangezogen werden. Oft sind effektiv nur wenige Unternehmen am Markt tätig; diese wenigen Anbieter konkurrieren um mögliche Extragewinne, die auf diesen Märkten realisierbar sind.

Das Konzept der Strategischen Handelspolitik basiert nun auf der Idee, dass eine Regierung eines Landes in der Lage ist, die Regeln des internationalen Wettbewerbs um eben diese Extragewinne auf Märkten mit wenigen Anbietern entscheidend zu verändern. Die Spielregeln lassen sich nämlich derart ändern, dass es zu einer Umlenkung ausländischer Gewinne zu Gunsten inländerischer Hersteller kommt (das sogenannte 'rent shifting'). Eine strategische Handelspolitik kann unter diesen Bedingungen als Industriepolitik in einer offenen Volkswirtschaft verstanden werden.

So kann beispielsweise eine vom Staat gewährte Subvention zugunsten der inländischen Anbieter dazu führen, dass die Produktion und damit auch der mögliche Markteintritt der ausländischen Konkurrenten unterbleibt. Der Gewinn den die inländischen Unternehmen dadurch realisieren, kann höher sein als die gewährten Subventionen. Vernachlässt man die Konsumentenrente [18], so erhöht sich mit den Gewinnen der inländischen Unternehmen auch die nationale Wohlfahrt des Landes, das diese strategische Handelspolitik betreibt.

Beispiel für eine strategische Handelspolitik:

Wir wollen diese Argumentation einer strategischen, handelspolitischen Massnahme anhand eines fiktiven gewählten Beispiels verdeutlichen (vgl. KRUGMAN/OBTSFELD [1988]). Es gibt zwei Unternehmen, aus zwei verschiedenen Ländern. Wir betrachten einen US-amerikanischen Flugzeugproduzenten (genannt BOEING) und einen europäischen Flugzeughersteller (genannt AIRBUS). Beide Unternehmen entscheiden sich für oder gegen die Produktion eines neuen Produkts (ein neues Passagierflugzeug für den Weltmarkt).

Die Tabelle 0.5 zeigt, wie das Marktergebnis von den Entscheidungen der Unternehmen abhängig ist.

Tabelle 0.5:
Markteintrittsentscheidung

		AIRBUS produziert	AIRBUS produziert nicht
BOEING	produziert	[-5 ; -5]	[100 ; 0]
BOEING	produziert nicht	[0 ; 100]	[0 ; 0]

Zur Interpretation der Tabelle 0.5: Die ersten Zahlenwerte in den Zeilen entsprechen Gewinnen der amerikanischen Unternehmung; die Zahlenwerte an zweiter Stelle in den entsprechenden Spalten repräsentieren den Gewinn oder den sogenannten 'pay off' des europäischen Unterneh-

[18] Man kann sich vorstellen, daß das produzierte Gut für den Weltmarkt bestimmt ist und nicht für den Inlandsmarkt. Unter diesen Bedingungen wird die Konsumentenrente von der protektionistischen Maßnahme nicht verändert.

mens. Produzieren beide Hersteller das in Frage kommende Flugzeug, so realsieren beide Unternehmen einen Verlust (-5;-5); die Skalenerträge sind in diesem Markt so wichtig, dass nur ein Hersteller tragfähig im Markt verbleiben kann.

Produziert nur ein Unternehmen, so lässt sich am Weltmarkt ein Gewinn von 100 Geldeinheiten realisieren. Wer von den beiden Herstellern wird den Gewinn auf sich vereinigen können ? Die Lösung des Problems hängt in diesem Fall davon ab, welche Unternehmung zuerst auf dem Markt glaubwürdig zeigt, dass sie produziert. Angenommen, BOEING versichere dem Markt glaubwürdig, das neue Produkt herzustellen. AIRBUS hat unter diesen Bedingungen keinen Anreiz, zu produzieren. Würde das Unternehmen AIRBUS ebenfalls produzieren, müsste es Verluste hinnehmen.

Der Wettbewerb zwischen den beiden Unternehmen endet mit der Lösung [100;0] zu gunsten von BOEING. BOEING produziert und AIRBUS bleibt dem Markt fern. An dieser Stelle setzt das Argument der Strategischen Handelspolitik an.

BRANDER/SPENCER [1985] zeigen formal, dass die oben beschriebene Situation durch die Europäische Regierung entscheidend verändert werden kann. Wir fahren in unserem numerischen Beispiel fort. Angenommen, die 'Europäische Regierung' verpflichte sich, AIRBUS mit 25 Geldeinheiten zu subventionieren, wenn AIRBUS produziert, d.h. in den Markt eintritt. Die neue Situation auf dem betrachteten Markt wird in Tabelle 0.6 wiedergegeben.

Tabelle 0.6:
Subventionen und Markteintritt

		AIRBUS produziert	AIRBUS produziert nicht
BOEING	produziert	[-5 ; 20]	[100 ;0]
	produziert nicht	[0 ; 125]	[0,0]

Für AIRBUS ist es nun lohnend in den Markt einzutreten, ganz unabhängig davon, wie sich BOEING entscheidet. BOEING seinerseits kennt die Verpflichtung der Europäischen Regierung, die Produktion zu subventionieren. Um einen drohenden Verlust (-5) zu entgehen, wird BOEING

dem Markt fernbleiben und nicht produzieren. Das Marktergebnis besteht dann darin, dass AIRBUS den neuen Flugzeugtyp herstellt und BOEING dem Markt nicht beitritt (die Lösung lautet also [0;125].
Durch Subventionierung des europäischen Herstellers in Höhe von 25 Geldeinheiten, kommt es zu einer Umlenkung der Gewinne zu Lasten des amerikanischen Herstellers.Subventionen in Höhe von 25 Geldeinheiten erhöhen den Gewinn von AIRBUS von 0 (Tabelle 0.5) auf 125 Geldeinheiten (Tabelle 0.6). Die dyopolistischen Marktinterdependenzen - werden von der europäischen Regierung strategisch genutzt, um den Markteintritt des Mitkonkurrenten zu verhindern . Der wirtschaftliche Erfolg des europäischen Unternehmens ist durch staatliches Handels ermöglicht worden (weitere strategische Möglichkeiten vgl. SIEBERT [1988]).

b) Die Politische Ökonomie des Protektionismus.

Eines der wichtigsten Ergebnisse der Aussenhandelstheorie besteht in der Aussage, dass Freihandel effizient ist. Die Verwirklichung von Freihandel bzw. einer Vermindung der herrschenden Protektion muss dabei nicht, wie oft angenommen wird, bilateral erfolgen. Die Wohlfahrt eines Landes wird selbst dann erhöht, wenn die einzelne Volkswirtschaft einseitig zu mehr freiem internationalen Güterhandel übergeht (vgl. FREY [1985], Kapitel 2; URSPRUNG [1987]; HILLMAN [1989]).

Fast alle Regierungen dieser Welt bekennen sich zum freien internationalen Güteraustausch. Dennoch behindern sie Einfuhren durch tarifäre und nicht-tarifäre Handelshemmnisse, wenn ausländische Produkte heimische Produkte verdrängen. Dieser Widerspruch zwischen Theorie und Praxis beschäftigt die Politische Ökonomie des Protektionismus. Warum werden protektionistische Massnahmen eingeführt bzw. beibehalten ? Die traditionelle Aussenwirtschaftstheorie hat sich bislang mit dieser Frage nur am Rande beschäftigt; für sie war zunächst nur wichtig, welche Wirkungen von tarifären bzw. nicht-tarifären Handelshemmnissen ausgehen. Um einer Erklärung für das Zustandekommen protektionistischer Massnahmen näherzukommen, ist in der jüngsten Vergangenheit die Ökonomische Theorie der Politik auf die internationalen Wirtschaftsbeziehungen angewandt worden. Internationale Wirtschaftsbeziehungen sind stark politisch geprägt, denn es besteht (je nach wirtschaftlicher Situation) eine Tendenz, den freien Handel mit politischen Instrumenten einzuschränken.

Die Politische Ökonomie geht von einem Markt für Protektion aus. Wie allen Märkten, treffen sich auf diesem Markt 'Anbieter' und 'Nachfrager' um im gegenseitigen Austausch von Leistungen Vorteile zu verwirklichen. Die Nachfrager nach protektionistischen Massnahmen sind regelmässig jene Interessengruppen der Wirtschaft, die durch die ausländische Produkte und

Leistungen unter Wettbewerbsdruck geraten sind. Die Anbieter von Protektion sind die Politiker, die nationalen Regierungen. Sie bieten Schutz vor ausländischer Konkurrenz an. Welche Leistungen erhalten die Anbieter der Protektion ? Das Leistungsangebot der Nachfrager kann in einem Beitrag zu den Wahlkampfkosten bestehen. Die Nachfrager erhöhen durch ihre Leistungen die Wiederwahlchancen der Regierung.

Der Ansatz der Politischen Ökonomie der Protektion wurde mehrfach empirisch überprüft (vgl. FREY [1985], Kapitel 3). Im folgenden wollen wir auf einen Schätzansatz des Instituts für Weltwirtschaft an der Universität Kiel (vgl. DONGES/SCHMIDT et al [1988], S. 140-143) hinweisen. In der empirischen Analyse wurde versucht, die Änderung der Protektionsstruktur (ΔPS) während des Zeitraums der sogenannten Tokio-Runde (1973-1979) zu erklären. Die erklärenden Variablen sind: Die Humankapitalintensität (h), die Kapitalintensität (k) der Wirtschaftszweige; das Wählerpotential wurde durch die Beschäftigtenzahl (N) der betrachteten Branchen approximiert; die regionale Konzentration einer Branche wurde mit dem Variationskoeffizienten der Anzahl der Beschäftigten über die verschiedenen Bundesländer gemessen (REG); die Unternehmenskonzentration (CON) wurde durch den Marktanteil der sechs grössten Unternehmen der jeweiligen Branche gemessen. Die Schätzgleichung enthält auch eine Grösse, die die internationalen Verhandlungsbedingungen empirisch zu erfassen sucht (PS 78) (vgl. ausführlich DONGES/SCHMIDT et. al. [1988], S. 142).

Das Resultat der **Regressionsanalyse** lautet: Die Protektion ist somit um so stärker bzw. sinkt um so weniger, (1) je mehr Wählerstimmen attrahiert werden können, (2) je stärker die räumliche Konzentration ist, (3) je höher die Konzentration der Unternehmen ist.

$$\underset{}{\Delta PS} = \underset{}{-3{,}89} - \underset{(-3{,}03)}{19{,}04 \cdot \ln h} + \underset{(2{,}31)}{8{,}39 \cdot \ln k} + \underset{(2{,}55)}{5{,}80 \cdot \ln N} + \underset{(2{,}22)}{18{,}29 \cdot \ln REG} + \underset{(2{,}39)}{7{,}89 \cdot \ln CON} - \underset{(-4{,}30)}{0{,}40 \cdot PS(78)}$$

$\bar{R}^2 = 0{,}57;\ F = 7{,}19;\ n = 29$ (t-Werte in Klammern)

Quelle: DONGES/SCHMIDT et al [1988], S. 142-143.

Die Änderung der Protektionsstruktur (ΔPS) ist darüberhinaus negativ mit der Humankapitalintensität (h) und positiv mit der Kapitalintensität (k) korreliert. Man kann vermuten, dass der

politische Einfluss der Betroffenen (die Betroffenen sind damit die Unternehmen, die sachkapitalintensive bzw. technologisch standardisierte Produkte herstellen) erfolgreich war. Die deutschen Hersteller haben in diesen Produktbereichen kaum noch internationale Wettbewerbsvorteile. Darüberhinaus kann aus der Regressionsanalyse abgeleitet werden, dass (cet. par.) die höheren Protektionsraten mehr zurückgenommen werden konnten als die niedrigeren.
Welches sind die Vorteile eines Ansatzes der Politischen Ökonomie des Protektionismus? Die Politische Ökonomie der Protektion bietet eine positive Theorie der internationalen Handelspolitiken. Die politische Ökonomie kann erklären, warum es zu protektionistischen Massnahmen einer Regierung kommen kann; sie kann darüber hinaus auch die Wahl des Instruments protektionistischer Massnahmen (wie Zölle, Quoten, Selbstbeschränkungsabkommen für Exporte) erklären. Diese Ergebnisse beruhen dabei nicht auf ad hoc Annahmen, sondern sind das Resultat eines (politisch-ökonomischen) Verhaltensmodells (vgl. FREY [1985]; HILLMAN [1989]).

0.2.4: Einige wichtige Begriffe, die mit den neueren Entwicklungen der Aussenwirtschaftstheorie verbunden sind.

a) Skalenerträge
b) Konjekturale Variation
c) Berechnung des intra-industriellen Handels
d) Das Problem bindender Abmachungen.

a) Skalenerträge

Skalenerträge ('economies of scale') lassen sich zunächst dadurch unterscheiden, ob sie unternehmens<u>intern</u> oder ob sie unternehmens<u>extern</u>, aber branchenintern, anfallen (HERBERG [1985], Kapitel 3, HESSE/LINDE [1979]).

Diese Unterscheidung in interne vs. externe Skalenerträge hat wichtige Konsequenzen, vorallem dann, wenn es sich um <u>zunehmende</u> Skalenerträge handelt. Im Falle von zunehmenden (unternehmensinternen) Skalenerträgen gilt, dass das Konzept der Vollkommenen Konkurrenz als Marktform nicht mehr anwendbar ist. Würden die Unternehmen nämlich gemäss der Vollkommenen Konkurrenz Preis gleich Grenzkosten setzen und liegen zunehmende Skalenertrage vor, so könnten diese Unternehmen nur noch Verluste anstelle von Gewinnen realisieren. Zunehmende Skalenerträge, die in den Unternehmen selbst anfallen, führen zu irgend einer Form von unvollkommener Konkurrenz.[19]

[19] Vgl. HELPMAN [1984b]; HELPMAN/KRUGMAN [1985], Kapitel 2.

Fallen zunehmende Skalenerträge unternehmensextern an, so ergeben sich nicht zwangsläufig Probleme für das Konzept der Marktstruktur. Die Preis gleich Grenzkosten Regel bedeutet unter diesen Bedingungen nicht, dass automatisch die Stückkosten der Produktion über den Stückerlösen liegen müssen. Das Konzept der Vollkommenen Konkurrenz unter dem die Unternehmen operieren behält somit seine Gültigkeit.

Im folgenden wollen wir eine kurze Darstellung der analytischen Schreibweise geben, wie interne Skalenerträge üblicherweise formuliert werden.

Unternehmensinterne, zunehmende Skalenerträge liegen vor, wenn für eine Einprodukt-Unternehmung, mit der Produktionsfunktion $f(v)$ gilt: $f(\lambda v) > \lambda \cdot f(v)$ wobei v den Inputvektor der Unternehmung und $\lambda > 1$ einen Faktor darstellt, mit dem alle Inputs um den gleichen Prozentsatz erhöht werden. Vorteile der Massenproduktion lassen sich so kennzeichnen, denn eine Verdopplung ($\lambda=2$) oder Verdreifachung ($\lambda=3$)aller variablen Inputfaktoren führt zu einer Outputsteigerung um mehr als das Doppelte oder Dreifache.

Es gibt eine Beziehung zwischen der oben genannten Definition für zunehmende Skalenerträge und einer homogenen Funktion. Ist die Produktionsfunktion der Unternehmung homogen vom Grade r, so gibt dieser Homogenitätsgrad Auskunft über die Art der Skalenerträge. Ist r grösser als Eins, so liegen zunehmende Skalenerträge vor; ist der Homogenitätsgrad kleiner (gleich) Eins, so liegen abnehmende (konstante) Skalenerträge vor.

Ist die betrachtete Produktionsfunktion nicht-homogen, so muss man, um die Frage nach den Skalenerträgen beantworten zu können, folgende Skalenelastizität S bestimmen

$$S(v) \equiv \frac{\partial f(\lambda v)}{\partial \lambda} \cdot \frac{\lambda}{f(v)} \Big|_{\lambda=1}$$

Es gibt noch einen anderen Weg, Skalenerträge (lokal) zu messen und zwar über die Kostenfunktion $C(w,x)$, die ja zur Produktionsfunktion $f(v)$ in einer bestimmten Beziehung steht (w ist der Vektor der Faktorpreise; x die Outputmenge). Zunehmende Skalenerträge liegen dann vor, wenn das Verhältnis aus Durchschnittskosten ($C(\cdot)/x$) und Grenzkosten ($\partial C(\cdot)/\partial x$) grösser als Eins ist,

$$S(w, x) = \frac{C(w, x)/x}{\partial C(w, x)/x} = \frac{AC(w, x)}{MC(w, x)}$$

Abnehmende (konstante) Skalenerträge liegen vor, wenn $S(\cdot)$ kleiner (gleich) Eins ist. Von diesem lokalen Mass zur Erfassung von Skalenerträgen, wird in der neueren Aussenhandelstheorie bevorzugt Gebrauch gemacht.

b) Konjekturale Variation

Aussenhandelstheoretische Fragestellungen auf der Grundlage eines unvollkommenen Wettbewerbs konzentrieren sich naturgemäss auf Phänomene, wie die Marktstruktur die Internationale Arbeitsteilung beeinflusst. Es gibt ein einfaches Konzept der positiven Preistheorie, Marktformen miteinander in Beziehung zu bringen, die sogenannte konjekturale Variation. In der vorliegenden Arbeit wird immer wieder auf unterschiedliche Marktformen, wie vollkommene Konkurrenz, Monopolistische Konkurrenz, Oligopol und Monopol, zurückgegriffen. Mit Hilfe des konjekturalen Koeffizienten γ lassen sich diese Marktformen klassifizieren. Der Koeffizient γ beschreibt unterschiedliche, erwartete Reaktionen der Mitkonkurrenten; wie bekannt, bestimmt ja die Reaktion der Konkurrenz auf die eigene Entscheidung das Marktlösungskonzept in der Preistheorie. Im folgenden wird das Konzept der konjekturalen Variation kurz vorgestellt.

Trifft eine gewinnmaximierende Unternehmung eine Outputmengenentscheidung, so wird sie sich auch Erwartungen darüber gebildet haben, wie die Mitkonkurrenten in der betreffenden Branche reagieren. Das Marktgleichgewicht ist also abhängig von den Erwartungen bzw. Vermutungen (der sogenannten Konjektur) der Produzenten, wie die Konkurrenz auf die eigene Entscheidung reagiert. Unterschiedliche Verhaltensweisen der Unternehmen führen zu unterschiedlichen Marktergebnissen (vgl. etwa die Darstellung VARIAN [1987], Kapitel 26).

Die Zielfunktion einer gewinnmaximierenden Unternehmung laute

$$\max_{x} \; \pi(\cdot) = p(X) \cdot x - C(x) \qquad \ldots. (1)$$

mit x der einzelwirtschaftlichen Angebotsmenge, X dem Branchenoutput und C(·) der Kostenfunktion der Unternehmung. Die betrachtete Unternehmung maximiert den Gewinn Π unter Einsatz der optimalen Produktionsmenge x. Die Preisabsatzfunktion ist durch p(X) gegeben. Die Gewinnmaximierung führt zu folgender Marginalbedingung

$$p + dp/dx \cdot x = C'(x) \qquad \ldots. (2)$$

Der Term [dp(X)/dx] zeigt an, wie die Mengenänderung der betrachteten Unternehmung auf den Preis der Branche wirkt. Dieser Term lässt sich auch wie folgt schreiben,

$$\frac{dp(X)}{dx} = \frac{dp(X)}{dX} \cdot \frac{dX}{dx} \qquad \ldots.(3)$$

Die Erwartung darüber, wie sich der Preis p(X) ändert, wenn sich die Angebotsmenge einer Unternehmung ändert (d.h. dx > 0), besteht somit aus zwei Grössen. Einmal ändert sich der Preis, wenn sich das Gesamtangebot der Branche ändert (dp/dX), und zum zweiten, wie sich das Angebot der Branche ändert, wenn sich die Angebotsmenge einer Unternehmung ändert (dX/dx). Der zweite Effekt (dX/dx) wird als konjekturale Mengenvariation bezeichnet und mit $\gamma \equiv dX/dx$ abgekürzt (γ ist der sogenannte konjekturale Variationskoeffizient).

Die Bedingung erster Ordnung für ein Gewinnmaximum der oben betrachteten Unternehmung lautet somit, wobei im Markt n identische Unternehmen sind mit $X = n \cdot x$,

$$p \cdot \left[1 - \frac{\gamma}{\varepsilon \cdot n} \right] = C'(x) \qquad \ldots.(2')$$

Zum Vergleich: Angenommen es sei nur eine Unternehmung am Markt (d.h. es gilt n=1 und $dX/dx = \gamma = 1$), so gilt die bekannte Gewinnmaximierungsbedingung für den Angebotsmonopolisten Grenzerlös ($p[1-1/\varepsilon]$) gleich Grenzkosten. Angenommen es gibt nur zwei Unternehmen am Markt (das Dyopol, mit n=2), und es gilt die COURNOT-Annahme, so ergibt sich ebenfalls Grenzerlös ($p[1-1/2\varepsilon]$) gleich Grenzkosten. Die COURNOT-Annahme impliziert einen konjekturalen Variationskoeffizienten mit dem Wert von Eins. D.h. die bekannten Modelle der Markttheorie lassen sich mit Hilfe des Koeffizienten γ klassifizieren. Es gilt

(1) $\gamma = 0$. Dies bedeutet reines Konkurrenzverhalten. Die Unternehmung erwartet, dass sich der Preis bei einer Änderung ihres eigenen Angebots nicht ändern wird.

(2) $\gamma = 1$. Dies impliziert das sogenannte COURNOT-Verhalten. Die betrachtete Unternehmung erwartet, dass die anderen Unternehmen ihre Mengenentscheidungen nicht ändern werden, so dass eine Änderung der Menge x um eine Einheit zu einer Änderung des Branchenangebots um eine Einheit führt.

(3) $\gamma = X/x$ für n=1. Durch Substitution von γ in die Gewinnmaximierungsbedingung (2') ergibt sich die Marginalbedingung für den Monopolfall.

(4) $\gamma = dX/dx$ für n=2. Dies bedeutet sogenanntes STACKELBERG-Verhalten, wobei X(x) die mit Sicherheit bekannten Reaktionen der übrigen Marktteilnehmer auf die eigene Mengenreaktion angibt.

(5) $\gamma = 2$ und n=2. Dies bedeutet, dass die beiden am Markt befindlichen Unternehmen eine gemeinsame Gewinnmaximierung (Joint-maximization oder Kollusion) verfolgen.

Die Darstellung sollte verdeutlichen, dass das Konzept der konjekturalen Variation einen möglichen einheitlichen Rahmen bietet, unterschiedliches Verhalten von Unternehmen zu modellieren.

c) Zur Berechnung des intra-industriellen Handels

Die Theorie der komparativen Vorteile zur Bestimmung der Aussenhandelsstruktur eines Landes lässt eine inter-industrielle Arbeitsteilung erwarten. Waren, die exportiert werden, werden nicht auch zugleich importiert. Diese theoretische Implikation einer rein inter-industriellen Arbeitsteilung wurde zuerst empirisch kritisch überprüft [vgl. THARAKAN [1983]). Betrachtet man nämlich die Handelsströme insbesondere zwischen den Industrieländern, so fällt auf, dass die einzelnen Volkswirtschaften untereinander schwerpunktmässig in ganz bestimmten Waren- bzw. Produktgruppen intensiv sowohl exportieren als auch importieren. Wichtige Exportbranchen sind auch zugleich wichtige Importbranchen (vgl. HESSE [1977]).

Die Vergleichbarkeit der international gehandelten Produkte wird durch die Nomenklatur der Standard International Trade Classification (SITC) ermöglicht. Sie erfasst die gehandelten Waren in Produktgruppen unterschiedlichen Aggregationsniveaus (vgl. etwa Tabelle 0.7).

Tabelle: 0.7
Durchschnittliche Intra-industrielle Handelskoeffizienten für Grossbritannien (1977) berechnet nach dem GRUBEL/LLOYD-Index

SITC-Klassifikation (Warenwert)		Abgrenzung 3-digit	4-digit
0	Nahrungsmittel	0,35	0,34
1	Getränke	0,35	0,34
2	Rohstoffe	0,40	0,29
3	Mineralöle	0,58	0,49
4	Öle und Fette	0,50	0,28
5	Chemische Produkte	0,69	0,67
6	Industriewaren (klassifiziert durch das in der Herstellung verwendete Material)	0,69	0,58
7	Maschinen und Transportausrüstungen	0,69	0,57
8	Andere Industriewaren	0,80	0,70
	Durchschnitt (0 - 8)	**0,56**	**0,47**

Quelle: GREENAWAY/MILNER [1983], S.904

Eine Branche bzw. eine Industrie wird als empirisches Konzept aufgefasst und bezieht sich, auf die durch die Nomenklatur der SITC vorgegebene Aggregation. Das Konzept der (Dis-)Aggregation besteht darin, Güter und Produkte in einer Klasse zusammenzufassen, die hinsichtlich ihrer Verwendung und ihrer Produktionserfordernisse ähnlich sind. Die so bestimmten Zusammensetzung der Export- und Importströme werden miteinander verglichen. Je ähnlicher die Strukturen sind, desto geringer ist die inter-industrielle Arbeitsteilung und desto grösser ist folglich die intra-industrielle Komponente der betrachteten Handelsbeziehungen einer Industrie bzw. einer ganzen Volkswirtschaft.

In der Analyse der intra-industriellen Arbeitsteilung werden verschiedene Messkonzepte verwendet, um das Ausmass der intra-industriellen Arbeitsteilung zu erfassen. Ein Standardmass ist der von GRUBEL/LLOYD [1975] entwickelte Index INTRA, der sich wie folgt errechnet (am Beispiel der Handelsströme einer Industrie j; EX_j bzw. IM_j bezeichnet den Wert der Exporte bzw. der Importe der betrachteten Industrie; EX_j+IM_j ist das Handelsvolumen dieser Branche).

$$INTRA_j = \frac{(EX_j + IM_j) + |EX_j - IM_j|}{(EX_j + IM_j)}$$

bzw.

$$INTRA_j = 1 - \frac{|EX_j - IM_j|}{(EX_j + IM_j)}$$

Um die inhaltliche Bedeutung dieser Kennziffer deutlicher herauszuarbeiten, wird anhand von fiktiven Export- und Importwerten die Kennziffer $INTRA_j$ berechnet (vgl. Tabelle 0.8). In Tabelle 0.8 wird der Exportwert der Branche bei 100 Geldeinheiten konstant gehalten und der Importwert von 0 auf 100 Geldeinheiten erhöht. Wie sich die Kennziffer demnach entwickelt, ist in der Spalter 5 festgehalten ($INTRA_j$ ist dabei nicht linear).

Tabelle 0.8:
Numerisches Beispiel zur Berechnung des intra-industriellen Anteils am gesamten Handelsvolumen einer Banche j nach dem sog. GRUBEL/LLOYD -Index

EX_j	IM_j	$\|EX_j-IM_j\|$	(EX_j+IM_j)	$INTRA_j$
100	0	100	100	0
100	10	90	110	0,18
100	20	80	120	0,33
100	30	70	130	0,46
.	.	.	.	.
.	.	.	.	.
100	100	0	200	1

Im Extremfall wird wertmässig soviel importiert wie exportiert ($EX_j=IM_j=100$); der intra-industrielle Anteil am gesamten Aussenhandel beträgt Eins. Wird andererseits nur exportiert, so ergibt sich ein Anteilswert von Null.

Die intra-industrielle Kennziffer INTRA (nach dem Konzept von GRUBEL/LLOYD oder BALASSA (für eine Zusammenstellung und Diskussion alternative Messkonzepte vgl. KOL / MENNES [1986]) beschreiben den Aspekt der sich überlappenden Handelsströme in einem Wirtschaftszweig (vgl. auch Anhang V.2.0). Sie bringen zum Ausdruck, wie intensiv in einzelnen volkswirtschaftlichen Sektoren Produkte sowohl exportiert als auch importiert werden.

Zum Abschluss der Darstellung der Messprobleme der intraindustriellen Arbeitsteilung sei auf das nächste Problem, die Erklärung bzw. die Schätzung durch ökonometrische Methoden hingewiesen. Ein Beispiel: Die World Bank in Washington hat in den vergangenen Jahren ein

Forschungsprojekt unterstützt, das einen empirischen Beitrag zur Erklärung der (weltweiten) intra-industriellen Arbeitsteilung leisten soll. Aus diesem Projekt stammen eine Vielzahl von Veröffentlichungen; beispielsweise die Arbeit von BALASSA/BAUWENS [1987]. Die Kennziffer INTRA wurde von BALASSA/BAUWENS zunächst um Handelsbilanzungleichgewichte korrigiert. Dann wurde der intra-industrielle Handelskoeffizient als logistische Funktion mit einem nicht-linearen Kleinste-Quadrate Schätzverfahren geschätzt. Mit α^T als dem Vektor der Regressionskoeffizienten und **x** als dem Vektor der erklärenden Variablen, lautet der Schätzansatz (mit j und k als Länderindex und i als Industrieindex)

$$INTRA_{jki} = \frac{1}{[1 + \exp(-\alpha^T \cdot x)]}$$

In dem Erklärungsvektor **x** von $INTRA_{jki}$ nimmt, neben anderen wichtigen ökonomischen Grössen (wie den länderspezifischen Faktoren Pro-Kopf-Einkommen, Ländergrösse, Einkommensverteilung, räumliche Entfernung usw. und industriespezifische Faktoren wie Produktstandardisierung, Ausmass der Direktinvestitionen, Handelsbarrieren, Aussenhandelsorientierung usw.), die Produktdifferenzierung eine wichtige Stelle ein. Dieser Aspekt der Beziehungen zwischen der Produktdifferenzierung in einem Sektor durch die dort agierenden Unternehmen und dem intra-industriellen Aussenhandel wird im folgenden Kapitel (**TEIL I**) besonders betont.

d) Das Problem bindender Abmachungen (kooperatives vs. nicht-kooperatives Verhalten).

Die wirtschaftlichen Vorteile internationalen Verhandlungen und Kooperationen lassen sich im folgenden einfachen Rahmen diskutieren (diese Darstellung findet sich an mehreren Stellen in den folgenden Kapiteln). Zwei Länder (genannt In- und Ausland(*)) stehen vor dem Entscheidungsproblem: Sollen sie gemeinsam oder im Alleingang eine Freihandelspolitik verfolgen oder sollen sie (u.U. auf Kosten des anderen) Protektionismus betreiben und den Handel regulieren? In Tabelle 0.9 werden zur Verdeutlichung des Problems den einzelnen Politiken Zahlenwerte zugeordnet.

Angenommen, es existieren verbindliche, d.h. im Konfliktfall auch tatsächlich durchsetzbare, Abmachungen, so werden beide Volkswirtschaften einen Anreiz haben, sich auf die Strategie Freihandel zu einigen, da der freie internationale Güteraustausch beide Länder im besonderen Masse begünstigt. Sind hingegen Abmachungen zwischen den beiden Ökonomien nicht verbindlich, dann werden sie die Strategien Protektionismus wählen, denn für jeden der beiden Akteure ist es von Vorteil, sich nicht an die getroffenen Abmachungen zu halten.

Tabelle 0.9:
Das Problem bindender Abmachungen

		Ausland: Freihandel	Ausland: Protektionismus
Inland	Freihandel	[10;10]	[-10;20]
	Protektionismus	[20;-10]	[-5;-5]

Im weiteren zeigt die Matrix (Tabelle 0.9), dass es für das Ausland von Vorteil ist, die protektionistische Strategie zu wählen, wenn sich das Inland an die Abmachungen hält. Entsprechend gilt dies für die inländische Volkswirtschaft, wenn sich das Ausland an die Abmachungen hält und das Inland Protektionismus betreibt. Fehlen bindende Abmachungen, so dominiert der Protektionismus den Freihandel; daran ändert sich auch nichts, wenn beide Länder kommunizieren. Selbst wenn die Länder verhandeln, so garantieren Absprachen keine kooperativen Handlungen, solange keine "Institution" besteht, die die Beteiligten zur Einhaltung der Absprachen zwingt. Der eigentliche Unterschied zwischen der kooperativen Lösung und der nicht-kooperativen Lösung des Problems besteht darin, dass sich die kooperative Lösung nur ergibt, wenn es einen Mechanismus gibt, der Einstimmigkeit einer Einscheidung auch durchsetzt. Die nicht-kooperative Lösung setzt sich dagegen aus den individuellen Entscheidungen der Beteiligten selbst durch (vgl. KRUGMAN/OBSTFELD [1988], Kapitel 9; HOLLER [1985], Kapitel 3).

Literatur zur Einführung

Balassa, B., L. Bauwens [1988], The Determinants of Intra-European Trade in Manufactured Goods., European Economic Review, Vol. 32, S.1421-1438.

Batra, R.N., R. Ramachandran [1980], Multinational Firms and the Theory of International Trade and Investment., American Economic Review, Vol. 70, S. 278-290.

Blattner,N., Mauer,M., Weber, M. [1987], Voraussetzungen der schweizerischen Wettbewerbsfähigkeit., Bern.

Böhm, V. [1984], Arbeitsbuch zur Mikroökonomik., Berlin, Heidelberg, New York.

Borner, S. [1981], Die Internationalisierung der Industrie., Kyklos, Vol. 34, S 14-35.

Borner, S. [1986], Internationalization of Industry: An Assessment in the Light of a Small Open Economy (Switzerland)., New York.

Borner, S. (ed.) [1988], International Finance and Trade in a Polycentric World., London.

Borner, S., Wehrle, F. [1984], Die Sechste Schweiz : Überleben auf dem Weltmarkt., Zürich.

Brander, J.A. [1981], Intra-Industry Trade in Identical Commodities., Journal of International Economics, Nr. 11, pp.1-14.

Brander, J.A., B. Spencer [1985], Export Subsidies and International Market Share Rivalry., Journal of International Economics, Vol. 18, S. 83-100.

Broll, U., B.M. Gilroy [1987], Intra-industrieller Aussenhandel., Wirtschaftswissenschaftliches Studium (WiSt), 16 Jg., Heft 7, S. 359-361.

Buckley, P.J., M. Casson [1981], The Optimal Timing of a Foreign Direct Investment., Economic Journal, Vol. 91, S. 75-87.

Casson, M. [1979], Alternatives to the Multinational Enterprise., London.

Casson, M. [1986], The Firm and the Market: Studies on Transactions Cost and the Strategy of the Firm., London.

Casson, M. [1987], The Firm and the Market: Studies on Multinational Enterprise and the Scope of the Firm., Oxford.

Caves, R.E., R.W. Jones [1985], World Trade and Payments., Boston.

Chipman, J.S. [1987], International Trade., in: Eatwell, J., J. Milgate, P. Newman (eds.), The New Palgrave (A Dictionary of Economics)., New York, S. 922-955.

Culem, C., L. Lundberg [1986], The Product Pattern of Intra-Industry Trade: Stability Among Countries and Over Time., Weltwirtschaftliches Archiv, Bd. 122, S. 113-130.

Dixit, A., V. Norman [1982], Aussenhandelstheorie., München, Wien.

Donges, J.B. [1981], Aussenwirtschafts- und Entwicklungspolitik., Berlin, Heidelberg, New York.

Literatur zur Einführung

Donges, J.B., K.D. Schmidt et al. [1988], Mehr Strukturwandel für Wachstum und Beschäftigung., Tübingen.

Dunning, J. (ed.) [1985], Multinational Enterprises, Economic Structure and International Competitiveness., Chichester, New York.

Ebenroth, C.T. [1987a], Code of Conduct - Ansätze zur vertraglichen Gestaltung internationaler Investitionen.,Konstanz.

Ethier, W. [1986], The Multinational Firm., Quarterly Journal of Economics, Vol. 101, S. 805-833.

Ethier, W. [1988], Modern International Economics., New York, London.

Fair, D.E., de Boissen, C. (eds.) [1988], International Monetary und Financial Integration: The European Dimension., New York.

Fischer, S., R. Dornbusch, S. Schmalensee [1988], Economics., New York.

Frey, B.S. [1985], International Politische Ökonomie., München.

Gilroy, B.M., U. Broll [1987], West Germany: Expanding Where the Markets Are., Multinational Business, S. 1-11.

Göbel, H., R.J. Langhammer, F.D. Weiss [1988], Wachstum im asiatisch-pazifischen Raum., Tübingen.

Greenaway, D., C.R. Milner [1983], On the Measurement of Intra-Industry Trade., Economic Journal, Vol. 93, S. 900-908.

Greenaway, D., C.R. Milner [1986], The Economics of Intra-Industry Trade., Oxford.

Grubel, H.G., P.G. Lloyd [1975], Intra-Industry Trade.,London.

Helpman,E. [1981], International Trade in the Presence of Product Differentiation, Economies of Scale and Monopolistic Competition: A Chamberlin-Heckscher-Ohlin Approach., Journal of International Economics, S. 305-340.

Helpman, E. [1984a], A Simple Theory of International Trade with Multinational Corporations., Journal of Political Economy, Vol. 92, No.3, S.451-471.

Helpman, E. [1984b], Increasing Returns, Imperfect Markets, and Trade Theory., in: Jones, R., P. Kenen (eds.), Handbook of International Economics., Amsterdam, New York, Oxford, S. 325-365.

Helpman, E. [1987], Imperfect Competition and International Trade: Evidence from Fourteen Industrial Countries., Journal of the Japanese and International Economies, 1, S. 62-81.

Helpman, E. and Krugman, P.R. [1985], Market Structure and Foreign Trade. Increasing Returns, Imperfect Competition, and the International Economy., Cambridge, Massachusetts, London.

Literatur zur Einführung

Herberg, H. [1985], Preistheorie., Stuttgart, Berlin, Köln, Mainz.

Hesse, H. [1974], Hypotheses for the Explanation of Trade between Industrial Countries, 1953-1970., in: Giersch, H. (ed.), The International Division of Labour: Problems and Perspectives., Tübingen.

Hesse, H. [1977], Aussenhandel I: Determinanten., in: Handwörterbuch der Wirtschaftswissenschaften., Stuttgart, S. 364-387.

Hesse, H., H. Keppler, H.GH. Preusse [1985], Internationale Interdependenzen im wirtschaftlichen Entwicklungsprozess., Göttingen.

Hesse, H., R. Linde [1979], Steigende Skalenerträge, Ursachen und wirtschaftspolitische Bedeutung., Wirtschaftswissenschaftliches Studium, Heft 10, S. 129-143.

Hillman, A. [1989], The Political Economy of Protection., London.

Holler, M. [1985], Ökonomische Theorie der Verhandlungen., München, Wien.

Horstmann, I., J.R. Markusen [1987a], Strategic Investments and the Development of Multinationals., International Economic Review, Vol. 28,S. 109-121.

Horstmann, I., J.R., Markusen [1987b], Licensing Versus Direct Investment: A Model Of Internationalization By The Multinational Enterprise., Canadian Journal of Economics, XX, No. 3 August, S. 464-481.

Jahresgutachten des Sachverständigenrates [1986], Auf dem Weg zu mehr Beschäftigung., Stuttgart.

Jones, R. [1987], Heckscher-Ohlin Trade Theory., in: Eatwell, J., J. Milgate, P. Newman (eds.), The New Palgrave (A Dictionary of Economics)., New York, S. 620-626.

Kohlhagen, S. [1983], Overlapping National Investment Portfolios: Evidence and Implications of International Integration of Secondary Markets for Financial Assets., in: R. Hawkins, R. Levich, and C. Wihlborg (eds.), Research in International Business and Finance., Greewich, Conn.

Kol, J., L.B.M. Mennes [1986], Intra-Industry Specialization: Observations on Concepts and Measurement., Journal of International Economics, Vol. 21, S. 173-181.

Krugman, P. [1979], Increasing Returns, Monopolistic Competition, and International Trade., Journal of International Economics, Vol. 9, pp. 469-479.

Krugman, P. [1980], Scale Economies, Product Differentiation, and the Pattern of Trade., American Economic Review, Vol. 70, pp. 950-959.

Krugman, P., M. Obstfeld [1988], International Economics: Theory and Policy., Glenview, Boston, London.

Leamer, E. E. [1984], Sources of International Comparative Advantage Theory and Evidence., Cambridge, Massachusetts.

Literatur zur Einführung

Lundberg, L. [1988], The Role of Comparative Costs for Determining Inter- and Intra-Industry Trade with Developing Countries., European Economic Review, Vol. 88, S. 1699-1710.

Markusen, J.R. [1984], Multinationals, Multi-Plant Economies, and the Gains from Trade., Journal of International Economics, Vol. 16, S. 205-226.

McKinnon, R. [1988], Monetary and Exchange rate Policies for International Financial Stability: A Proposal., Economic Perspectives, Vol. 2, S. 83-104.

Rose, K. [1986], Theorie der Aussenwirtschaft., München.

Rugman, A. [1981], Inside the Multinationals: The Economics of Internal Markets., London.

Schittko, U. [1976], Lehrbuch der Aussenwirtschaftstheorie., Stuttgart.

Schlup, T. [1987], Die schweizerischen Direktinvestitionen im Ausland im Jahre 1986., SNB Quartalsheft No. 4, Dezember, S. 284-290.

Sgro, P.M. [1986], The Theory of Duality and International Trade., London, Sydney.

Siebert, H. [1988], Strategische Handelspolitik: Theoretische Ansätze und wirtschaftspolitische Empfehlungen., Aussenwirtschaft, Vol. 43, S. 549-584.

Siebert, H. [1989], Aussenwirtschaft., Stuttgart.

Smith, A. [1987], Strategic Investment, Multinational Corporations and Trade Policy., European Economic Review, Vol. 31, S. 89-96.

Tharakan, P.K.M. (ed.) [1983], Intra-Industry Trade: Empirical and Methodological Aspects., Amsterdam, New York, Oxford.

Ursprung, H. [1987], Die Einführung politischer Elemente in die Theorie der internationalen Handelspolitik: Einige neuere Ergebnisse., Geld und Währung, Vol. 3, S. 28-44.

Varian, H. [1987], Intermediate Microeconomics., New York, London.

Vosgerau, H.J. (ed.) [1989], New Institutional Arrangements for the World Economy., Berlin, Heidelberg, New York.

Woodland, A.D. [1982], International Trade and Resources Allocation., Amsterdam, New York, Oxford.

Übungen zur Einführung[20]

Übungsaufgabe 1: In einem Land gibt es zwei Sektoren (X und Y), die unter Bedingungen vollkommener Konkurrenz auf allen Märkten mit folgenden Produktionsfunktionen arbeiten

$x = L_x^{1/2} \cdot K_x^{1/2}$,

$y = L_y^{3/4} \cdot K_y^{1/4}$,

wobei die Vollbeschäftigung der Faktoren ($K = K_x + K_y$, $L = L_x + L_y$) gelten soll. Der Lohnsatz beträgt w, der Kapitalpreis r; die Produktpreise sind mit p_x und p_y vom Weltmarkt gegeben.

(a) Es ist zu zeigen, dass die sektorale Kapitalintensität K_x/L_x bzw. K_y/L_y eine Funktion des Faktorpreisverhältnisses w/r ist.

(b) Wie lässt sich nachweisen, dass das Güterpreisverhältnis p_x/p_y eine Funktion des Faktorpreisverhältnisses w/r ist ?

(c) Das Güterpreisverhältnis (die terms-of-trade) p_x/p_y sind durch den Weltmarkt vorgegeben. Welche Konseguenzen ergeben sich für das Güterangebot x und y, wenn das Arbeitsangebot aufgrund demographischer Veränderungen verringert wird und weiterhin Vollbeschäftigung erhalten bleiben soll ? Versuchen Sie, das Problem graphisch zu lösen (vgl. BÖHM [1984]).

Lösungshinweis:

(a) Als Beispiel betrachten wir den Sektor Y. Die Unternehmen maximieren ihren Gewinn $\Pi_y = p_y G(L_y, K_y) - wL_y - rK_y$ mit den optimalen Faktoreinsätzen L_y, K_y,. Als notwendige Bedingung ergibt sich

$$\frac{\partial G(\cdot)/\partial K_y}{\partial G(\cdot)/\partial L_y} = \frac{r}{w}$$

Unter Verwendung der gegebenen Produktionsfunktion $G(L_y, K_y)$ ergibt sich $K_y/L_y \equiv g(w/r) = w/3r$. Analog lässt sich für den Sektor X zeigen, dass $K_x/L_x \equiv f(w/r) = w/r$.

(b) Aus den notwendigen Bedingungen für ein Gewinnmaximum von Π_x und Π_y und unter Verwendung der sektoralen Faktorintensitäten (vgl. (a)) ergibt sich

$$\frac{p_x}{p_y} = \frac{\partial G(\cdot)/\partial K_x}{\partial F(\cdot)/\partial K_y} = \frac{(f)^{1/2}}{2 \cdot (g)^{3/4}} = 1/\left[2 \cdot \left[\frac{1}{3}\right]^{3/4} \cdot \left[\frac{w}{r}\right]^{1/4}\right]$$
$$\equiv \phi(w/r) \quad .$$

---

[20] Wir möchten hier auch auf das Übungsbuch zur mikroökonomischen Vorlesung von BÖHM [1984] hinweisen.

Übungen

(c) Wir zeichnen eine Faktorausstattungsbox für die betrachtete Volkswirtschaft. Bei einem Preisverhältnis p_x/p_y und den inländischen Faktorangebotsmengen K und L ergibt sich der Gleichgewichtspunkt E. Aus (a) lässt sich die Faktorintensität der Sektoren X und Y ablesen. $(K_x/L_x) > (K_y/L_y)$ bedeutet, dass der Sektor X relativ kapitalintensiv produziert; der Sektor Y produziert relativ arbeitsintensiv.

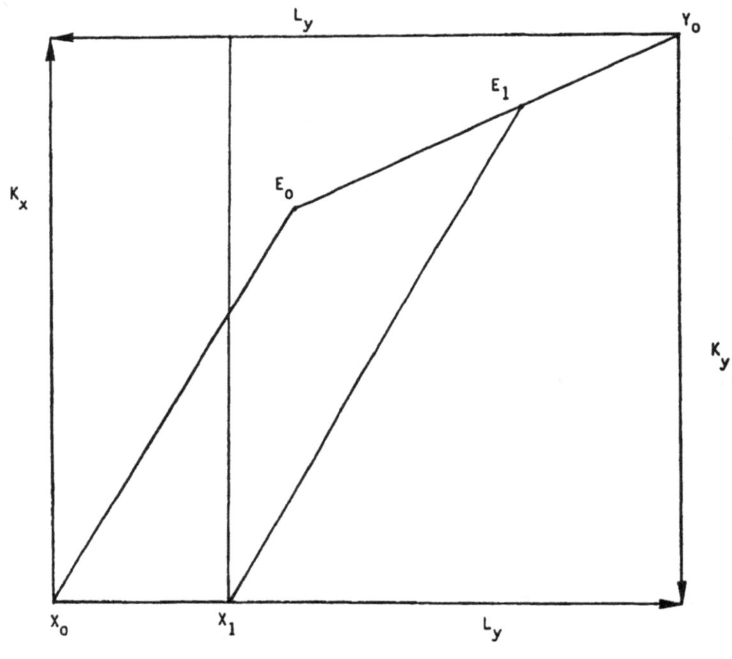

Abb.: 0.7 RYBCZINSKI-Theorem

Eine Verminderung des Faktorbestandes L verschiebt den Ursprungspunkt X_0 auf X_1 (vgl. die Abb.: 0.7). Da die Güterpreise p_x/p_y konstant bleiben, bedeutet dies über (b), dass auch w/r konstant bleibt und damit auch die Faktorintensitäten. Der Fahrstrahl X_1E_1 ist parallel zu X_0E_0; E_1 ist der neue Gleichgewichtspunkt. Aufgrund der Strecken Y_0E_0 bzw. Y_0E_1 und X_0E_0 bzw. X_1 E1 erkennt man, dass das arbeitsintensiv produzierte Gut Y mengenmässig abnimmt und das kapitalintensiv produzierte Gut X mengenmässig zunimmt. Dies ist die Aussage des RYBCZINSKI-Theorems.

Übungen

Übungsaufgabe 2: (Ausgabenfunktion e(p,u)).

Für eine Volkswirtschaft sei folgende Nutzenfunktion

$$u(x_1, x_2) = x_1^{1/2} + x_2^{1/2}$$

relevant (x_1, x_2 bezeichnen die Konsummengen). Errechnen Sie die minimalen Konsumausgaben bzw. ermitteln Sie die Ausgabenfunktion e(p,u) dieser Volkswirtschaft.

Lösungshinweis:
Die Lösung der Minimierungsaufgabe $\min(p_1 c_1 + p_2 c_2)$ unter der Nebenbedingung $u = c_1^{1/2} + c_2^{1/2}$ ist die sogenannte Ausgabenfunktion e(p,u).

Die notwendige Bedingung für ein Konsumausgabenminimum lautet (über $\min L = p_1c_1 + p_2c_2 + \lambda\cdot[u - c_1^{1/2} - c_2^{1/2}]$) $c_2 = (p_1/p_2)^2 \cdot c_1$. Wird diese Beziehung in die Nebenbedingung eingesetzt, so ergeben sich die sogenannten kompensierten Nachfragefunktionen (oder auch Hicks'sche Nachfragefunktionen genannt):

$$c_1(p_1, p_2, u) = [up_2/(p_1 + p_2)]^2 \; ; \; c_2(p_1, p_2, u) = [up_1/(p_1 + p_2)]^2 \; .$$

Man bezeichnet also die Konsummengen mit $c_i(\cdot)$ um sie von den Nachfragefunktionen der üblichen Art $x_i(p,m)$ zu unterscheiden. Setzt man die ermittelten Werte von c_1 und c_2 in die Zielfunktion ($\min p_1 c_1 + p_2 c_2$) ein, so ergibt sich die Ausgabenfunktion
$e(p,u) = p_1 c_1(p_1, p_2, u) + p_2 c_2(p_1, p_2, u) = [p_1 p_2/(p_1 + p_2)]u^2$.

Die dual formulierte Aussenhandelstheorie macht von dieser Ausgabenfunktion extensiven Gebrauch (vgl. DIXIT/NORMAN [1982]; SGRO [1986]; WOODLAND [1982]). Wichtig ist der Zusammenhang zwischen der üblichen Nachfragefunktion $x_i(p,m)$ in Abhängigkeit der Preise und des Einkommens m und der kompensierten Nachfragefunktion $c_i(p,u)$ in Abhängigkeit der Preise und des Nutzens. Beide Konzepte führen zu denselben Ergebnissen; Nutzenmaximierung und Ausgabenminimierung sind miteinander kompatibel.

Übungen

Übungsaufgabe 3:

(1) Gegeben sei folgende Produktionsfunktion einer Unternehmung

$x = f(L,K) = a \cdot L^{1/2} + b \cdot K^{1/3}$

$a,b > 0$; $L,K > 0$.

(a) Ist die Produktionsfunktion homogen ?

(b) Weist die Unternehmung zunehmende, abnehmende oder konstante Skalenerträge auf ?

(c) Errechnen Sie die Skalenelastizität für S(L,K)

(L;K) = (4;27) und a = 2, b = 3.

Lösungshinweis:

(a) nicht-homogen

(b) Die Skalenelastizität, ausgewertet für $\lambda=1$ ist kleiner Eins; abnehmende Skalenerträge.

Die Skalenelastizität ist definiert

$$S(L, K) \equiv \frac{\partial f(\lambda L, \lambda K)}{\partial \lambda} \cdot \frac{\lambda}{f(L, K)} \Bigg|_{\lambda=1}$$

Auf das Beispiel bezogen ergibt sich

$$S(L, K) = \frac{\left[1/2 \ a \cdot L^{1/2} + 1/3 \ b \cdot K^{1/3}\right]}{(aL^{1/2} + bK^{1/3})} < 1 .$$

(c) Die Skalenelastizität S(L=4;K=27) beträgt 5/13.

Teil I

Intra-Industrielle Arbeitsteilung

TEIL I. Intra-industrielle Arbeitsteilung

Die güterwirtschaftlich orientierte Aussenhandelstheorie der Internationalen Arbeitsteilung ist primär eine Preistheorie. Die Struktur der Aussenhandelsströme wird als Folge der von Land zu Land divergierenden relativen Produktionskosten in homogenen Produkten erklärt (vgl. Kapitel: Traditionelle Aussenhandelstheorie). Entsprechend dieser Sichtweise kommt es zu einer inter-industriellen Arbeitsteilung. Eine inter-industrielle Arbeitsteilung bedeutet letztlich deutlich divergierende Schwerpunkte in der Güterstruktur von Exporten und Importen. Güter, die exportiert werden, werden nicht gleichzeitig importiert. Die empirische Wirtschaftsforschung macht aber deutlich, wichtige Exportbranchen hochentwickelter Volkswirtschaften sind zugleich wichtige Importbranchen dieser Länder. Die Export- und Importstrukturen innerhalb der hochentwickelten Industrieländer sind einander ähnlicher geworden. Es findet eine zunehmende internationale Spezialisierung auf Subsektoren statt. Steigt der Anteil eines internationalen Austauschs gleichartiger Produkte, so wird dies als zunehmende Aussenhandelsverflechtung durch intra-industrielle Arbeitsteilung bezeichnet. Der Anspruch der Hypothese der intra-industriellen Arbeitsteilung gilt erklärtermassen der Beschreibung eines Handelsmusters, das durch Exporte und Importe geprägt ist, die als relativ enge Substitute betrachtet werden. Der traditionelle Ansatz der Aussenhandelstheorie, beispielsweise das HECKSCHER-OHLIN Modell, befasst sich dagegen vornehmlich mit der Erklärung von wechselseitigen Handelsbeziehungen, die komplementärer Natur sind (vgl. GREENAWAY/MILNER [1986], CHIPMAN [1986], SIEBERT [1989]).

Da es sich beim intra-industriellen Handel um ein ökonomisch relevantes Problem handelt (der intra-industrielle Handel der Industrieländer beläuft sich auf über 50 v.H.) gilt es danach zu fragen, wie sich dieses Phänomen eines internationalen Güteraustauschs in nahezu identischen Produkten erklären lässt und welche Bedeutung dieser Art von Aussenhandel aus der Perspektive der Wirtschaftspolitik zukommt.

Die Produktdifferenzierung nimmt in der Theorie des intra-industriellen Handels, neben der Analyse der Marktstruktur, eine zentrale Stellung ein. Ausgangspunkt der Überlegungen ist der folgende Zusammenhang. Wenn im zeitlichen Verlauf eines wirtschaftlichen Entwicklungsprozesses einer Volkswirtschaft das (Pro-Kopf-) Einkommen zunimmt, expandiert auch die Vielschichtigkeit, die Vielfältigkeit der Präferenzen der Nachfrager. Die Unternehmen reagieren auf diese Präferenzentwicklung mit vermehrter Produktdifferenzierung. Produkte werden in unterschiedlicher Aufmachung, unterschiedlichen Markenbezeichnungen, unterschiedlichen Ausgestaltungen (=horizontale Produktdifferenzierung) und in unterschiedlichen Qualitäten (=vertikale Produktdifferenzierung) national und international angeboten. Die Konsumenten wählen unter diesen unterschiedlichen Produkten aus. Dabei gehen in ihr Nutzenkalkül neben inländischen Produkten auch ausländische Produkte mit ein. Daraus resultiert folglich ein internationaler Güteraustausch in sehr ähnlichen, oft sogar identischen Produkten. Es kommt zu einer intra-industriellen Arbeitsteilung.

Der Trend zum intra-industriellen Handel, der sich in gleichzeitig hohen Export- und Importquoten einer Branche niederschlägt, hat beispielsweise die Integration der deutschen Volkswirtschaft in die weltwirtschaftliche Arbeitsteilung begünstigt. Der Binnenmarkt der EG **1992** wird ebenfalls einen Schub für den intra-industriellen Handel mit sich bringen. Untersuchungsgegenstand des folgenden Kapitels ist eine positive und normative Analyse der intra-industriellen Arbeitsteilung hochentwickelter Volkswirtschaften. Auf den nächsten Seiten geben wir ein Beispiel eines Aussenhandels, auf der Basis der Marktform der Monopolistischen Konkurrenz, um das Phänomen Intra-Handel zu verdeutlichen.

I.1 Grundmodell einer intra- industriellen Arbeitsteilung

In der folgenden Analyse geht es darum, Elemente einer intra-industriellen Arbeitsteilung vorzustellen um auf die wesentlichen Probleme hinzuweisen. Die Struktur der Analyse lässt sich wie folgt angeben: Im ersten Abschnitt (a) erfolgt eine positive Analyse intra-industriellen Handels; im weiteren wird auf den Zusammenhang zwischen intra-industriellem Handel und der sogenannten Revealed Comparative Advantage-Analyse eingegangen (b). Daran anschliessend erfolgt eine normative Analyse (c). Wir folgen den Arbeiten von KRUGMAN [1981], [1982].

a) Positive Analyse: Intra-industrieller Güteraustausch bei horizontaler Produktdifferenzierung

Autarkie. Es wird zunächst eine autarke Volkswirtschaft mit zwei Produktionssektoren betrachtet. Die Produktionssektoren X_1 und X_2 stellen jeweils differenzierte Produkte marktfähig bereit. Der repräsentative Konsument habe folgende Nutzenfunktion:

$$u(\cdot) \equiv \ln\left[\sum_{i=1}^{N_1} x_{1,i}^{\alpha}\right]^{\frac{1}{\alpha}} + \ln\left[\sum_{j=1}^{N_2} x_{2,j}^{\alpha}\right]^{\frac{1}{\alpha}} \qquad \ldots\ldots (1)$$

mit $0 < \alpha < 1$.

N_1 und N_2 kennzeichnen die potentiell möglichen Produktvarianten in beiden Sektoren.Die Anzahl potentiell möglicher Produktvarianten ist dabei grösser als die tatsächlich angebotenen Varianten n_1 bzw. n_2. Die Ursache für $N_1 > n_1$ und $N_2 > n_2$ besteht darin, dass die Anzahl der Unternehmen n_1 und n_2, die in den Sektoren mit zunehmenden Skalenerträgen ohne

Verluste produzieren können, beschränkt ist.

Wir nehmen an, eine bestimmte Unternehmung produziere unter monopolistischen Marktverhältnissen und biete eine Produktvariante an. Sie beschäftigt dabei den sektorspezifischen Produktionsfaktor Arbeit L. Der volkswirtschaftliche Faktorbestand (L_1 und L_2) ist zwar sektorspezifisch, aber zwischen den Unternehmen innerhalb eines Sektors vollkommen mobil. Die Unternehmung i im Sektor X_1 bzw. die Unternehmung j in Sektor X_2 beschäftigt Arbeit gemäss folgender linearer Faktornachfragefunktion

$$L_{1,i} = a + b \cdot x_{1,i} \qquad \forall\, i, j \qquad \ldots. (2.1)$$

$$L_{2,j} = a + b \cdot x_{2,j} \qquad \ldots. (2.2)$$

mit den positiven Parametern a und b.

Die Produktionsfunktionen der Unternehmen weisen zunehmende Skalenerträge auf, da der durchschnittliche Faktorverbrauch (L/x) mit zunehmendem Output abnimmt. Die Kosten sind durch Multiplikation der Nachfragefunktionen (2.1) und (2.2) mit den sektorspezifischen Faktorkostensätzen w_1 und w_2 errechenbar.

Aufgrund der Präferenzstruktur ergeben sich gleiche Konsumausgabenanteile für beide Sektoren $p_1 x_1 n_1 = p_2 x_2 n_2$. Daraus folgt unmittelbar für die Produktionskosten $w_1 L_1 = w_2 L_2$. Die Gütermärkte und die Faktormärkte seien im Gleichgewicht. Die Bedingungen für Faktormarkträumung lauten

$$L_1 = \sum_i L_{1,i} = \sum_i^{n_1} L_{1,i} \qquad \ldots. (3.1)$$

$$L_2 = \sum_j L_{2,j} = \sum_j^{n_2} L_{2,j} \qquad \ldots. (3.2)$$

Die Faktorbestände werden wie folgt normiert: $L_1 = (2-\mu)$, $L_2 = \mu$, wobei $0 < \mu \leq 1$. Die Grösse μ misst dabei die Ähnlichkeit in der Faktorausstattung zwischen den Sektoren oder mit anderen Worten, μ misst die Faktorproportion (L_1/L_2).

Im Marktgleichgewicht bei monopolistischer Konkurrenz setzt jede Unternehmung gemäss ihrer Zielfunktion Maximierung des Gewinns, Grenzerlös gleich Grenzkosten. Dies impliziert folgende Preisgleichungen

$$p_{1,i} = b w_1 / \alpha \qquad \ldots. (4.1)$$

$$p_{2,j} = b w_2 / \alpha \qquad \ldots. (4.2)$$

Da der Präferenzparameter α zwischen Null und Eins liegt, erkennt man aus den Preisbestimmungsgleichungen, dass der Preis die Grenzkosten (b·w) übersteigt, mit anderen Worten $1/\alpha$ ist der mark-up auf die Grenzkosten.

Als weitere langfristig wirksame Marktgleichgewichtsbedingung ergibt sich die Null-Gewinnsituation. Durch Marktzutritte werden so viele Produktvarianten angeboten, bis die zuletzt auf den Markt kommende Unternehmung gerade noch ihre Durchschnittskosten decken kann. Symmetrie impliziert, dass alle Unternehmen Null-Gewinne realisieren. Die Gewinnfunktionen (sie sind für alle n_1 bzw. n_2 Unternehmen identisch) lauten:

$$\pi_1 = bw_1 x_1 / \alpha - (a + bx_1) w_1 \qquad \ldots. (5.1)$$

$$\pi_2 = bw_2 x_2 / \alpha - (a + bx_2) w_2 \qquad \ldots. (5.2)$$

Aus der Null-Gewinnbedingung lassen sich die Angebotsmengen errechnen,

$$x_1 = x_2 = \frac{a}{b} \cdot \frac{\alpha}{(1 - \alpha)} \equiv x \qquad \ldots. (6)$$

Aus den Vollbeschäftigungsbedingungen ((3.1) und (3.2)) erhält man die Zahl der im Gleichgewicht bei Autarkie angebotenen Produktvarianten

$$n_1 = \frac{L_1}{(a + bx)} = \frac{(2 - \mu)}{(a + bx)} \qquad \ldots. (7.1)$$

$$n_2 = \frac{L_2}{(a + bx)} = \frac{\mu}{(a + bx)} \qquad \ldots. (7.2)$$

Wie man aus den Beziehungen (7.1) und (7.2) unmittelbar erkennt, werden umso mehr Produktvarianten auf dem Inlandsmarkt angeboten, je grösser der Faktorbestand und je kleiner die fixen Kosten (repräsentiert durch a) sind.

Für die Produktpreise in Autarkie (A) ergibt sich aufgrund der oben genannten Knappheitsverhältnisse $w_2^A > w_1^A$; analog gilt für die Produktpreise $p_2^A > p_1^A$ (das Autarkiepreisverhältnis folgt aus der Beziehung $p_1^A n_1 x = p_2^A n_2 x$, denn $p_1^A n_1 = p_2^A n_2$ bzw. (mit (7.1),(7.2)) $p_1^A \cdot (2\text{-}\mu) = p_2^A \mu$ oder $p_2^A / p_1^A = (2\text{-}\mu)/\mu > 1$ für $0<\mu<1$). Das Faktorpreisverhältnis folgt aus der Beziehung $w_1^A L_1^A = w_2^A L_2^A$, denn es gilt $w_1^1 (2\text{-}\mu) = w_2^A \cdot \mu$ bzw. $(2\text{-}\mu)/\mu = w_2^A / w_1^A > 1$.

Freihandel. Wir betrachten nun eine ausländische Volkswirtschaft (*). Das Ausland unterscheide sich von der inländischen Ökonomie allein durch eine spiegelbildliche Verteilung der Produktionsfaktoren.

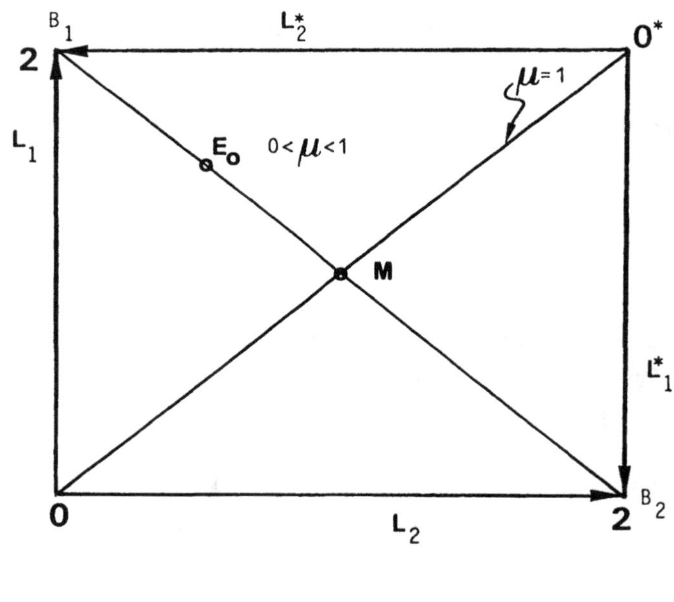

Abbildung I.1:Faktorausstattungsbox mit der Faktorallokation E_0

Für die Verteilung der Faktorbestände gilt (mit $0 < \mu \leq 1$):

Inland	Ausland	
$L_1 = (2 - \mu)$	$L_1^* = \mu$	.... (8),
$L_2 = \mu$	$L_2^* = (2 - \mu)$	.... (9)

Unter Verwendung von μ, lassen sich Inland und Ausland bezüglich der Faktorproportion vergleichen. Gehen die Werte von μ gegen die Zahl 1, so bedeutet dies, dass beide Ökonomie über eine ähnliche Faktorproportion verfügen. μ-Werte, die gegen 0 gehen bedeuten stark divergierende Unterschiede in der Faktorproportion.

In Abb. I.1 stellt der Quader $OB_1 O^*B_2$ die international gegebene Gesamtfaktorausstattung dar. Die Diagonale OO^* impliziert identische Faktorproportionen zwischen den beiden Ökonomien; die Diagonale $B_1 B_2$ bedeutet gleich grosse Volkseinkommen zwischen dem In- und Ausland. Der Faktorausstattungspunkt E^0 bewirkt somit Ländergrössengleichheit im Sinne des Einkommens (GDP=GDP*). In einem Faktorausstattungspunkt M gilt weiterhin gleiche Faktorproportion ($\mu = 1$) und gleiches Einkommen. In der folgenden aussenhandelstheoretischen Analyse werden nur Allokationspunkte zwischen B_1 und M betrachtet. Für die ausländischen Unternehmen ergeben sich bei Gewinnmaximierung folgende Preisgleichungen

$$p_1^* = bw_1^* / \alpha \qquad \text{.... (10. 1)}$$

$$p_2^* = bw_2^* / \alpha \; . \qquad \text{.... (10. 2)}$$

Da Freihandel in den Produkten zum Ausgleich der Produktpreise führt, bewirkt dies auch einen Ausgleich der Faktorpreise,[1]

---

[1] Aufgrund der inländischen und ausländischen Preisgleichungen (4) und (10) gilt unmittelbar

$$\frac{\alpha}{b} = \frac{w_1}{p_1} = \frac{w_2}{p_2} = \frac{w_1^*}{p_1^*} = \frac{w_2^*}{p_2^*} \; .$$

Aus der Gleicheit von $p_1 = p_1^*$, $p_2 = p_2^*$ und $p_1 = p_2$ folgt durch Freihandel der Faktorpreisausgleich (11). Die Gleichheit der Faktorpreise $p_1 = p_2$ lässt sich aus der Beziehung $p_1 (n_1 + n_1^*)x = p_2 (n_2 + n_2^*)x$ entnehmen.

$$w_1 = w_1^* = w_2 = w_2^* \qquad \ldots.(11)$$

Über die Bedingungen der Faktormarkträumung in beiden Ländern lassen sich die Anzahl der international gehandelten Produktvarianten bzw. die Anzahl der am Markt tätigen Unternehmen errechnen,

$$n_1 = (2 - \mu)/(a + bx) = n_2^* \qquad \ldots.(12.1)$$

$$n_2 = \mu/(a + bx) = n_1^* . \qquad \ldots.(12.2)$$

Die wertmässigen Handelsströme lassen sich explizit angeben; sie lauten

$$\begin{aligned}
EX_1 &= \frac{GDP^*}{2} \cdot \frac{n_1}{(n_1+n_1^*)} = \frac{GDP^*}{2} \cdot (2-\mu)/2 \\
EX_2 &= \frac{GDP^*}{2} \cdot \frac{n_2}{(n_2+n_2^*)} = \frac{GDP^*}{2} \cdot \mu/2 \qquad \ldots.(13) \\
IM_1 &= \frac{GDP}{2} \cdot \frac{n_1^*}{(n_1+n_1^*)} = \frac{GDP}{2} \cdot \mu/2 \\
IM_2 &= \frac{GDP}{2} \cdot \frac{n_2^*}{(n_2+n_2^*)} = \frac{GDP}{2} \cdot (2-\mu)/2 \quad .
\end{aligned}$$

Im vorliegenden aussenhandelstheoretischen Erklärungsansatz wird in beiden Sektoren sowohl exportiert, als auch importiert. Es kommt zu einer intra-industriellen Arbeitsteilung. Die Beziehungen in (13) zeigen, intra-industrieller Handel kann durch horizontale Produktdifferenzierung erklärt werden. Die Existenz von Skalenerträgen erklärt, warum die inländische (bzw. die ausländische) Nachfrage nicht vollständig durch das heimische Angebot befriedigt wird.

Es werden annahmegemäss nur solche Faktorallokationen betrachtet, für die Gleichheit des Einkommens zwischen den betrachteten Ländern gilt . Der intra-industrielle Handelskoeffizient INTRA lässt sich dann sehr einfach berechnen. Es gilt (über (13))

$$INTRA = 1 - \frac{\sum_{k=1}^{2} \left| EX_k - IM_k \right|}{\sum_{k=1}^{2} (EX_k - IM_k)} = \mu \quad . \qquad \ldots.(14)$$

Der intra-industrielle Aussenhandel erreicht seinen grössten Wert, wenn beide Ökonomien über eine identische Faktorausstattung verfügen, (d.h. wenn $\mu = 1$).
Ein entscheidendes Element in der Theorie des intra-industriellen Handels ist in der Aussage über den Zusammenhang zwischen der Ähnlichkeit in der Faktorausstattung (hier gemessen durch μ) und in dem Charakter der Arbeitsteilung enthalten. Je mehr sich die Faktorausstattungsverhältnisse zwischen den betrachteten Ökonomien angleichen, umso grösser werden die zusätzlichen Anreize für intra-industriellen Handel. Je näher eine Faktorallokation beim Punkt M in der Faktorausstattungsbox liegt, umso ähnlicher ist die Faktorproportion und umso grösser ist der intra-industrielle Güteraustausch zwischen beiden Ländern.

b) Komparative Vorteile und intra-industrieller Güteraustausch: Die Revealed Comparative Advantage (RCA) - Analyse

Das empirische Konzept der Revealed Comparative Advantage (RCA)-Analyse geht davon aus, dass sich die internationale Wettbewerbsfähigkeit eines Wirtschaftszweiges an der Höhe der realisierten Handelsströme feststellen lässt. Der RCA-Wert misst dabei den Wert der Nettoexporte einer Branche. Besitzt ein Wirtschaftszweig bzw. ein Sektor eines Landes hohe Nettoexporte, so bedeutet dies, dass dieser Sektor über ausgeprägte komparative Vorteile verfügt, die ihn auf internationalen Märkten besonders konkurrenzfähig machen.[2] Die zur Messung von intra-industriellem Handel entwickelten Messkonzepte weisen Ähnlichkeiten mit der RCA-Analyse auf. Beide empirischen Konzepte beruhen auf Nettohandelsströmen. Der Anteil des intra-industriellen Handels am gesamten Aussenhandel eines Sektors ist um so grösser, je näher der RCA-Wert des betrachteten Sektors bei Null liegt.

Diese Beziehung zwischen einem RCA-Wert und der Intensität der intra-industriellen Arbeitsteilung eines Wirtschaftszweiges soll im folgenden anhand des gerade erörterten Modells gezeigt werden (vgl. beispielsweise BREITHAUPT et al [1979]).

Der RCA-Wert eines Sektors i werde wie folgt definiert:

$$RCA_i = \ln \cdot \left[\frac{EX_i}{IM_i}\right] = \ln \cdot EX_i - \ln \cdot IM_i \qquad \ldots . (15.1)$$

Der RCA_i-Wert misst die Nettoexporte des Sektors i; ein positive Wert bedeutet, dass der

[2] Vorausgesetzt man abstrahiert von jeglichen handelspolitisch induzierten Verzerrungen.

Sektor im betrachteten Zeitraum wertmässig mehr exportiert als importiert hat.

Unter Verwendung der in (13) festgestellten Export-und Importwerte, ergibt sich für (15.1) der folgende Ausdruck

$$RCA_i = \ln \cdot \left[\frac{GDP^*}{GDP}\right] + \ln \cdot \left[\frac{n_i}{n_i^*}\right] \quad . \qquad \ldots . (15.2)$$

Mit den Beziehungen ((7.1),(7.2)) für die Anzahl der Produktvarianten n_i bzw. n_i^* ergibt sich

$$RCA_i = \ln \cdot \left[\frac{L_i}{L_i^*}\right] - \ln \cdot \left[\frac{GDP}{GDP^*}\right] \quad . \qquad \ldots . (15.3)$$

Zwei wichtige Implikationen ergeben sich aus dem hier vorgetragenen Modell in Verbindung mit dem RCA-Wert:

(1) Die internationale Wettbewerbsfähigkeit eines Wirtschaftszweiges wird bestimmt durch die komparativen Vorteile, über die der Sektor i verfügt und durch Ländergrössenunterschiede.Eine relative hohe inländische Faktorausstattung begründet komparative Vorteile und eröffnet Marktchancen im Ausland, der RCA-Wert ist relativ hoch. Dies kommt im ersten Term von (15.3) zum Ausdruck. Im Kontext des Modells gilt, dass die Länder gleich gross sind (GDP= GDP*). Somit wird hier die internationale Wettbewerbsfähigkeit einer Branche i allein durch die relative Faktorausstattung (L_i/L_i^*) determiniert.

(2) Der intra-industrielle Handel eines Sektors, gemessen am gesamten Handelsvolumen dieses Sektors, lässt sich wie folgt darstellen

$$INTRA_i = 1 - \frac{|EX_i - IM_i|}{(EX_i + IM_i)} \quad . \qquad \ldots . (16.1)$$

Unter Verwendung der Definition (15.1) kann diese Grösse $INTRA_i$ transformiert werden, so dass der Anteil des intra-industriellen Handels mit dem RCA-Wert in unmittelbarer Verbindung steht, es gilt

$$INTRA_i = \frac{2}{1 + \exp \cdot |RCA_i|} \quad . \qquad \ldots . (16.2)$$

Ist der komparative Vorteil eines Sektors sehr ausgeprägt, d.h. ist der RCA-Wert grösser als Eins, dann wird der Index $INTRA_i$ relativ gering sein. Sind andererseits die RCA-Werte nahe bei Null, d.h. besitzt der betreffende Sektor über keine ausgeprägten komparativen Vorteile, dann wird der Indikator $INTRA_i$ relativ gross sein.

Diese einfache Analyse zeigt, der Anteil des intra-industriellen Handels ist umso grösser, je näher die RCA-Werte bei Null liegen. Der empirische Bezug der RCA-Analyse und der intra-industriellen Arbeitsteilung soll anhand der Tabelle I.1 dokumentiert werden.

Tabelle I.1:
Standardabweichungen der RCA-Werte für den Handel der Bundesrepublik mit ausgewählten Regionen (1962-1976)

		Jahr	
Region	1962	1969	1976
Welt insgesamt	47,14	38,51	36,45
Westliche Industrieländer	42,39	33,18	28,32
EG der Sechs	42,73	35,51	27,97
Zehn führende Entwicklungsländer	78,08	79,65	69,08

Quelle:BREITHAUPT u.a. [1979],S.98.

In Tabelle 3.1 ist die Standardabweichung der RCA-Werte als Näherungsgrösse für die empirische Bedeutung der intra-industriellen Arbeitsteilung herangezogen worden. Für den Güterhandel mit der Welt insgesamt, mit den wesentlichen Industrieländern und mit den sechs (Gründer) Ländern der EG, hat die Streuung der RCA-Werte für die Bundesrepublik Deutschland stark abgenommen. Die Intensität des intra-industriellen Handels mit den Entwicklungsländern nahm erst in jüngster Vergangenheit zu (vgl. SCHUMACHER [1983]).

Die empirische Revealed-Comparative-Advantage-Analyse zeigt, im Warenaustausch zwischen den hochindustrialisierten Volkswirtschaften dominiert eine intra-industrielle Arbeitsteilung.

c) Handelsgewinne: Normative Analyse intra-industrieller Arbeitsteilung. Die normative Analyse einer intra-industriellen Arbeitsteilung führt zu folgender Aussage: Ist der Anteil des intra-industriellen Handels am gesamten Aussenhandel relativ hoch und sind zunehmende Skalenerträge in der Produktion vorhanden, so werden die negativen Einkommensverteilungswirkungen, die durch Freihandel entstehn, durch die Vorteile aus der Marktvergrösserung kompensiert bzw. überkompensiert.

(Zur Beweisführung). Im Nutzenmaximum eines repräsentativen Nachfragers gilt

$$\tilde{u}(p_1, p_2, n_1, n_2, m) \equiv \frac{(1-\alpha)}{\alpha} \cdot \sum_{i=1}^{2} \log \cdot n_1 + \sum_{i=1}^{2} \log \cdot \left[\frac{m}{p_i}\right] \quad . \qquad \ldots . (17)$$

In der Einführung wurde gezeigt, durch eine Marktöffnung kommt es zum vollständigen Ausgleich der Faktorpreise. Analog zum STOLPER-SAMUELSON-Theorem lässt sich dann feststellen, dass durch den Übergang von Autarkie zu Freihandel die Einkommensverteilung des bisher relativ knappen Produktionsfaktors negativ tangiert wird. Die Anbieter des Faktors L_2 (bzw. L_1^* im Ausland) werden im Vergleich zur Autarkie Einkommensverluste hinnehmen müssen.

Um die Handelsgewinne bzw. - verluste der inländischen Faktorreigner zu ermitteln, wird über die Beziehung (17), die der indirekten Nutzenfunktion entspricht, die Nutzendifferenz zwischen Autarkie und Freihandel ermittelt; es geht bei der Bestimmung der Nutzendifferenz nur um das Vorzeichen, d.h.

$$\Delta u_2 \equiv u_2^F - u_2^A \lesseqqgtr 0 \qquad ?$$

Zunächst werden die beiden Nutzenniveaus bei Autarkie und Feihandel bestimmt, wobei der Einkommensterm (m/p_i) in Gleichung (17) durch die Grösse $\ln(w_2/p_i)$ ersetzt wird. In Autarkie lautet die Nutzenposition für die Faktoreigner L_2

$$u_2^A \equiv \frac{1-\alpha}{\alpha} \left[\ln \cdot n_1^A + \ln \cdot n_2^A \right] + \ln \cdot w_2^A / p_1^A + \ln \cdot w_2^A / p_2^A$$

In der Situation eines freien internationalen Güteraustauschs lautet die Nutzenposition der Faktoreigner L_2

$$u_2^F \equiv \frac{1-\alpha}{\alpha} \left[\ln \cdot (n_1 + n_1^*) + \ln \cdot (n_2 + n_2^*) \right] + \ln \cdot w_2 / p_1 + \ln \cdot w_2 / p_2$$

Die Nutzendifferenz $\Delta u_2 \equiv u_2^F - u_2^A$ lautet dann, unter Berücksichtigung der Tatsache, dass $\ln w_2^A / p_2^A = \ln w_2 / p_2$ gilt,

$$\Delta u_2 = \frac{1-\alpha}{\alpha}\left[\ln\cdot\frac{n_1 + n_1^*}{n_1^A} + \ln\cdot\frac{n_2 + n_2^*}{n_2^A}\right] + \ln\cdot\frac{w_2 / p_1}{w_2^A / p_1^A} \quad \text{....(17.1)}$$

Im weiteren werden die gleichgewichtigen Werte für $n_1, n_2, n_1^*, n_2^*, w_2, p_1$ und die Autarkiewerte in (17.1) eingesetzt; es ergibt sich folgender Ausdruck, der sehr anschaulich die Vor- und Nachteile aus einem Übergang von Autarkie zu Freihandel widergibt,

$$\Delta u_2 = \frac{1-\alpha}{\alpha}\left[\ln\cdot\frac{2}{(2-\mu)} + \ln\cdot\frac{2}{\mu}\right] + \ln\cdot\frac{\mu}{(2-\mu)} \quad \text{....(18)}$$

Man erkennt eine Differenz zwischen den Vorteilen aus der Marktvergrösserung (erster Term in (18)) und den negativen Wirkungen auf die Einkommensposition (zweiter Term in (18); da $0 < \mu \leq 1$, folgt, dass der zweite Term <u>negativ</u> ist).

Es bleibt zu fragen, unter welchen Bedingungen der positive Effekt aus der Marktvergrösserung den negativen Einkommensumverteilungseffekt dominiert. Um die Bedingungen herausarbeiten zu können, wird der Ausdruck in (18) zunächst umgeschrieben.[3]

$$\Delta u_2 = \frac{2(1-\alpha)}{\alpha}\cdot\ln 2 + \frac{2\alpha-1}{\alpha}\cdot\ln\cdot\mu - \frac{1}{\alpha}\cdot\ln\cdot(2-\mu) \quad \text{....(18.1)}$$

In Abhängigkeit des Präferenzparameters α (bzw. in Abhängigkeit der Substitutionselastizität $\sigma \equiv 1/(1-\alpha)$) lassen sich <u>zwei</u> Fälle unterscheiden unter der die Nutzendifferenz <u>positiv</u> ist.

(1) $\alpha < 1/2$. Die Nutzendifferenz Δu_2 ist positiv; auch die Faktoreigner L_2 <u>gewinnen</u> insgesamt durch Freihandel. Ihre Nutzenposition verbessert sich, da der negative Einkommenseffekt von untergeordneter Bedeutung ist und der Marktvergrösserungseffekt (mehr Produktarten sind erhältlich) gross ist.

(2) $\alpha > 1/2$. Trotz der hohen Substitutionselastizität kann die Nutzenposition der Faktoreigner L_2 durch Freihandel verbessert werden, wenn der intra-industrielle Aussenhandelsanteil μ eine kritische Grenze überschreitet. Die Nutzendifferenz $\Delta u_2(\cdot)$ lässt sich nämlich als Funktion der Faktorproportion bzw. der Grösse INTRA $\equiv \mu$ darstellen; für $\mu \geq \bar{\mu}$ wird die Nutzendifferenz Δu_2 positiv (vgl.: <u>Abb.:I.2</u>).

---

[3]Der Ausdruck in (18.1) entsteht durch Ausmultiplizieren und Zusammenfassung aller Grössen aus Gleichung (18).

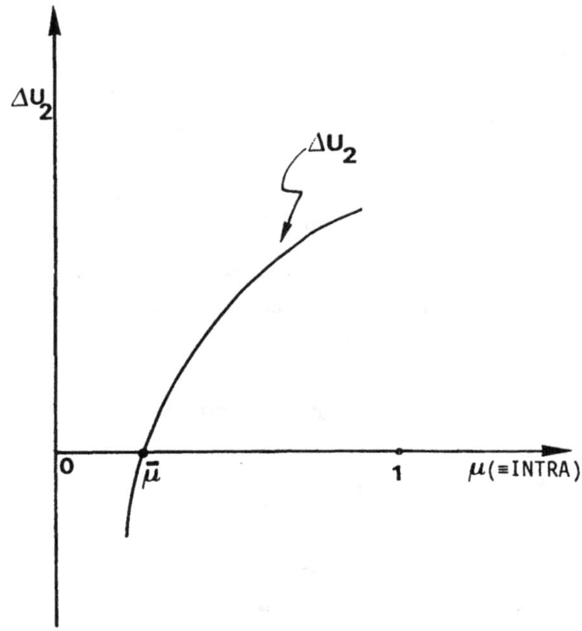

Abb.: I.2: Handelsgewinne für den relativ knappen Produktionsfaktor L_2 in Abhängigkeit der Faktorproportion

Gains from Trade und intra-industrieller Güteraustausch. Der oben skizzierte Ansatz zur Bestimmung der Handelsgewinne legt folgende Interpretation nahe. Gelingt einer Volkswirtschaft der Übergang von einer mehr komplementären zu einer mehr substitutiven internationalen Arbeitsteilung mit ihren Handelspartnern, so nimmt auch die Wahrscheinlichkeit zu, dass das Konfliktpotential, das durch eine internationale Marktöffnung entstehen kann, vermindert wird.

Die in Abb.: I.3 schraffierte Fläche F repräsentiert mögliche (α,μ)-Kombinationen, für die gilt, dass sich alle Beteiligten durch den Übergang von Autarkie zu Freihandel besserstellen können. Obwohl der Freihandel über den Ausgleich der Faktorpreise die Einkommensverteilung der inländischen Faktoreigner L_2 negativ verändert, stellt sich auch diese Gruppe durch die Marktvergrösserung, die eine erweiterte Verfügbarkeit über Produktvarianten gewährleistet, i.S. einer normativen Analyse 'besser'.

Zusammenfassend lässt sich feststellen, je grösser der Anteil des intra-industriellen Handels am gesamten Aussenhandel ist ($\mu \geq \bar{\mu}$), und je grösser die Skalenerträge[4]), umso grösser ist die Wahrscheinlichkeit, dass Freihandel von allen Beteiligten präferiert wird.

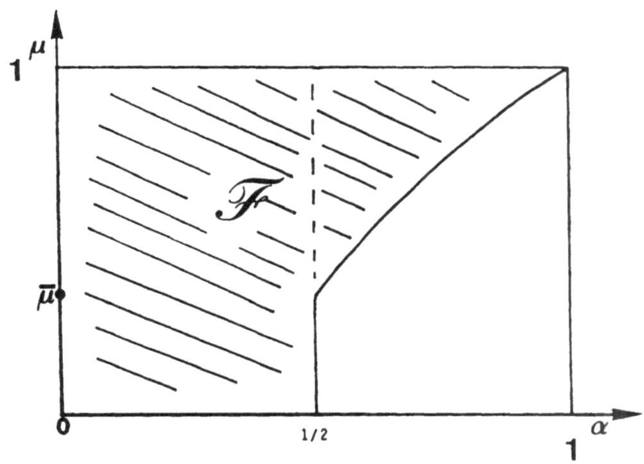

Abb.: I.3: Handelsgewinne bei intra-industrieller Arbeitsteilung

[4]Die Behauptung, daß geringe Werte von α, dem Präferenzparameter des Modells, hohe Skalenerträge impliziert, lässt sich wie folgt verdeutlichen. Im Marktgleichgewicht müssen zwei Bedingungen simultan erfüllt sein: (i) Grenzerlös gleich Grenzkosten ($p \cdot \alpha = b \cdot w$);(ii) der Gesamterlös muß im langfristigen Gleichgewicht den Gesamtkosten entsprechen, d.h. $p \cdot x = (F + b \cdot x)w$. Da beide Bedingungen gleichzeitig erfüllt sein müssen, damit der Produktionssektor X im Gleichgewicht ist, läßt sich auch schreiben

$$\frac{1}{\alpha} = 1 + \frac{F}{b \cdot x} > 1 \quad .$$

Links vom Gleichheitszeichen steht der Monopolgrad der betrachteten Industrie (der Monopolgrad ist definiert als das Verhältnis von Produktpreis p zu Grenzerlös); rechts vom Gleichheitszeichen erscheint die Inverse zur Kostenelastizität; dies entspricht dem Grad der Skalenerträge. Je kleiner α, umso grösser sind im Marktgleichgewicht die realisierten Skalenerträge.

I.2 Inter- und intra-industrieller Güteraustausch bei monopolistischer Konkurrenz.

In einem aussenhandelstheoretischen Modell wird gezeigt, intra-industrieller Handel lässt sich durch horizontale Produktdifferenzierung erklären, inter-industrieller Güteraustausch kann auf konventionelle Weise durch komparative Kostenvorteile erklärt werden.

Drei Elemente sind zur Erklärung intra-industriellen Handels notwendig: Präferenzen für differenzierte Produkte, Angebot an differenzierten Produkten und Marktzugangsbeschränkungen. Das Vorhandensein einer Nachfrage und eines Angebots an differenzierten Produkten ist nocht nicht hinreichend, sich überlappende Handelsströme in einem Wirtschaftszweig zu erklären. Erst eine natürliche oder wirtschaftspolitisch erzeugte Marktzugangsbeschränkung erklärt, warum der differenzierten Inlandsnachfrage nicht ein vollständiges differenziertes Angebot gegenübersteht. Das dritte Element, die Marktzugangsbeschränkungen, werden in der Literatur der intra-industriellen Arbeitsteilung unter dem Begriff der Skalenerträge subsumiert. Zunehmende Skalenerträge sind aber andererseits mit vollkommener Konkurrenz nicht vereinbar. Unter diesen Bedingungen kam es zur Modellwahl der monopolistischen Konkurrenz (vgl. etwa KIERZKOWSKI [1984]; HELPMAN [1987]).

Die Markttheorie der Monopolistischen Konkurrenz stellt ein brauchbares Konzept zur Modellierung realistischer Marktstrukturen dar; auch die theoretischen Probleme dieser Marktform scheinen gelöst zu sein (vgl. HART [1985]). Stehen verschiedene Produkte in einem relativ engen Substitutionsverhältnis, so besitzt jeder Anbieter, der ein (horizontal) differenziertes Produkt anbietet, scheinbar eine Monopolstellung. In Wirklichkeit konkurriert die von ihm angebotene Variante mit zahlreichen ähnlichen Produkten anderer Anbieter. Man spricht von Monopolistischer Konkurrenz im Sinne von CHAMBERLIN (vgl. HART [1985]).

Im vorliegenden Abschnitt soll gezeigt werden, wie monopolistische Marktstrukturen einerseits und internationale Unterschiede in der (relativen) Faktorausstattung andererseits simultan intra- und inter-industrielle Handelsströme erklären können. Dieses Modell im Kontext einer Verbindung von CHAMBERLIN's Monopolistischer Konkurrenz und dem Faktorproportionentheorem nach HECKSCHER-OHLIN bietet einen möglichen Modellrahmen, die tatsächlich feststellbaren Aussenhandelsstrukturen zu erklären (vgl. HELPMAN/KRUGMAN [1985]).

Der Abschnitt I.2 ist wie folgt gegliedert. In Abschnitt a) werden die Grundlagen des Modells erörtert (die Grundlagen der theoretischen Analyse sind die Arbeiten von DIXIT/NORMAN [1982], Kapitel 9.3 und MARKUSEN [1986]); in b) geht es um die Darstellung der sich einstellenden Aussenhandelsstrukturen bei freiem internationalen Güteraustausch. Der normative Aspekt der intra-industriellen Arbeitsteilung wird in c) erörtert.

a) Das Modell.

Die Grundlagen des Modells sind ein differenziertes Güterangebot und eine differenzierte Güternachfrage bei monopolistischer Konkurrenz. Die Analyse beginnt mit der Mikrofundierung der Güternachfrage.

Nachfrage. Die Konsumenten im In- und Ausland (*) verfügen annahmegemäss über identische Präferenzen für ein homogenes Gut Y bzw. für differenzierte Produkte $(x_1,....,x_n)$ aus dem volkswirtschaftlichen Sektor X. Es wird folgende Präferenzstruktur unterstellt:

$$u(\cdot) \equiv \left[\left\{\sum_{i=1}^{n} x_i^{\alpha}\right\}^{1/\alpha}\right]^{\beta} \cdot y^{(1-\beta)} \qquad \ldots.(1.1)$$

mit $1 > \alpha, \beta > 0$.[5]

Der Präferenzparameter α ist ein Indikator für die Substitutionsbeziehung zwischen den angebotenen Produktarten $(x_1,...,x_n)$; der numerische Wert von α bestimmt damit auch den Monopolisierungsgrad im Sektor X. Ist α identisch Eins, so stellen die Produktvarianten perfekte Substitute dar.

Die Nutzenfunktion (1.1) wird in der Literatur regelmässig verkürzt geschrieben[6] und zwar

$$u(\cdot) \equiv u_x^{\beta} \cdot y^{(1-\beta)} \qquad \ldots.(1.2)$$

Die sogenannte Unter-Nutzenfunktion $u_x(\cdot) \equiv [\Sigma\, x_i^{\alpha}\,]^{1/\alpha}$, zur Bewertung der differenzierten Produkte, ist dabei homogen vom Grade Eins (d.h. $u_x(\lambda x) \equiv \lambda \cdot u_x(x)$; $\lambda > 0$), so dass das Entscheidungsproblem eines repräsentativen Haushalts in zwei Stufen zerlegt werden kann. In einem ersten Schritt wird die Allokation des verfügbaren Einkommens m für das homogene Gut y und die differenzierten Produkte ermittelt; im folgenden Entscheidungsschritt werden die optimal nachgefragten Mengen der Produktvarianten $x_i, \forall i$, bestimmt (vgl. dazu auch HELPMAN/ KRUGMAN [1985], Kapitel 6; DIXIT/STIGLITZ [1977], Abschnitt I).

---

[5]Damit die Produktvarianten keine perfekten Substitute sind muss der Präferenzparameter α kleiner Eins sein; damit die differenzierten Produkte in einer engeren Substitionsbeziehung stehen als die Gesamtheit der Produkte aus dem Sektor X und dem homogenen Gut y , muss der Parameter α grösser Null sein; somit $0 < \alpha < 1$.

[6]Vgl. etwa HELPMAN [1984b].

Für die erste Stufe des Entscheidungsproblems werden folgende Abkürzungen bezüglich der Preise und der Mengen gewählt (vgl. MARKUSEN [1986]; Abschnitt I):

$$\tilde{p} \equiv \min_{x} \left\{ \sum_{i=1}^{n} p_i \cdot x_i \mid \tilde{x} \equiv 1 \right\} \qquad \ldots . (1.3)$$

$$\tilde{x} \equiv \left[\sum_{i=1}^{n} x_i^{\alpha} \right]^{1/\alpha} \qquad \ldots . (1.4)$$

Die Definition in (1.3) besagt, $\tilde{p}$ sind die minimalen Konsumausgaben für eine Einheit des zusammengesetzten Produkts aus dem Sektor X; die Definition $\tilde{x}$ entspricht der Unternutzenfunktion $u_x(\cdot)$.[7]

Der Konsument löst folgendes Entscheidungsproblem unter der gegebenen Einkommensrestriktion

$$\max_{\{\tilde{x};\, y\}} \quad \tilde{x}^{\beta} \cdot y^{1-\beta} \quad \text{u. d. N.} \quad m = \tilde{p} \cdot \tilde{x} + p_y \cdot y \quad . \qquad \ldots . (2.1)$$

Aus der Nutzenfunktion in (2.1) und der Einkommensrestriktion bildet man die Lagrangefunktion. Aus den Bedingung erster Ordnung für ein Nutzenmaximum erhält man

$$y(\cdot) \equiv (1 - \beta) \cdot m / p_y \qquad \ldots . (2.2)$$

$$\tilde{x}(\cdot) \equiv \beta \cdot GDP^{w} / \tilde{p} \quad . \qquad \ldots . (2.3)$$

Die individuellen Nachfragefunktionen ((2.2);(2.3)) werden aggregiert über die gesamte Bevölkerung im In- und Ausland. Der gesamte Bestand an Arbeit (L) entspricht dabei der Gesamtheit der Konsumentenschaft. Mit der Abkürzung $L^{w} \equiv L^{*} + L$ ergibt sich eine gesamtwirtschaftliche Nachfrage nach Gut y und den differenzierten Produkten:

$$y^{D}(\cdot) \equiv (1 - \beta) GDP^{w} / p_y \qquad \ldots . (2.4)$$

$$\tilde{x}^{D}(\cdot) \equiv \beta \cdot GDP^{w} / \tilde{p} \quad . \qquad \ldots . (2.5)$$

Die Einkommensgrösse GDP^{w} stellt das Einkommen der integrierten Wirtschaft, die beide Länder bei vollkommenem Freihandel bilden, dar (d.h. $GDP^{w} \equiv GDP^{*} + GDP$). Die Güternachfragefunktion $y^{D}(\cdot)$ ist dabei unabhängig von der personellen Einkommensverteilung; die nachgefragten Mengen sind lediglich vom gesamten Einkommen ($m \cdot L^{W} \equiv GDP^{w}$) funktionell abhängig.[8]

---

[7] Vgl. Anhang V.2 .

[8] Welche Bedeutung die funktionale Verteilung des Einkommens für den Charakter der Internationalen Arbeitsteilung annehmen kann, wird in I.3 erörtert.

Für die zweite Stufe des Haushaltsproblems ergibt sich folgende Zielfunktion, wobei nun als Nebenbedingung die Beziehung $\tilde{m} = \beta \cdot m$ relevant ist (für $p_y \equiv 1$),

$$\max \left\{ \sum_{i=1}^{n} x_i^{\alpha} \right\} \quad \text{u. d. N.} \quad \tilde{m} = \sum_{i=1}^{n} p_i x_i \quad . \qquad \ldots (3.1)$$

Die Lösung dieser Maximierungsaufgabe liefert die folgenden Nachfragefunktionen (vgl. Anhang V.2):

$$x_i(\cdot) \equiv \frac{\tilde{m}}{p_i^{\frac{1}{1-\alpha}} \left[\sum_{i=1}^{n} p_i^{-\frac{\alpha}{1-\alpha}} \right]} \qquad \ldots (3.2)$$

bzw. für L^w Konsumenten[9]

$$x_i^D(\cdot) \equiv \frac{\beta \cdot GDP^w}{p_i^{\frac{1}{1-\alpha}} \left[\sum_{i=1}^{n} p_i^{-\frac{\alpha}{1-\alpha}} \right]} \quad . \qquad \ldots (3.3)$$

Das Ergebnis der Analyse der Nachfragerseite läßt sich kurz zusammenfassen. Es wurde unterstellt, daß zwei Arten von Gütern in die Nutzenfunktion der Konsumenten eingehen; ein homogenes Gut und differenzierte Produkte. Die Substitutionselastizität zwischen den angebotenen Produktvarianten ist dabei endlich. Weiterhin wurde unterstellt, daß die Präferenzen zwischen In- und Ausland identisch und homothetisch sind. Die Nachfragefunktionen wurden dann aus Nutzenfunktionen abgeleitet.

Angebot. Das homogene Gut y wird im Sektor Y unter Bedingungen vollkommener Konkurrenz und konstanter Skalenerträge in der Produktion erstellt und angeboten. Im Gleichgewicht sind Produktpreis p_y und Grenzkosten (MC_y) und Durchschnittskosten (AC_y) identisch (d.h. $p_y = MC_y(\cdot) = AC_y(\cdot)$). Dies entspricht den langfristigen Null-Gewinnbedingungen der im Sektor Y tätigen Unternehmen.

Im monopolistischen Sektor X sind n Unternehmen am Markt. Die Unternehmen bieten ähnliche, aber nicht identische Produkte an, die in einer relativ engen Substitutionsbeziehung stehen. In der materiellen Produktion liegen zunehmende Skalenerträge vor. Die Kostenfunktion einer Unternehmung, die eine Produktvariante x anbietet, lautet:

$$C(w, r, x) \equiv b(w, r) \cdot x + F(w, r) \quad , \qquad \ldots (4.1)$$

[9]Es gilt dabei $\tilde{m} L^w = \beta \cdot m \cdot L^w = \beta \cdot GDP^w$.

wobei (w,r) die Faktorpreise für die Produktionsfaktoren Arbeit (L) und Kapital (K) repräsentieren. Die Grenzkosten bzw. die Durchschnittskosten einer Unternehmung lauten demnach

$$MC_x \ (w, r, x) \ \equiv b(w, r) \qquad \ldots . (4.2)$$

$$AC_x(w, r, x) \ \equiv b(w, r) + F(w, r)/x \ . \qquad \ldots . (4.3)$$

Die n identischen Unternehmen im Sektor X arbeiten unter Bedingungen zunehmender Skalenerträge in der Produktion. Es läßt sich zeigen, dass zunehmende Skalenerträge lokal durch die Kostenelastizität bezüglich des Outputs x dargestellt werden können (d.h. $C'(\cdot)/C(\cdot) \equiv AC_x(\cdot)/MC_x(\cdot) \geq 1$; vgl. auch Anhang V.2.2).

Die Kostenelastizität der Kostenfunktion (4.1) lautet:[10]

$$S(w, r, x) \equiv \frac{AC_x \ (\cdot)}{MC_x \ (\cdot)} \equiv 1 + \frac{F}{b \cdot x} > 1 \ . \qquad \ldots . (5)$$

Das Unternehmensziel ist die Gewinnmaximierung. Der Gewinn $\pi_i(\cdot)$ einer Unternehmung i ist die Differenz zwischen Gesamterlös und den Kosten, die allein von seiner Produktion x_i abhängig sind

$$\pi_i(\cdot) = p(X^s) \cdot x_i - C(w, r, x_i) \qquad \ldots . (6.1)$$

wobei X^s das gesamte Güterangebot im betrachteten Markt X repräsentiert. Die Gewinnmaximierung über die Outputmenge x_i führt zu der folgenden Bedingung

$$p(X^s) + p'(\cdot) \cdot \gamma \cdot x_i - C'(x_i) \equiv 0 \qquad \ldots . (6.2)$$

mit der Abkürzung $\gamma \equiv \partial X^s/\partial x_i$; γ bezeichnet die Mengenreaktion der Branche, für den Fall, daß die Unternehmung i ihren Output erhöht. Im folgenden wird die Konjektur $\gamma = 1$ unterstellt; dies ist die berühmte COURNOT-Annahme, die davon ausgeht, daß jede Unternehmung ihren Gewinn maximiert unter der Annahme (Konjektur), daß seine eigene Mengenentscheidung die Produktionsmenge der anderen Unternehmen nicht beeinflußt. Die Bedingungen erster Ordnung für ein Unternehmen verlangen, dass die Grenzkosten den Grenzerlösen angeglichen werden.

[10]Die Größe S(w,r,x) ist ein lokales Mass für die Skalenerträge in der materiellen Produktion. Für S(w,r,x) ≡ 1 liegen konstante Skalenerträge vor; für S(w,r,x) > 1 existieren zunehmende Skalenerträge.

Im Gewinnmaximum gilt

$$p_i \cdot \left[1 - \frac{1}{\epsilon(\cdot)}\right] = b(w, r) \qquad \forall\, i \quad . \qquad \ldots.(6.3)$$

Der Grenzerlös (die linke Seite der Gleichung (6.3)) kann durch den Produktpreis p_i und die Nachfrageelastizität $\epsilon(\cdot)$ dargestellt werden.

In der positiven Preistheorie zur Erklärung von Marktstrukturen und Marktergebnissen wird das Mass $R(\cdot)$ zur Erfassung monopolistischer Marktverzerrungen definiert. Die Grösse $R(\cdot)$ ist das Verhältnis von Durchschnittserlös (AR) zu Grenzerlös (MR); ist R identisch Eins, so liegen keine monopolistischen Verzerrungen vor.[11]

$$R(p_1, \ldots, p_n; n) \equiv \frac{AR(\cdot)}{MR(\cdot)} \geq 1 \quad .$$

Man würde vermuten, dass der Monopolgrad $R(\cdot)$ mit zunehmender Anbieterzahl n abnimmt. Eine Marktöffnung im Sinne eines Übergangs von Autarkie zu Freihandel erhöht die Anbieterzahl und reduziert damit den Grad der monopolistischen Preisaufschläge auf die Grenzkosten. Dies ist Gegenstand der nächsten Überlegungen.

Nachfrageelastizität $\epsilon(\cdot)$.

Die gesamtwirtschaftliche Nachfragefunktion für eine differenzierte Produktvariante i lautet (vgl. (3.3)):

$$x_i^D(\cdot) \equiv \frac{\beta \cdot GDP^w}{p_i^{\frac{1}{1-\alpha}} \cdot z} \qquad \ldots.(3.3')$$

mit $z \equiv \Sigma\, p_i^{\alpha/(1-\alpha)}$. Die Elastizität der Nachfrage $\epsilon(\cdot)$ in einem Punkt auf der Nachfragekurve ist definiert

$$\epsilon(\cdot) \equiv -\frac{\partial x_i(\cdot)}{\partial p_i} \cdot \frac{p_i}{x_i} = \frac{1}{(1-\alpha)} + \frac{\partial z}{\partial p_i} \cdot \frac{p_i}{z} \quad , \qquad \ldots.(6.4)$$

wobei unterstellt ist, dass das Einkommen $\beta \cdot GDP^w$ für die einzelne Unternehmung als Konstante angesehen werden kann. Der zweite Term in $\epsilon(\cdot)$ gibt an, wie sich der Preisindex der Branche verändert, wenn die Unternehmung i ihren Produktpreis erhöht. Diese Beziehung

[11] Vgl. etwa Helpman [1981], Abschnitt 4. HELPMAN/KRUGMAN [1985], Kapitel 7.

verhält sich invers zur Anzahl der angebotenen Produktvarianten,[12]

$$\frac{\partial z}{\partial p_i} \cdot \frac{p_i}{z} = - \frac{1}{1-\alpha} + \frac{p_i^{-\frac{\alpha}{1-\alpha}}}{\sum_{i=1}^{n} p_i^{-\frac{\alpha}{1-\alpha}}} = - \frac{1}{1-\alpha} + \frac{1}{n} \qquad \ldots (6.5)$$

In einem symmetrischen Gleichgewicht und bei genügend grosser Anzahl von Anbietern auf dem betrachteten Markt, beträgt die Nachfrageelastizität $\epsilon(\cdot) \equiv 1/(1-\alpha) > 1$ (konstant).

In einem langfristigen Gleichgewicht sind für die einzelnen Unternehmen folgende Bedingungen erfüllt. Es gilt Grenzkosten gleich Grenzerlös und die Null-Gewinnbedingung, d.h. der Produktpreis entspricht gerade den Durchschnittskosten. Unter Verwendung der Definition für Skalenerträge (S) und des Monopolgrads (R) lässt sich die Gleichgewichtsbedingung wie folgt formulieren [13]

$$R(n) = S(w, r, x) \qquad \ldots (7.1)$$

$$p = AC_x(w, r, x) \qquad \ldots (7.2)$$

Bei der gegebenen Kosten- und Nachfragestruktur legt die Bedingung (7.1) (der Monopolisierungsgrad entspricht dem Grad der Skalenerträge) die optimale Ausbringungsmenge x einer Unternehmung fest. Es gilt für (7.1) $1/\alpha = 1 + F/b \cdot x$ (vgl. Abb.: I.4).

---

[12]In einem symmetrischen Gleichgewicht, das hier unterstellt wird, gilt $p_i = p \; \forall \; i$.

[13]Der freie Marktzutritt läßt den Gewinn der in vollkommener Konkurrenz stehenden Unternehmen im Sektor Y auf Null fallen. Dasselbe wird bei freiem Marktzutritt im Fall monopolistischer Konkurrenz in der Branche X eintreten. Dabei ist allerdings zu klären, was freier Marktzutritt bedeutet. Freier Marktzutritt bei monopolistischer Konkurrenz bedeutet, daß ein neues Substitutionsgut erstellt wird; eine neu eintretende Unternehmung wird somit kein bereits angebotenes Produkt imitieren, da sie sich bei den gegebenen Marktbedingungen durch Imitation schlechter stellen würde.

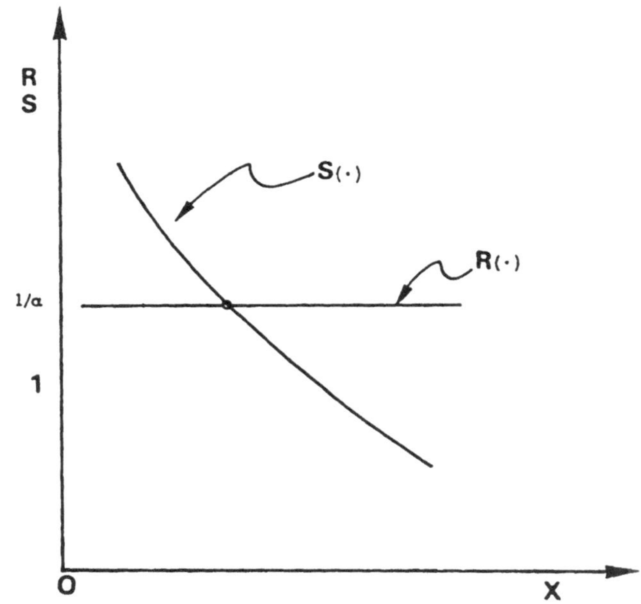

Abb.: I.4 Optimale Produktionsmenge

Aus der Gleichheit von Monopolgrad und der Skalenelastizität der Kosten (R(·)=S(·)) lässt sich die gewinnmaximierende Outputmenge einer Unternehmung errechnen. Aus (7.1) folgt

$$x \equiv \frac{\alpha}{1-\alpha} \cdot \frac{F(\cdot)}{b(\cdot)} \quad . \qquad \ldots . (7.3)$$

Das mengenmässige Angebot einer Unternehmung ist damit unabhängig von Einkommensgrössen. Die Mengenkomponente wird vielmehr durch Elemente der Kostenfunktion und der Präferenzstruktur bestimmt. So bewirkt eine Erhöhung von α eine Erhöhung der Substitutionsbeziehung zwischen den einzelnen Produktarten, so dass der Monopolgrad der betrachteten Unternehmung reduziert wird; die Anpassungsstrategie der Unternehmung besteht in einer Mengenerhöhung der angebotenen Produktvariante. Annahmegemäss sind die am Markt tätigen Unternehmen identisch. In einem symmetrischen Gleichgewicht, d.h. alle n Unternehmen realisieren den identischen Produktpreis $p \equiv p_i$, $\forall$ i, lässt sich die Nachfragefunktion (3.3) wie folgt schreiben[14]

$$x_i^D(\cdot) = \frac{\beta \cdot GDP^w}{n \cdot p} \quad ;$$

bzw. wenn auch die Mengenentscheidungen zum gleichen optimalen Output führen ($x \equiv x_i$, $\forall$i), gilt im Marktgleichgewicht

$$p \cdot n \cdot x = \beta \cdot GDP^w \quad . \qquad ....(7.4)$$

Angenommen der Präferenzparameter ß beträgt 1/2; dann gilt im Marktgleichgewicht für beide Sektoren: $pnx = GDP^w/2$ und $y = GDP^w/2$. Der Wert der Konsumausgaben entspricht für die Sektoren X und Y gerade der Hälfte des gesamten Einkommens GDP^w.

Anzahl der Produktarten. In einem Marktgleichgewicht entspricht der Wert der Konsumausgaben $ß \cdot GDP^w$ dem Wert der Produktion pnx im Wirtschaftszweig X. Für diese Beziehung lässt sich auch schreiben

$$n = \frac{\beta \cdot GDP^w}{p \cdot x}$$

Für den Produktpreis p lässt sich der Ausdruck b/α (d.h. im Gleichgewicht entspricht der Grenzerlös $MR = p \cdot \alpha$ den Grenzkosten $MC = b$) substituieren; im weiteren lässt sich die Mengenkomponente x durch den Ausdruck in (7.3) ersetzen. Die Anzahl der Unternehmen, die in einem internationalen Gleichgewicht ohne Verluste produzieren könnnen beträgt

$$\bar{n} = \frac{(1 - \alpha)}{F} \cdot \beta GDP^w \quad . \qquad ....(7.5)$$

Die im Marktgleichgewicht angebotenen Produktarten $\bar{n}$ (bestehend aus in- und ausländischen Angeboten; $\bar{n} \equiv n^* + n$) sind invers zu der Höhe der fixen Produktionskosten F und dem Präferenzparameter α; andererseits ist die Anzahl der Produktvarianten positiv von der Marktgrösse GDP^w abhängig. Die Anzahl der Unternehmen $\bar{n}$ lässt sich auch mit einer wichtigen empirischen Kennziffer, dem sogenannten horizontalen Konzentrationsgrad H in

---

[14] Der Ausdruck

$$\frac{1}{p_i^{(1-\alpha)} \cdot \sum_{i=1}^{n} p_i^{-\left[\frac{\alpha}{1-\alpha}\right]}}$$

in (3.2) lässt sich, bei Symmetrie $p_i \equiv p$, $\forall$ i durch $p \cdot n$ ersetzen.

Verbindung bringen. Der HERFINDAHL-Index H ist über den Marktanteil der Unternehmen $\tilde{s}_i$ definiert, d.h.

$$H \equiv \sum_{i=1}^{n} \tilde{s}_i^2 \quad .$$

In einem symmetrischen Gleichgewicht, das sich im vorliegenden Modell einstellt, lautet der HERFINDAHL-Index (mit $\tilde{s}_i = 1/n \ \forall i$) $H = 1/n$. Eine relativ hohe Marktkonzentration führt zu einem hohen Monopolgrad $R(n) = 1/\alpha$.

Mit den dargelegten Strukturen der Nachfrage und des Angebots einer integrierten Wirtschaft, können nun die Aussenhandelsbeziehungen analysiert werden.

b) Inter- und intra-industrielle Arbeitsteilung.

In einem Aussenhandelsgleichgewicht, in dem die Faktorausstattung der integrierten Wirtschaft im Parallelogramm des Faktorpreisausgleichs liegt (vgl. OAO*A' in Abb.: I.5), sind die Bedingungen für ein Produktions-, ein Faktormarkt- und ein Gütermarktgleichgewicht erfüllt.

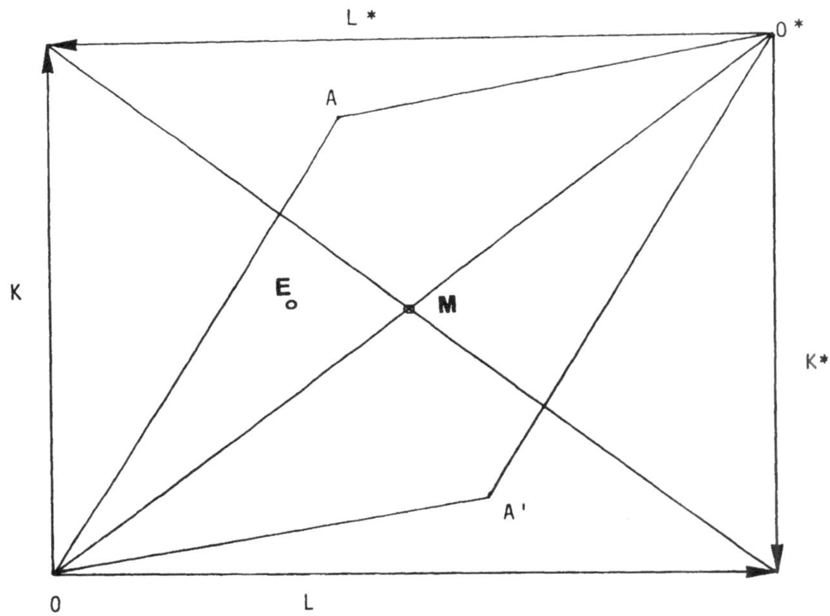

Abb.: I.5 : Faktorausstattungsbox

Die endogenen ökonomischen Grössen des System sind der Produktpreis p, die realen Faktorpreise w,r,w*,r*, die Outputniveaus x,x*,y und y*; die Anzahl der angebotenen Produktvarianten n und n* ist ebenfalls endogen. Die Faktorausstattung eines Landes bestimmt die Produktionsstruktur, die Höhe des Einkommens und damit auch die Konsummöglichkeiten. Angenommen, das Inland sei relativ reichlich mit dem Faktor Kapital ausgestattet (es sei K/L > K*/L*); die differenzierten Produkte seien kapitalintensiv in der Produktion. Die inländischen Unternehmen bieten dann relativ mehr Produktvarianten international an als die ausländischen Unternehmen; das Inland importiert das homogene Gut y. Für die Güternachfrage der integrierten Wirtschaft gilt (über (2.4) und (7.4)):

$$\bar{y} = (1-\beta)\cdot GDP^{w} \quad \text{und} \quad p\bar{n}x = \beta\cdot GDP^{w}$$

mit der Abkürzung für das integrierte Angebot $p\bar{n}x$ und $\bar{y}$ (wobei $\bar{n} \equiv n + n^*$, $\bar{y} \equiv y + y^*$ und $x = x^*$). Der Wert der Güternachfrage $p\bar{n}x + \bar{y}$ entspricht dem Einkommen der integrierten Wirtschaft GDP^w. Die Identitäten für das Volkseinkommen können wie folgt geschrieben werden (wobei s bzw. s* den Einkommensanteil der in- bzw. der ausländischen Volkswirtschaft am Gesamteinkommen GDP^w repräsentieren):

$$s p\bar{n}x + s\bar{y} = pnx + y = GDP \quad \ldots.(8.1)$$

$$s^* p\bar{n}x + s^*\bar{y} = pn^*x + y^* = GDP^* \quad \ldots.(8.2)$$

Bei homothetischen und identischen Präferenzen ist der Anteil der nationalen Güternachfrage immer identisch mit dem Anteil am Gesamteinkommen GDP^w. So ist, am Beispiel der inländischen Einkommensrestriktion (8.1) der Wert der Konsumausgaben $sp\bar{n}x + s\bar{y}$ identisch mit dem Wert der nationalen Produktion pnx + y. Die Einkommensrestriktion lässt sich auch schreiben

$$spnx + spn^*x + s\bar{y} = pnx + y$$

bzw.

$$s^*pnx = spn^*x + (s\cdot\bar{y} - y) \quad , \quad \ldots.(8.3)$$

wobei s*pnx den inländischen <u>Exportwert</u> und die Summe $(spn^*x + (s\bar{y} - y))$ den <u>Importwert</u> darstellt. Die Beziehung (8.3) entspricht der Handelsbilanzgleichung der inländischen Volkswirtschaft. Die inländische gesamtwirtschaftliche Budgetrestriktion (8.1) wurde in (8.3) umgeschrieben zur Restriktion einer offenen Volkswirtschaft; der Exportwert entspricht im Gleichgewicht dem Importwert der betrachteten Volkswirtschaft ($EX_x = IM_x + IM_y$). Das Inland exportiert <u>und</u> importiert differenzierte Produkte und führt das homogene Gut ein, sofern der relative Einkommensanteil des Inlands grösser ist als das relativ Güterangebot im Sektor Y, d.h. $s/s^* > y/y^*$.

Das Inland ist <u>Netto</u>exporteur im Sektor X, d.h.

$$EX_x - IM_x \equiv pnxs^* - pn^*xs = p\bar{n}x \cdot [\sigma - s] \qquad \text{....(8.4)}$$

mit $\sigma \equiv n/(n + n^*)$ für den Anteil der inländischen Produktarten am internationalen Markt. Der Anteil σ ist dabei grösser als der inländischen Einkommensanteil s; angenommen es sei σ = s, so findet kein <u>Netto</u>handel statt.

Die Aspekte der Aussenhandelsstruktur lassen sich auch anhand der Grössen <u>Inter</u>- und <u>Intra</u>-Handelsvolumen erörtern. Das <u>inter</u>-industrielle Handelsvolumen im vorliegenden Modellkontext lautet

$$\text{Inter-HV} \equiv p\bar{n}x[\sigma - s] \quad . \qquad \text{....(8.5)}$$

Das <u>intra</u>-industrielle Handelsvolumen ist definiert

$$\text{Intra-HV} \equiv 2 \cdot \min[EX_X \; ; \; EX_X^*] = 2p\bar{n}x \cdot [1-\sigma] \cdot s \; , \qquad \text{....(8.6)}$$

da $pnxs^* > pn^*xs$. Die Grössen Inter- bzw. Intra-Handelsvolumen haben unmittelbare Implikationen für den Charakter der Internationationalen Arbeitsteilung. Sind die <u>komparativen Kostenvorteile</u>, d.h. in (8.5) $\sigma > s$ besonders stark ausgeprägt, so dominiert eine <u>inter</u>-industrielle Arbeitsteilung. Sind die betrachteten Volkswirtschaften identisch, $\sigma = s$, so wird kein inter-industrieller Güteraustausch erfolgen; das inter-industrielle Handelsvolumen ist identisch Null.

Aus der Beziehung (8.6) zur Quantifizierung der intra-industriellen Handelsströme ist unmittelbar erkennbar, dass diese Form der Arbeitsteilung dann am grössten ist, wenn die Grössen Einkommensanteil s und Anteil der inländischen Produktvarianten σ ungefähr grössengleich sind d.h. $\sigma = s$; das impliziert $\sigma^* = s^* = \sigma = s$). Sind In- und Ausland von <u>ähnlicher Grösse</u> und bestehen <u>keine ausgeprägten komparativen Kostenvorteile</u> in einem Sektor, so dominiert das <u>intra</u>-industrielle Arbeitsteilung.

Zusammenfassend lässt sich sagen: Sind die betrachteten Volkswirtschaften von ähnlicher Grösse (gemessen in Einheiten des Volkseinkommens) und bestehen zwischen den volkswirtschaftlichen Sektoren keine deutlichen komparativen Kostenvorteile, so wird die Aussenhandelsbeziehung durch intra-industrielle Handelsströme dominiert.

c) Handelsgewinne aus intra-industrieller Arbeitsteilung.

Das in Abschnitt b) diskutierte Freihandelsgleichgewicht lässt sich auch im Sinne einer normativen Analyse erörtern. Bei einer Dikussion wohlfahrtstheoretischer Aspekte geht es um die Beurteilung der internationalen Handelsbeziehungen. Eine Beurteilung erfolgt dabei anhand der Wirkungen auf die individuelle Wohlfahrt der am Aussenhandel Beteiligten.

Im folgenden geht es um die Beurteilung der Wohlfahrtswirkungen des intra-industriellen Handels in einem symmetrischen Aussenhandelsgleichgewicht. Die Konzentration auf einen reinen intra-industriellen Güteraustausch erfordert die Annahme, dass der Faktorausstattungspunkt E in Abb.: I.5 im Mittelpunkt der Ausstattungsbox liegt. Im Punkt M sind die betrachteten Volkswirtschaften identisch; ein inter-industrieller Güteraustausch findet dann nicht statt (d.h. s = s* impliziert Inter-HV = 0 vgl. (8.5)). Für identische Volkswirtschaften (d.h. s = s* und $\sigma = \sigma^*$) ist die Intensität der intra-industriellen Arbeitsteilung am grössten.

Da kein inter-industrieller Handel stattfindet und nur differenzierte Produkte international getauscht werden, kann man sich auf die sogenannte Unternutzenfunktion $u_x(\cdot)$ eines repräsentativen Konsumenten beschränken. In einem symmetrischen Gleichgewicht realisiert jeder inländische (und auch ausländische) Konsument folgende Nutzenposition (mit $\tilde{u}_x \equiv \tilde{u}$):

$$\tilde{u}(\cdot) \equiv [\bar{n} \cdot x]^{\alpha} = \bar{n}^{1/\alpha} \cdot x \qquad \ldots.(9.1)$$

Im Haushaltsoptimum verteilt der Konsument seine Konsumausgaben für differenzierte Produkte auf alle $\bar{n}$ international angebotenen Produktarten im gleichen Umfang, d.h.

$$\tilde{u}(\cdot) \equiv \bar{n}^{1/\alpha} \cdot \frac{\beta \cdot m}{p \cdot \bar{n}} = \bar{n}^{\frac{1-\alpha}{\alpha}} \cdot \frac{\beta \cdot m}{p} \qquad \ldots.(9.2)$$

Die Nutzenfunktion $\tilde{u}(p,\bar{n},m)$ ist die indirekte Nutzenfunktion; $\tilde{u}(\cdot)$ ist der maximale Nutzen, der bei gegebenen Preisen p, gegebener Anzahl von Produktvarianten $\bar{n}$ und gegebener Kaufkraft m, erreichbar ist. Der maximale Nutzen $\tilde{u}(\cdot)$ ist zunehmend in $\bar{n}$ und m; er ist fallend in den Preisen p. Die Wirkungen des Aussenhandels bestehen in einer Vergrösserung der verfügbaren Produktpalette für den einzelnen Konsumenten. Die Beurteilung dieser Wirkungen liefert die Nutzenfunktion $\tilde{u}$.

In Autarkie werden im Inland (Ausland) n^A (n^{*A}) Produktvarianten bereitgestellt. Bei Freihandel erhöht sich die Anzahl der verfügbaren Produktvarianten, denn $\bar{n} > n^A$ (n^{*A}). Der

Handelsgewinn entsteht dadurch, dass der einzelne Nachfrager mehr Produktvarianten konsumieren kann, bei entsprechend geringerer Mengennachfrage pro Produktart. Haben die Konsumenten konvexe Präferenzen, so präferieren sie eine Situation des freien internationalen Handels.

Der freie internationale-Handel auf der Basis einer intra-industriellen Arbeitsteilung ist Pareto-superior gegenüber Autarkie. Den Verbrauchern kommt die Vielfalt des internationalen Güterangebots zugute.

d) Fazit.

Es wurden im vorgetragenen Modell Eigenschaften eines Aussenhandels auf der Basisi monopolistischer Marktstruktur und Existenz komparativer Kostenvorteile diskutiert. Ein Aussenhandelsmodell bei monopolistischer Konkurrenz in einem Sektor ermöglichte es, einen internationalen Güteraustausch innerhalb eines Sektors (intra-industrieller Handel), als auch einen Austausch zwischen den Sektoren (inter-industrieller Handel) darzustellen. Es zeigte sich, dass die Ländergrösse und Ähnlichkeiten in der Faktorausstattung zwischen den Ökonomien von entscheidender Bedeutung für den Charakter der sich einstellenden Aussenhandelsstruktur ist.

I.3 Handel in Produktqualitäten

Das gegenwärtige Aussenhandelsgeschehen lässt sich nicht durch einen einzigen ökonomischen Erklärungsansatz beschreiben. Die ökonomische Literatur der Aussenwirtschaft kennt eine Vielzahl von theoretischen und empirischen Ansätzen, die sich teilweise ergänzen, unter Umständen auch widersprechen. Im folgenden wird ein zweiter Theorieansatz zur Erklärung des intra-industriellen Güteraustauschs behandelt, der sogenannte vertikale Produktdifferenzierungsansatz. Es geht dabei um einen Aussenhandel in Produktqualitäten. Dieser Ansatz ergänzt den Ansatz der horizontalen Produktdifferenzierung (vgl. beispielsweise BROLL/GILROY [1988]). Zum anderen liefert der Ansatz eines Aussenhandels in Produktqualitäten neue Sachverhalte; so werden beispielsweise Aspekte der personellen Einkommensverteilung für den Aussenhandel relevant.

Die vertikale Produktdifferenzierung bedeutet, dass die Unternehmen unterschiedliche Produktqualitäten am Markt anbieten. Ein wichtiger Aspekt der Produktqualität ist etwa die technische Qualität; darunter fallen Merkmale wie physikalische Leistungsfähigkeit, Energieverbrauch, Nutzungsdauer und Funktionssicherheit. Diese Grössen können vom Hersteller in der Regel beeinflusst werden. Die Produktqualität ist ein wichtiges Instrument der Unternehmen, sich am Markt durchzusetzen; neben dem Preiswettbewerb findet ein intensiver Qualitätswettbewerb statt (vgl. WATERSON [1984]).

Tabelle I.2:
Ausgaben für Forschung und Entwicklung einiger ausgewählter Länder (in Mio.US-$)

Jahr	USA	Japan	BRD
1970	26 134	6 488	6 463
1974	32 864	13 000	9 890
1978	48 129	19 366	14 101
1982	79 328	31 250	19 557
1986	118 600	46 298	25 899

Quelle: Bundesministerium für Forschung und Entwicklung (1987)

Tabelle I.3:
Anteil technologieintensiver Produkte an den Gesamtexporten, 1965-1981 (in v.H.)

Land	1965	1970	1975	1981
Bundesrepublik Deutschland	19,1	20,3	20,2	22,5
Frankreich	18,0	19,2	19,1	22,3
Japan	15,1	21,2	18,9	23,1
Vereinigte Königreich	21,2	22,7	25,2	28,8
Vereinigte Staaten von Amerika	28,9	33,3	31,0	35,3

Quelle: HESSE/KEPPLER/PREUßE [1985]; S. 126.

Eine wichtige Grösse der Produktqualität ist das im marktfähigen Produkt inkorporierte technologische Niveau. Die internationale Wettbewerbsfähigkeit von Produkten dieser Art ist für die Volkswirtschaften von entscheidender Bedeutung. Empirisch liegen die komparativen Vorteile bei technologieintensiven Produkten primär bei den Produzenten der Industrieländer. Auffallend ist der rasche Anstieg bzw. das hohe Niveau der Anteile technologieintensiver Produkte an den Gesamtexporten Japans und der USA (vgl. Tabelle I.2).

Forschungs- und Entwicklungsausgaben, Technologische Neuerungen und Produktqualitäten. Forschungs- und Entwicklungsausgaben (F & E-Ausgaben) haben einen doppelten Charakter. Verfahrensinnovationen führen zu Kostensenkungen; Produktinnovationen zielen auf Nachfragebeeinflussung. Neben diesen zentralen Funktionen sind F & E-Ausgaben aber auch geeignet, zusätzlichen strategischen Überlegungen zu dienen. Der Konkurrenzmechanismus erfolgt dabei in einem zweistufigen Prozess. Auf einer ersten Entscheidungstufe werden die F & E-Ausgaben bestimmt (sie dienen als Signal der Absichten des Unternehmens; durch F & E-Ausgaben bindet sich die betrachtete Unternehmung). Auf einer zweiten Stufe werden dann die eigentlichen Angebotsentscheidungen (Menge, Preis und Qualität) festgelegt.

Der Einfluss der Technologiepolitik eines Landes auf die internationale Wettbewerbsfähigkeit wird derzeit stark diskutiert (vgl. auch die Tabelle I.3, die einen kurzen Vergleich der internationalen F & E-Ausgaben ermöglicht). Die folgende Analyse konzentriert sich auf den Aspekt der Aussenhandelsstruktur in Produktqualitäten. Welches sind die Determinanten eines Handels in Qualitäten? Wie lässt sich intra-industrieller Handel in vertikal differenzierten Produkten erklären und welche Bedeutung haben Unterschiede im verfügbaren Einkommen der Nachfrager in den betrachteten Volkswirtschaften? Es werden einige Aspekte des Modells von FLAM/HELPMAN [1987] erörtert.

a) Produktdifferenzierung durch unterschiedliche Qualitäten (Vertikale Produktdifferenzierung). Wir betrachten zwei Länder, das Inland und das Ausland (*), die differenzierte Produkte in unterschiedlichen Qualitäten herstellen. Annahmegemäss wird ein homogenes Gut Y nur im Ausland hergestellt. Die differenzierten Produkte werden jeweils in Form einer Einheit ($x \equiv 1$) von den in- und ausländischen Konsumenten nachgefragt.[15] Die Präferenzrelation der Konsumenten sei derart, dass hierfür eine stetige Funktion, genannt Nutzenfunktion, existiert. Durch die Nutzenfunktion werden die Präferenzen für unterschiedliche Qualitäten des differen-

[15] Die Annahme ist für langlebige Konsumgüter nicht unrealistisch und hat den Vorteil, dass das Auswahlproblem des repräsentativen Konsumenten auf nur zwei Variable, Qualität q und Menge des homogenen Produkts y, beschränkt bleibt.

zierten Produkts und der Menge des homogenen Gutes in den reellen Zahlenbereich abgebildet. Eine höhere Produktqualität (der Qualitätsindex sei q) bedingt aber auch höhere Produktionskosten und damit auch höhere Preise.

Die Präferenzstruktur ist für alle in- und ausländischen Konsumenten identisch. Die Nachfrager unterscheiden sich aber in ihrem verfügbaren Einkommen m. Einkommensbezieher mit einem höheren Einkommen fragen höhere Produktqualitäten nach. Ein Konsument löst das folgende Optimierungsproblem, bei gegebenem Einkommen m und gegebener Preis-Qualitätsangebotsfunktion p(q),

$$\max_{[q, y]} u(q, y) \qquad \ldots . (1.1)$$

unter der Nebenbedingung

$$p(q) + y = m \quad . \qquad \ldots . (1.2)$$

Der Produktpreis für das Gut Y ist auf Eins normiert; eine Mengengrösse x erscheint für das differenzierte Gut nur in der Form einer Einheit (x = 1).

Der Angebotspreis für Produktqualitäten p = p(q) ist durch das internationale Qualitätsangebot gegeben. Die Begründung der Preisangebotsfunktion p(q) wird im folgenden erläutert. Die Produktionsstruktur ist in der Tradition einer RICARDO-Ökonomie, mit nur einem produktiven Faktor Arbeit L (L*), modelliert. Die komparativen Kostenvorteile entstehen durch Unterschiede in den Arbeitsproduktivitäten. Die Technologie im Sektor X wird durch Inputkoeffizienten a(q) bzw. a*(q) beschrieben. Diese Faktorverbrauchskoeffizienten für eine Produkteinheit mit der Qualität q nehmen im Qualitätsindex q zu. Es gilt $\partial a(\cdot)/\partial q > 0$ und $\partial a^*(\cdot)/\partial q > 0$.

Die Kosten für eine Produktqualität q lauten dann (für w als dem Lohnsatz im Inland) $c(w,q) \equiv w \cdot a(q)$. Der inländische Lohnsatz w sei stets grösser als der ausländische Lohnsatz w*. Das Kostenminimum für eine bestimmte Produktgualität q definiert den jeweils effizientesten Anbieter dieser Qualität. Die ausländischen Unternehmen sind die effizienten Hersteller für Produktqualitäten im niedrigeren Qualitätsbereich, denn es gilt

$$c^*(w^*, q) < c(w, q) \qquad \text{für} \quad q \in [\,0\,,\, q_s) \quad . \qquad \ldots . (2.1)$$

Die inländischen Anbieter stellen relativ hohe Produktqualitäten effizient bereit, denn es gilt für sie

$$c^*(w^*, q) > c(w, q) \qquad \text{für} \quad q \in (q_s \,,\, \bar{q}) \,, \qquad \ldots.(2.2)$$

wobei die Qualität q_s den Markt in einen in- und einen ausländischen Markt separiert (vgl. Abb.: I.6). Bei der Qualität q_s gilt Kostengleichheit zwischen dem inländischen und ausländischen Hersteller. Die Qualität q_s wird durch die Beziehung $c^*(w^*,q_s) = c(w,q_s)$ bestimmt.

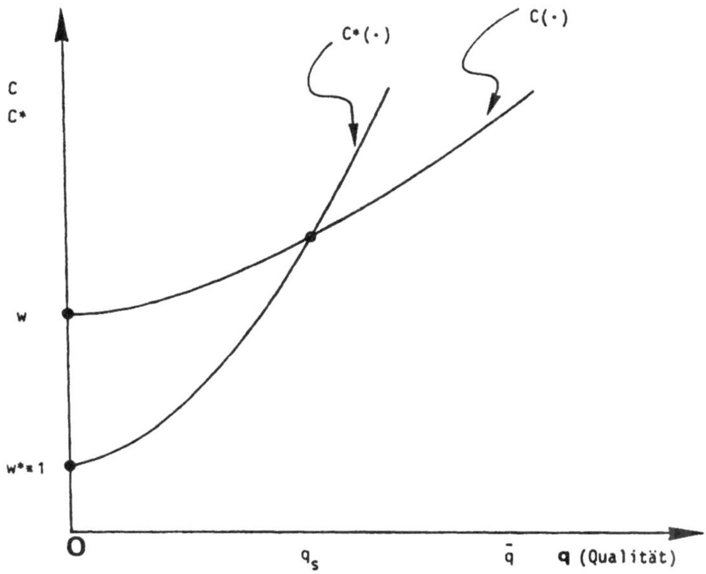

Abb.: I.6: Inländische und ausländische Kostenstruktur

In der weiteren Analyse wird der ausländische Lohnsatz, gemessen in Kaufkrafteinheiten, auf Eins normiert ($w^* \equiv 1$). Der in- bzw. ausländische Reallohnsatz bestimmt die Lage der Stückkostenfunktion ; der Verbrauchskoeffizient $a(\cdot)$ bzw. $a^*(\cdot)$ bestimmt die Steigung der Kostenkurve .[16] In Abb.: I.6 wurde das Zusammenspiel von absoluten und relativen Kostenvorteilen gerade so eingetragen, damit die Bereiche für eine internationale Arbeitsteilung im

[16]Aus dieser Beziehungen ergeben sich absolute und relative Kostenvorteile (vgl. CAVES/JONES [1985], Kapitel 8).

Produktqualitäten deutlich hervorteten.

Die Preisangebotsfunktion p(q) ergibt sich aus dem Minimum der (internationalen) Stückkosten, d.h.

$$p(q) \equiv \min[\ c^*(w^*, q)\ ;\ c(w, q)] \quad . \qquad \ldots.(3)$$

Der Aussenhandel folgt der Struktur der Kostenvorteile. Das Inland exportiert relativ hohe Qualitäten ($q \in (q_s, \bar{q})$) und importiert relativ niedrige Qualitäten ($q \in (0; q_s)$. Es kommt zu einer Arbeitsteilung innerhalb eines Sektors. Die Spezialisierung erfolgt auf die Subsektoren der Branche X.

Marktreichtweiten:

Aufgrund der Preisangebotsfunktion (3) wird aus der Einkommensrestriktion eines Konsumenten eine nicht-lineare Beziehung im Güterraum (vgl. Abb.: I.7). Die Indifferenzkurven im (q,y)-Diagramm sind konvex zum Ursprung, besitzen somit die übliche Gestalt. Die Budgetmenge ist aber keine konvexe Menge; dies kann dazu führen, dass das Haushaltsoptimum eines Nachfragers nicht mehr eindeutig ist.

Ein möglicher Konsumplan in Abb.: I.7 ist beispielsweise durch den Punkt $P = [q^P\ ;\ y^P]$ gegeben. Die Präferenzstruktur, die Höhe des verfügbaren Einkommens und die Preisangebotsfunktion legen diesen Konsumplan über die Maximierung des Nutzens fest.

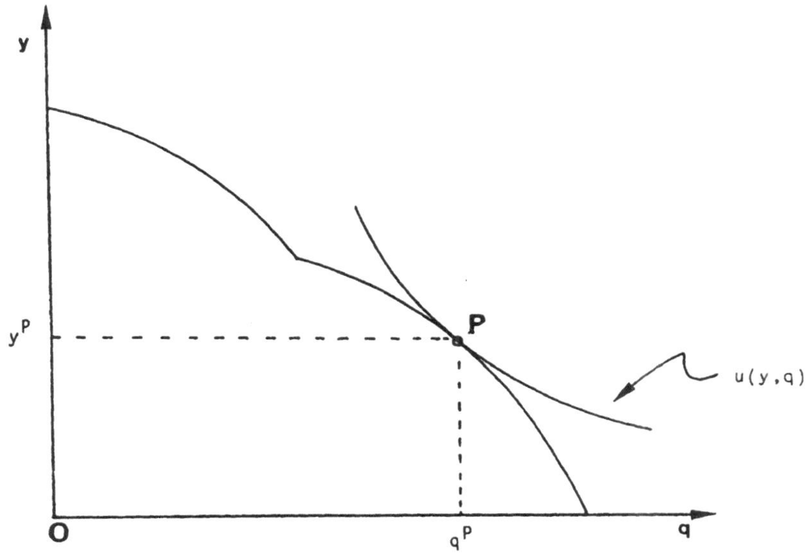

Abb.: I.7 Budgetmenge und Präferenz

Die Einkommenslinie eines Konsumenten (y = m - p(q)) wird durch zunehmendes Einkommen m parallel nach aussen verschoben. Unter bestimmten Bedingungen existiert nur eine Indifferenzkurve eines bestimmten Konsumenten, die zwei Tangentialpunkte mit der Einkommenslinie aufweist (vgl. Abb.: I.8). Der Konsument dem diese Indifferenzsituation zugeordnet ist, verfügt über das Einkommen m_s. Dieser marginale Konsument ist gerade indifferent zwischen der relativ niedrigen, vom Ausland angebotenen Produktqualität q_1 und der vom Inland angebotenen, relativ hohen Produktqualität q_2. Das Einkommen m_s ist dasjenige Einkommensniveau, das den internationalen Markt für Produktqualitäten segmentiert. In dem Qualitätsbereich $q \in (q_1;q_2)$ werden effektiv keine Qualitäten nachgefragt.

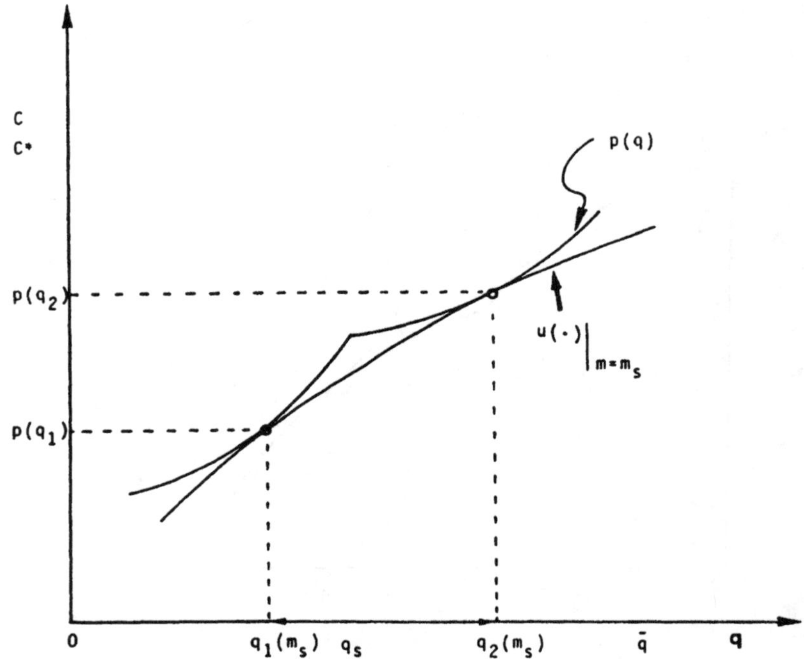

Abb.: I.8 Marktreichweite der in- und der ausländischen Produktqualitäten

Die sogenannten (in- und ausländischen) marginalen Konsumenten lassen sich in einer Einkommensklasse k_s zusammenfassen. Die inländische und die ausländische Einkommensklasse k_s bzw. k_s^* segmentieren den Markt für Qualitäten in einen in- und einen ausländischen Teil. Das Inland verfügt über Exportchancen in einem Qualitätsbereich $q \in (q_s;\bar{q})$. Aus potentiellen Exportchancen werden tatsächliche Exporterfolge, sofern die im Ausland herrschende Einkommensverteilung eine Nachfrage in diesem Bereicht zulässt. Das Ausland hingegen verfügt über potentielle Exportchancen im unteren Qualitätsbereich $q \in [O,q_s)$, sofern im Inland eine entsprechende Einkommensverteilung existiert.

Im folgenden Abschnitt wird ausführlich auf diese Beziehung zwischen der Einkommensverteilung und der Existenz bzw. Intensität des intra-industriellen Handels eingegangen. Neben der Struktur komparativer Kostenvorteile kommt es auch darauf an, wie die verfügbaren Einkommen in den handeltreibenden Volkswirtschaften verteilt sind. Eine starke Divergenz in der Verteilung des Einkommens kann dazu führen, dass es zu keiner bzw. zu sehr geringer intra-industriellen Arbeitsteilung kommt.

b) Algebraisches Beispiel für eine Produktdifferenzierung in Qualitäten und intra-industriellem Handel. Die Erörterung einer internationalen Spezialisierung auf Subsektoren eines Wirtschaftszweiges X soll im weiteren durch ein algebraisches Beispiel vertieft werden.

Präferenzen. Die Nutzenfunktion sei durch folgende Form gegeben

$$u(y,q) \equiv y \cdot \exp[\alpha \cdot q] \quad . \qquad \ldots (4)$$

Ein rationaler Konsument möchte diejenige (q,y)-Kombination realisieren, welche ihm den höchsten Nutzen stiftet. Der Konsument maximiert die Nutzenfunktion (4) unter Beachtung der Einkommensrestriktion.

Technologie. Die Technologie für die Herstellung unterschiedlicher Qualitäten ist im Inland gegeben durch die Faktorverbrauchsfunktion a(q) mit

$$a(q) \equiv \exp[\beta \cdot q] \quad . \qquad \ldots (5.1)$$

Die im Ausland tätigen Unternehmen operieren unter folgender Technologiesituation

$$a^*(q) \equiv \exp[\beta^* \cdot q] \quad . \qquad \ldots (5.2)$$

Das Inland verfüge über einen Produktivitätsvorsprung in der Herstellung von Produktqualitäten. Es gilt somit $\beta^* > \beta$.

Existiert die Einkommensgrösse m_s dann lassen sich über die Bedingungen des Nutzenmaximums, über die Annahme der eingesetzten Technologien und der Preisangebotsfunktion die Nachfragefunktionen in Abhängigkeit des verfügbaren Einkommens m berechnen. Angenommen, ein Konsument verfüge über ein Einkommen m, das über dem marktsegmentierenden Einkommensniveau m_s liegt ($m > m_s$). Dieser Konsument wird eine relativ kostengünstige inländische Produktqualität nachfragen.

Für die Nachfrage nach Produktqualität gilt [17]

[17] Die Herleitung dieser Nachfragefunktion findet sich im ANHANG V.2.4 .

$$q(m) \equiv \begin{cases} \frac{1}{\beta^*}\left[\log \cdot \frac{\alpha}{\alpha+\beta^*} + \log \cdot m\right] & \text{für } m < m_s \\ \frac{1}{\beta}\left[\log \cdot \frac{\alpha}{\alpha+\beta} + \log \cdot m - \log \cdot w\right] & \text{für } m > m_s \end{cases} \quad \ldots.(6)$$

Die Einkommensbezieher mit einem Realeinkommen das über dem Niveau m_s liegt, fragen relativ hohe Produktqualitäten von inländischen Herstellern nach. Die höheren Einkommensschichten geben für Produktqualitäten einen Anteil $\alpha/(\alpha+\beta)$ ihres Einkommens aus. Die unteren Einkommensschichten geben einen Anteil $\alpha/(\alpha+\beta^*)$ ihres Einkommens aus für relativ niedrige Produktqualitäten, die von den ausländischen Herstellern angeboten werden. Der Einkommensanteil der oberen Einkommensklassen $\alpha/(\alpha+\beta)$ ist dabei grösser als der Einkommensanteil der unteren Einkommensklassen $\alpha/(\alpha+\beta^*)$.

Die marktsegmentierenden Produktqualitäten $(q_1;q_2)$ lassen sich über die Nachfragefunktion (6) errechnen. Anstelle von m steht aber m_s, d.h. $q_1(m_s)$; $q_2(m_s)$.

Einkommensverteilung und internationale Arbeitsteilung. Die Ökonomien In- und Ausland bestehen aus N bzw. N* Konsumenten und L bzw. L* effektiv Beschäftigten (mit $N \geq L$; analog im Ausland). Die Unterschiede in der funktionellen Einkommensverteilung werden durch die Verteilung der Arbeitskräfte L auf die unterschiedlichen Einkommensklassen k (mit der Normierung $k \in [0,1]$) festgehalten. Die Verteilung der Beschäftigten auf die Einkommensklassen wird durch eine stetige Dichtefunktion h(k) angegeben. Analoges gilt für das Ausland mit h*(k*).

Die Verteilung der Konsumenten N bzw. N* wird durch eine Dichtefunktion $g_N(k)$ bzw. $g_N^*(k^*)$ angegeben. Das individuelle Einkommen eines Mitglieds der Einkommensklasse k ergibt sich dann aus der Beziehung zwischen dem Pro-Kopf-Einkommen (wL/N), der Einkommensverteilung der Beschäftigten h(k) und der Verteilung der Bevölkerung über die Einkommensklassen g(k), d.h.

$$m(k) = \frac{h(k)}{g_N(k)} \cdot \frac{w \cdot L}{N} \qquad \forall\, k \quad . \qquad \ldots.(7.1)$$

Der Gewichtungsfaktor $h(\cdot)/g_N(\cdot)$ sei zunehmend in k; d.h. mit zunehmender Einkommensklasse wird auch das durchschnittliche individuelle Einkommen der Klassenmitglieder grösser. Das verfügbare (durchschnittliche) Einkommen eines ausländischen Nachfragers der Einkommensklasse k* beträgt analog (mit $w^* \equiv 1$)

$$m(k^*) = \frac{h^*(k^*)}{g_N^*(k^*)} \cdot \frac{L^*}{N^*} \qquad \forall\, k^* . \qquad \ldots (7.2)$$

Die Arbeitsteilung in Produktqualitäten hat somit folgende Struktur. Das Inland spezialisiert sich auf die Produktion relativ hoher Produktqualitäten zu entsprechend hohen Produktpreisen. Als Nachfrager kommen die höheren Einkommensschichten aus dem In- und Ausland infrage. Die relevanten Einkommensklassen für inländische Produkte sind $k \in (k_s, 1]$ im Inland und die ausländischen Einkommensbezieher in den Klassen $k^* \in (k_s^*, 1]$.

Das Ausland spezialisiert sich auf die Produktion relativ niedriger Qualitäten. Als Nachfrager kommen die unteren Einkommensklassen im In- und Ausland infrage. Die relevanten Einkommensklassen für ausländische Produktqualitäten sind demnach $k \in [0, k_s)$ und $k^* \in [0, k_s^*)$. Der Wert der Konsumausgaben für inländische Produkte beträgt somit

$$\alpha \cdot \left[\int_{k_s}^{1} N g_N(t)\, m(t)\, dt + \int_{k_s^*}^{1} N^* g_N^*(t)\, m^*(t)\, dt \right] / (\alpha + \beta) \qquad \ldots (8)$$

In einem Aussenhandelsgleichgewicht sind die Konsumausgaben für die inländischen Qualitäten (vql. (8)) wertgleich den Faktorkosten. Die Faktorkosten entsprechen dem Wert der Produktion. Da im Inland keine homogenen Produkte hergestellt werden (y=0), muss in einem Freihandelsgleichgewicht folgende Bedingung erfüllt sein [18]

$$\alpha \cdot \left[\int_{k_s}^{1} wLh(t)\, dt + \int_{k_s}^{1} L^* h^*(t)\, dt \right] / (\alpha + \beta) = GDP . \qquad \ldots (9)$$

[18]Für $Ng_N(k)m(k)$ läßt sich auch schreiben $wLh(k)$, so daß sich aus (8) unmittelbar (9) ergibt.

Die analytische Darstellung der Gleichgewichtsbedingung 'Gleichheit von Einkommen, Wert des Konsums und der Produktion' (vgl. (9)) lässt sich einfacher unter Verwendung der kumulierten Verteilungsfunktion H(k) bzw. H*(k*) darstellen[19]

$$\alpha \cdot [GDP(1 - H(k_s)) + GDP^*(1 - H^*K(k_s^*))] / (\alpha+\beta) = GDP. \qquad \ldots.(10)$$

Die quantitative Bedeutung der intra-industriellen Arbeitsteilung lässt sich durch den intra-industriellen Handelskoeffizienten INTRA angeben. Das wertmässige Volumen der intra-industriellen Handelsströme lässt sich aufgrund der oben getroffenen Annahmen über die Präferenzen, die Technologie und die Einkommensverteilung berechnen. Das intra-industrielle Handelsvolumen Intra-HV ist definiert als Summe der Exporte und Importe abzüglich des Betrages der Differenz aus den Exporten und Importen aller Sektoren. Da annahmegemäss das Inland das homogene Produkt Y nicht herstellt, gilt

$$INTRA\text{-}HV = 2 \cdot \min[EX_x ; EX_x^*] = 2 \cdot EX_x^*. \qquad \ldots.(11)$$

Das Minimum der wertmässigen Handelsströme in vertikal differenzierten Produkten entspricht dem Import der relativ niedrigen ausländischen Produktqualitäten. Importe werden durch die inländischen Einkommensklassen $k \in [0,k_s)$ induziert (vql. Abb.: I.9).

---

[19]Für die Dichtefunktion h(·) ist folgende Bedingung erfüllt

$$\int_0^{k_s} w\,Lh(t)\,dt + \int_{k_s}^{1} w\,Lh(t)\,dt = 1 ,$$

$$\int_{k_s}^{1} w\,Lh(t)\,dt = 1 - \int_0^{k_s} w\,Lh(t)\,dt = 1 - H(k_s).$$

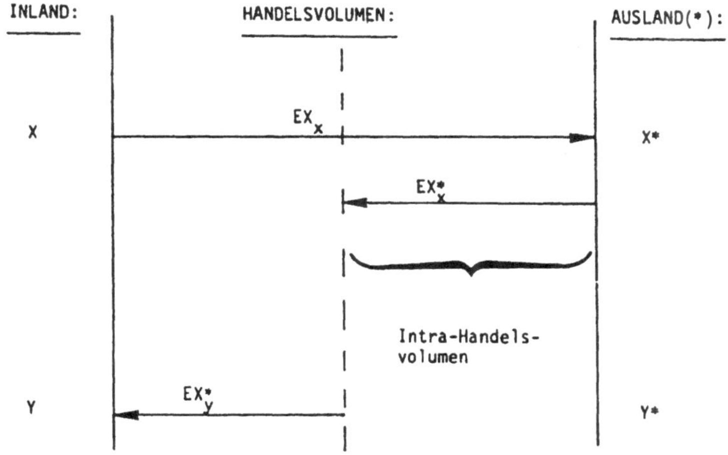

Abbildung I.9:Intra-industrielles Handelsvolumen

Das intra-industrielle Handelsvolumen beträgt demnach

$$\text{Intra-HV} = \frac{2\alpha}{(\alpha + \beta)} \cdot \int_0^{k_s} GDP \cdot dH(k) = \frac{\alpha}{(\alpha + \beta*)} GDP \cdot H(k_s). \qquad \ldots . (12)$$

Der einfache intra-industrielle Handelskoeffizient nach GRUBEL/LLOYD setzt das intra-industrielle Handelsvolumen ins Verhältnis zum gesamten Handelsvolumen. Das Handelvolumen (HV) ergibt sich als Summe der Exporte über alle Länder und Sektoren. In einem Zwei-Länder-Fall mit ausgeglichener Handelsbilanz, entspricht die Summe der Exporte zweimal dem Export eines Landes. Im vorliegenden Beispiel ist der Exportwert EX der inländischen Ökonomie leicht zu berechnen. Er entspricht dem Wert der ausländischen Konsumausgaben für relativ hohe inländische Produktqualitäten. Das Handelsvolumen beträgt somit

$$HV = \frac{2\alpha}{(\alpha + \beta)} \cdot \int_{k_s}^{1} GDP^* dH^*(k^*) \quad \ldots . (13)$$

bzw. unter Ausnutzung der Definition der Dichtefunktion

$$HV = \frac{2\alpha}{(\alpha + \beta)} \; GDP^* \left[1 - H^*(k_s^*)\right] \quad . \quad \ldots . (13')$$

Der Anteil des intra-industriellen Güteraustauschs am gesamten Aussenhandel beträgt dann

$$INTRA = \frac{INTRA - HV}{HV} = \frac{GDP}{GDP^*} \cdot \frac{h(k_s)}{(1 - H^*(k_s))} \cdot \frac{(\alpha + \beta)}{(\alpha + \beta^*)} \quad \ldots . (14)$$

Die <u>Determinanten</u> der intra-industriellen Arbeitsteilung, die Parameter, die die Indexziffer INTRA beeinflussen, lassen sich somit in fünf erklärende Komponenten aufspalten. Die Grössen sind

<u>1) Relative Ländergrössen</u> (ausgedrückt in dem Quotienten GDP/GDP*);

<u>2) Personelle Einkommensverteilung</u> im In- und Ausland (die sich in den kumulierten Einkommensverteilungsfunktionen H(·) und H*(·) zeigen);

<u>3) Marktsegmentierende Einkommensklassen</u> (k_s bzw. k_s^*);

<u>4) Präferenzstrukturparameter;</u> (kommt durch den Parameter α zum Ausdruck);

<u>5) Technologieunterschiede;</u> (dies kommt in der Beziehung $\beta^* > \beta$ zum Ausdruck).

c) **Fazit.** Bei der (komparativ-statischen) Analyse der Interaktionen zwischen diesen fünf erklärenden Komponenten der Intensität des intra-industriellen Handels, muss mit grosser Sorgfalt vorgegangen werden, da a priori nicht zu erkennen ist, wie sich der Anteilswert INTRA ändert, wenn beispielsweise der inländische Faktorbestand L parametrisch variiert wird. Eine komparativ-statische Analyse für den inländischen Arbeitskräftebestand ($\Delta L > 0$) führt zu folgender Aussage (vgl. auch FLAM/HELPMAN [1987]). Eine Erhöhung des Bestands L bewirkt eine Reduktion des inländischen Lohnsatzes w. Eine Verringerung von w bewirkt eine Verminderung des marktsegmentierenden Einkommens m_s und führt somit zu einer Reduktion der marktsegmentierenden Einkommensklassen k_s und k_s^* im In- und Ausland. Werden die marktsegmentierenden Einkommensklassen (k_s, k_s^*) in den unteren Einkommensbereich der Volkswirtschaften verdrängt, so nimmt der Konsumausgabenanteil der Inländer für importierte Produktqualitäten ab. Das intra-industrielle Handelsvolumen sinkt. Andererseits wird die inländische Ökonomie durch eine Verbesserung der Faktorausstattung international wettbewerbsfähiger; der Exportwert (der Nenner in der Grösse INTRA) nimmt zu. Beide Effekte wirken in Richtung einer Abnahme der intra-industriellen Handelsbeziehungen. Dies entspricht der These der substitutiven internationalen Arbeitsteilung: Der intra-industrielle Warenaustausch zwischen zwei Ländern ist um so intensiver, je gleichartiger diese Volkswirtschaften sind.

Als ein mögliches Fazit lässt sich festhalten: Relative Preisvorteile für international handelbare Produkte in unterschiedlichen Qualitäten können durch Produktivitätsunterschiede erklärt werden. Unterscheiden sich die Konsumenten nur durch ihr verfügbares Einkommen, so wird der Anteil des intra-industriellen Handels entscheidend von der personellen Einkommensverteilung in den betrachteten Ökonomien bestimmt. Ähnliche Einkommensverhältnisse begünstigen die intra-industrielle Arbeitsteilung.

I.4 Oligopol und Aussenhandel

Die Anwendung der Oligopoltheorie auf Probleme der Internationalen Arbeitsteilung ist eine wichtige und eine der interessantesten Entwicklungen der gegenwärtigen Aussenwirtschaftstheorie.[20] Nicht nur die theoretische Begründung eines internationalen Güteraustauschs von gleichen oder sehr ähnlichen Produkten zwischen Industrieländern auf stark umkämpften Märkten hat davon profitiert, sondern auch die neueren Ansätze zur Erklärung der strategischen Handelspolitik. Im folgenden geben wir ein Beispiel für den Zusammenhang zwischen dem Güteraustausch in homogenen Produkten und der oligopolistischen Marktstruktur, unter der die betrachteten Unternehmen agieren. Die Analyse zeigt, dass die Marktform des Oligopols (bzw. des Dyopols) selbst ein Bestimmungsgrund für einen internationalen Güteraustausch ist.[21]

---

[20] vgl. beispielsweise BRANDER [1981], EATON/GROSSMAN [1986], SIEBERT [1988].

[21] Vgl. dazu auch den Übersichtsartikel von KIERZKOWSKI [1987].

Auf einem oligopolistischen Markt ist die Anzahl der Anbieter relativ gering, so dass die Marktaktionen eines jeden Anbieters einen deutlich spürbaren Einfluss auf seine Mitkonkurrenten haben. Das entscheidende Element einer Oligopolsituation ist die Interdependenz der Marktaktionen. Diese Interdependenz ist auch der Ausgangspunkt der industrieökonomischen Forschung (vgl. etwa NEUMANN/BÖBEL/HAID [1985]). Ist der Einfluss der Mengenentscheidung eines Konkurrenten auf den Gewinn eines anderen nicht spürbar, d.h. $\partial\pi_i(\cdot)/\partial x_j$ ist von untergeordneter Bedeutung, so liegt entweder annähernd die vollkommene Konkurrenz oder die Marktform der Monopolistischen Konkurrenz mit vielen Anbietern vor. Ist dagegen die Interdependenz der Marktaktionen deutlich wahrnehmbar, d.h. $\partial\pi_i/\partial x_j$ ist grössenmässig von Bedeutung, so handelt es sich um einen oligopolistischen Markt. Der Gewinn eines Oligopolisten ist abhängig von den Aktionen aller übrigen Anbieter der betrachteten Branche.

Der einzelne Unternehmer kann zwar sein eigenes Produktionsniveau bestimmen oder den Produktpreis festlegen (falls Produktdifferenzierung vorliegt), aber er hat keinen unmittelbaren Einfluss auf die übrigen Variablen, die seinen Gewinn beeinflussen. Aus der Interdependenz der Marktaktionen ergibt sich, dass die Annahme der Gewinnmaximierung, zusammen mit der Annahme der Marktform 'Oligopol', nicht zur Erklärung der Preisbildung ausreicht (bei vollkommener Konkurrenz und beim Monopol reicht die Gewinnmaximierungshypothese aus, um die Preisbildung zu erklären). Es sind weitere Annahmen über die Strategien der Anbieter erforderlich. Es gibt verschiedene Verhaltensannahmen und damit verschiedene Marktlösungen. Einige der bekanntesten Lösungskonzepte sind die COURNOT-, die STACKELBERG- und die Kollusionslösung. Im folgenden Abschnitt wird das Oligopolproblem im Zusammenhang mit dem <u>intra</u>-industriellen Güteraustausch analysiert. Dabei werden die Verhaltensannahmen nach COURNOT und für Kollusion behandelt. Es werden dabei sowohl positive als auch normative Aspekte der Internationalen Arbeitsteilung besprochen. Wir folgen der Analyse von HWANG [1984].

a) **Autarkie.** Es gibt wiederum zwei Länder, das Inland und das Ausland(*). Beide Ökonomien sind völlig identisch. In der von uns betrachteten Industrie X produziert im Inland (und im Ausland) <u>eine</u> Unternehmung. Beide Unternehmen sind in Autarkie, also vor Aufnahme des Handels, Angebotsmonopolisten. Beide Anbieter haben dieselbe Kostenstruktur; die konstanten Grenzkosten c und die Fixkosten F sind für beiden Unternehmen gleich.

Die Nutzenniveaus der in- und ausländischen Konsumenten lassen sich durch eine Präferenzfunktion U(y,x) für die Gütermengen x und y abbilden. Der Sektor Y, der unter vollkommener Konkurrenz operiert, biete das Numeraire-Gut Y an. Die Maximierung des Nutzens, unter Einhaltung der Einkommensrestriktion lautet

$$\max_{[y,x]} \quad U(x,y) = u(x) + y \qquad \ldots.(1)$$

unter der Nebenbedingung

$$p \cdot m + y = m \quad , \qquad \ldots.(2)$$

wobei m für das Einkommen steht. Die Lösung der Maximierungsaufgabe (1) unter Beachtung der Nebenbedingung (2) führt zu einer (negativ geneigten) Nachfragefunktion p(x).[22]
Vor Aufnahme des Handels, ist die inländische und die ausländische Unternehmung Monopolist auf dem jeweils heimischen Markt. Die Gewinnfunktion für die inländische Unternehmung vor Aufnahme des Handels lautet somit

$$\max_{x} \quad \pi(x) = [p(x) - c] \cdot x - F \quad . \qquad \ldots.(3)$$

Die Bedingung erster Ordnung für ein Gewinnmaximum verlangt, dass die Unternehmung die Grenzkosten c dem Grenzerlös (p + p'·x) angleicht,

$$p^{a} \cdot \left(1 - \frac{1}{\epsilon}\right) = c \qquad \ldots.(3.1)$$

wobei $\epsilon > 1$ die Elastizität der Nachfrage bezeichnet. Die Bedingung Grenzerlös gleich Grenzkosten lässt sich auch schreiben (mit p^a dem Autarkiepreis)

$$p^{a} = \left[\frac{\epsilon}{\epsilon - 1}\right] \cdot c \quad . \qquad \ldots.(3.2)$$

Analog zu früheren Ausführungen, stellt der Faktor [·] > 1 den sogenannten 'mark-up' auf die Grenzkosten dar. Je grösser der monopolistische Spielraum der Unternehmung ist, desto grösser ist der Aufschlag auf die Grenzkosten. Wichtig ist also beispielsweise die Frage, wie dieser

---

[22]Der Außenhandelstheorie, die sich schwerpunktmässig mit oligopolistischen Märkten beschäftigt, kann vorgehalten werden, daß sie lediglich partialanalytisch ausgerichtet sei. Mit dem Hinweis, dass die Nachfragefunktion für das Gut X aus der Präferenzfunktion der Konsumenten abgeleitet wird, kann diesem Vorwurf begegnet werden. Die Maximierung der Lagrangefunktion

$$L(y,x,\lambda) = y + u(x) - \lambda[y + px - m],$$

führt zu der Bedingung $u'(x) - p = 0$. Aus der impliziten Ableitung (unter der Annahme einer strikt konkaven Nutzenfunktion) ergibt sich die negativ geneigte Nachfragefunktion $p = p(x)$.

Aufschlag durch Freihandel verändert wird. Führt ein freier internationaler Güteraustausch zwangsläufig zu mehr Wettbewerb?

b) Freihandel. Zunächst ist die Frage zu beantworten, ob es unter den o.g. Bedingungen überhaupt zu einem Handel kommt, da die sonst üblichen Bedingungen für eine Internationale Arbeitsteilung (Unterschiede in den Präferenzen, unterschiedliche Faktorausstattung oder Unterschiede in der Technologie) fehlen. Die inländische (bzw. die ausländische) Unternehmung wird in den ausländischen Markt (bzw. in den inländischen) eintreten, wenn die bei Autarkie wahrgenommene Differenz zwischen dem Grenzerlös und den Grenzkosten einer exportierten Produkteinheit grösser ist, als die Transportkosten pro Einheit.

Die Gewinnfunktion der in- und der ausländischen Unternehmung lautet (wobei t die Transportkosten, $p(\cdot)$ und $p^*(\cdot)$ die inversen, identischen Nachfragefunktionen darstellen, x bzw. x^* bezeichnen die Angebotsmengen der inländischen und z^* bzw. z die Angebotsmengen der ausländischen Unternehmung):[23]

$$\pi(x, x^*) = [p(x+z) - c]\cdot x - [p^*(z^* + x^*) - c - t]\cdot x^* - F \quad . \qquad \ldots.(4)$$

$$\pi^*(z^*, z) = [p^*(z^* + x^*) - c]\cdot z^* - [p(x + z) - c - t]\cdot z - F. \qquad \ldots.(5)$$

Die Gewinnfunktionen bestehen aus jeweils drei Komponenten: Inländischer Nettoerlös, Nettoerlös aus dem ausländischen Markt und fixen Kosten der Produktion.

Die Instrumentvariablen der Unternehmen sind die Angebotsmengen (x,x^*) und (z,z^*). Die Bedingungen erster Ordnung für ein Gewinnmaximum verlangen, dass jeder Duopolist seine Grenzkosten dem Grenzerlös angleicht, und zwar auf beiden Märkten. Da die Grenzkosten konstant sind, ist der Grenzgewinn auf <u>einem</u> Markt unabhängig vom Grenzgewinn auf dem anderen Absatzmarkt. Somit genügt es, sich auf einen Markt zu beschränken, da eine Marktlösung völlig symmetrisch zur anderen Marktlösung ist (wir betrachten im folgenden nur den Inlandsmarkt).

[23] Die identischen inversen Nachfragefunktionen lauten $p(x+z)$ und $p^*(z^*+ x^*)$, wobei angenommen wird, daß die Nachfrageelastizität $\in$ konstant ist.

Die Bedingungen erster Ordnung für ein Gewinnmaximum beider Anbieter auf dem inländischen Markt lauten [24]

$$\frac{\partial \pi(\cdot)}{\partial x} = p + p'(\cdot)\ [1 + \frac{\partial z}{\partial x}] - c = 0 \qquad \text{....(6.1)}$$

$$\frac{\partial \pi^*(\cdot)}{\partial z} = p + p'(\cdot)\ [1 + \frac{\partial x}{\partial z}] - c - t = 0\ . \qquad \text{....(6.2)}$$

Das Preisbildungsproblem im Oligopol (d.h. wie verhält sich die Konkurrenzunternehmung auf eine Mengenänderung des Mitkonkurrenten) zeigt sich in dem Ausdruck $\partial z/\partial x$ bzw. $\partial x/\partial z$. Die Ausdrücke $[1 + \partial z/\partial x]$ und $[1 + \partial x/\partial z]$ werden auch als 'konjekturale Variation' bezeichnet.

Da beide Unternehmen in allen ökonomisch relevanten Grössen identisch sind, ist es sinnvoll, anzunehmen, dass auch die Reaktion, die konjekturale Variation gleich ist. Somit gilt $\partial z/\partial x = \partial x/\partial z \equiv \gamma$. Der Parameter der konjekturalen Variation nimmt im Zusammenhang mit der Fragestellung ökonomisch sinnvolle Werte zwischen minus Eins und plus Eins an ($-1 \leq \gamma \leq +1$).

Was sich unmittelbar aus den Beziehungen (6.1)-(6.2) feststellen lässt, sind folgende Konstellationen von Marktlösungen in Abhängigkeit von γ

(1) Vollkommene Konkurrenz für $\gamma = -1$;
(2) COURNOT-Lösung für $\gamma = 0$;
(3) Kollusion (Joint Profit Max.) $\gamma = +1$.

Natürlich kann der konjekturale Koeffizient γ theoretisch jeden beliebigen Zahlenwert annehmen. Sinnvoll erscheint aber im Zusammenhang der Fragestellung eine Einschränkung auf Werte zwischen minus Eins und plus Eins.

Im weiteren interessiert uns das Marktgleichgewicht bei Freihandel. Welches sind die gleichgewichtigen Preis-Mengen-Kombinationen und wie reagieren diese Gleichgewichtswerte auf parametrische Variationen ? Der Gleichgewichtspreis für die inländische Unternehmung lautet

$$p = \frac{\epsilon c}{[\epsilon - s(1 + \gamma)]}\ , \qquad \text{....(7.1)}$$

mit $s \equiv x/(x+z)$ dem Marktanteil der inländischen Unternehmung am inländischen Güterangebot. Im Marktgleichgewicht für die ausländische Unternehmung, die auf dem Inlandsmarkt mit der

[24]Die Bedingungen zweiter Ordnung für ein Gewinnmaximum beider Unternehmen seien erfüllt.

Menge z agiert, gilt

$$p = \frac{\epsilon(c + t)}{[\epsilon - s^*(1 + \gamma)]} , \qquad \ldots.(7.2)$$

mit $s^* \equiv z/(x+z)$, dem inländischen Marktanteil des ausländischen Anbieters. Es gilt $s + s^* = 1$. Da die Bedingungen (7.1) und (7.2) für ein Gewinnmaximum der beiden Anbieter in einem Marktgleichgewicht simultan erfüllt sein müssen (und in (7.1) für $s = (1 - s^*)$ geschrieben werden kann) gilt für den Marktanteil der ausländischen Unternehmung im Freihandelsgleichgewicht

$$\tilde{s}^* = [(c + t)(1 + \gamma) - \epsilon t] / [2c + t)(1 + \gamma)]. \qquad \ldots.(8.1)$$

Für den Freihandelspreis ergibt sich folgender Wert

$$\tilde{p} = [\epsilon(2c + t)]/[2\epsilon -(1 + \gamma)] . \qquad \ldots.(8.2)$$

Die Gleichungen (7.1) und (7.2) bilden ein System in zwei Unbekannten $(\tilde{s}^*,\tilde{p})$. Die Lösungen des Gleichungssystems sind die in (8.1) und (8.2) angegebenen Werte.[25]

Aus der Lösung für den ausländischen Marktanteil $\tilde{s}^*$ erkennt man, dass der Wert abhängig ist von den Parametern des Modells: Grenzkosten c, Transportkosten t, konjekturaler Koeffizient γ und Nachfrageelastizität ϵ $(\tilde{s}^* = \tilde{s}^*[c,t,\gamma,\epsilon])$.

Intra-industrielle Arbeitsteilung. Existenz und Ausmass der intra-industriellen Arbeitsteilung in einem Dyopol lässt sich durch die Grösse $\tilde{s}^*$ darstellen. Ist der Marktanteil der ausländischen Unternehmung im Inland grösser als Null, so kommt es zum intra-industriellen Handel, denn die inländische Unternehmung hat ebenfalls einen positiven Marktanteil $(x^*/(z^* + x^*))$ im Ausland. Das Inland importiert und exportiert Produkte aus dem Sektor X. Die Begründung für die Existenz des Handels in homogenen, identischen Produkten liegt in der Marktstruktur des Oligopols.

Die Ursache für diesen so beschriebenen intra-industriellen Handel in homogenen Produkten ist die Marktmacht beider Unternehmen auf segmentierten Märkten. Die Unternehmen versuchen, in den jeweils anderen Markt einzudringen, um einen Anteil der dort entstehenden Monopolgewinne zu realisieren. Dazu bieten sie auf dem jeweils anderen Markt ihr Produkt bis zu einer

[25]Die Lösung von $(\tilde{s}^*,\tilde{p})$ ergibt sich wie folgt. Setze (7.1) mit (7.2) gleich und löse nach $\tilde{s}^*$ auf, wobei $s = (1 - s^*)$; substituiere den gleichgewichtigen Wert von $\tilde{s}^*$ in (7.2), so daß sich $\tilde{p}$ ergibt.

Menge an, bei der die Grenzkosten des Exports dem Grenzerlös des Exports gerade entsprechen. Dabei ist der mark-up auf die Grenzkosten des Exports geringer als auf dem jeweils heimischen Markt.

Wie bereits betont, lassen sich Existenz und Intensität des Güterhandels im o.g. Erklärungsansatz durch den ausländischen Marktanteilswert $\tilde{s}^*$ analysieren. Je grösser der Wert von $\tilde{s}^*$, desto intensiver ist der internationale Güteraustausch. Die notwendige Bedingung dafür, dass es zum Güteraustausch kommt, lautet

$$\tilde{p} > 0 \Rightarrow (2\epsilon - 1) > \gamma$$

$$\tilde{s}^* > 0 \Rightarrow ([\epsilon t/(c + t)] - 1) < \gamma \quad .$$

Oder anders formuliert, damit es zum Güteraustausch kommt, muss der konjekturale Koeffizient γ folgender Bedingung genügen

$$([\epsilon t/(c + t)] - 1) < \gamma < (2\epsilon - 1) \quad . \qquad ....(9)$$

Im weiteren gehen wir davon aus, dass diese notwendige Bedingung für Handel erfüllt sei. Aus der in (8.1) angegebenen Lösung für den inländischen Marktanteil der ausländischen Unternehmung $\tilde{s}^*$ erkennt man, dass der gleichgewichtige Marktanteil eine Funktion der Grenzkosten c, der Transportkosten t, der konjekturalen Variation γ und der (konstanten) Nachfrageelastizität ϵ ist. Wie reagiert $\tilde{s}^*$ auf eine parametrische Variation dieser Grössen? Dies ist wichtig zu wissen, denn je grösser $\tilde{s}^*$ ist, umso intensiver ist der internationaler Güteraustausch.

Unter Verwendung der Lösung für $\tilde{s}^*(\cdot)$ lassen sich in einer einfachen komparativ-statischen Analyse folgende Aussagen ableiten: [26]

$$\frac{\partial \tilde{s}^*}{\partial c} > 0 \qquad \frac{\partial \tilde{s}^*}{\partial t} < 0$$

$$\frac{\partial \tilde{s}^*}{\partial \gamma} > 0 \qquad \frac{\partial \tilde{s}^*}{\partial \epsilon} < 0 \quad . \qquad ....(10)$$

[26] Die expliziten Ausdrücke sind im Anhang V.2.5 wiedergegeben.

Die komparativ-statische Analyse geht ceteris paribus vor. Werden nur die Grenzkosten der Produktion c erhöht, so expandiert der Handel, da die Transportkosten somit weniger ins Gewicht fallen. Steigen die Transportkosten, so verschlechtert sich die Kostensituation des Exporteurs; seine Angebotsmenge z nimmt ab, die Angebotsmenge der inländischen Unternehmung nimmt zu, so dass $\mathfrak{s}^*$ zwangsläufig sinkt. Mit zunehmendem Wert des konjekturalen Koeffizienten γ steigt die Intensität des Güteraustauschs. Eine Zunahme von γ entspricht dabei weniger Wettbewerb zwischen den Unternehmen. Weniger Wettbewerb bedeutet hier einen grösseren Marktanteil des Exporteurs.

Zur Verdeutlichung: Im Extremfall beträgt der Koeffizient minus Eins; $\gamma = -1$ wurde als Konstellation der vollkommenen Konkurrenz bezeichnet, damit entfällt aber auch unser Argument, dass die oligopolistische Marktform der Bestimmungsgrund für Handel sei. Aus (8.1) erkennt man, dass bei <u>vollkommener Konkurrenz</u> ($\gamma = -1$) der Marktanteil der ausländischen Unternehmung identisch Null ist. Mit zunehmendem Wert von γ nähert man sich einer oligopolistischen Marktstruktur; mit zunehmendem Wert von γ steigt auch der Marktanteil $\mathfrak{s}^*$ und damit der Handel. Wird die Nachfrageelastizität ϵ grösser, wird weniger importiert, der Marktanteil fällt.

c) Wettbewerb und Wohlfahrt. Es wurde gezeigt, wenn die Bedingungen für eine intra-industrielle Arbeitsteilung gegeben sind (d.h. die gleichgewichtigen Werte für den ausländischen Marktanteil und den Produktpreis sind positiv), so kommt es zu einem Güteraustausch in identischen Produkten, obwohl diese Transaktiontransportkosten verursacht. Können unter diesen Bedingungen überhaupt Handelsgewinne, sogenannte Gains from Trade, entstehen?

Die Theorie der intra-industriellen Arbeitsteilung betont regelmässg zwei Quellen für potentielle Vorteile aus dem Aussenhandel. Erstens entstehen positive Wohlfahrtseffekte für die Konsumenten aus dem gestiegenen Angebot an <u>differenzierten</u> Produkten. Diese Quelle für Gains from Trade scheidet hier aber aus, da <u>homogene</u> Produkte gehandelt werden. Eine zweite Quelle für positive Wohlfahrtseffekte entsteht möglicherweise durch den gestiegenen Wettbewerb, der mit einer Marktöffnung verbunden sein kann. Der internationale Wettbewerb um Absatzmärkte kann dazu führen, dass die Gleichgewichtspreise bei Freihandel geringer sind als vor Aufnahme des Handels. Der Wettbewerbseffekt kann dabei mögliche (gesellschaftliche) Verluste aus dem Transport von Gütern (Transportkosten) kompensieren.

Wir vergleichen zunächst den Autarkiepreis p^a (in (3.2)) mit dem Freihandelspreis $\mathfrak{p}$ (in (8.2)). Die Konsumenten gewinnen aus dem Handel genau dann, wenn der Autarkiepreis p^a grösser ist, als der Freihandelspreis $\mathfrak{p}$. Dies ist der Fall genau dann, wenn

$$p^a > \tilde{p} \Rightarrow 1 - \frac{[t(\epsilon - 1)]}{c} > \gamma \quad . \qquad \ldots.(11)$$

Die Grösse γ, die die Richtung und Stärke der Reaktion der Konkurrenzunternehmung angibt, darf nicht zu gross sein, sollen aus dem Güteraustausch positive Wohlfahrtseffekte hervorgehen.

Angenommen, die beiden Unternehmen treffen eine bindende Absprache, nach der der gemeinsame Gewinn auf dem Inlandsmarkt maximiert werden soll. Beide Unternehmen verfolgen also die Strategie der Kollusion ('Joint Profit Maximization'). Diese Strategie ist mit dem Parameterwert $\gamma = 1$ konsistent. Wie man aus der Bedingung für Gains from Trade (11) erkennen kann, können positive Wohlfahrtseffekte nicht entstehen, wenn sich die Unternehmen absprechen.

Für eine gemeinsame Gewinnmaximierung ($\gamma = 1$) ergibt sich ein Freihandelspreis

$$\tilde{p} = (\epsilon c + \epsilon t/2) \;/\; (\epsilon - 1) \quad .$$

Dieser Freihandelspreis ist grösser, als der Produktpreis bei Autarkie $p^a = \epsilon c/(\epsilon - 1)$. Kollusives Verhalten der Unternehmen führt tendenziell zu einem höheren Freihandelspreis. Dies erhöht wiederum die Wahrscheinlichkeit dafür, dass der Güteraustausch zu Wohlfahrtsverlusten bei den Konsumenten führt.

In der Literatur zum Güterhandel bei oligopolistischer Marktstruktur wird fast ausschliesslich mit dem Lösungskonzept nach COURNOT gearbeitet (vgl. BRANDER [1981]; BRANDER/ KRUGMAN [1983]; HELPMAN/KRUGMAN [1985], Kapitel II.5). Welche wohlfahrtstheoretischen Aussagen ergeben sich aus dieser COURNOT-Konjektur? Bei der Konjektur nach COURNOT beträgt $\gamma = 0$. Die Konsumenten gewinnen aus dem Güteraustausch, wenn gilt

$$p^a > \tilde{p} \quad \Rightarrow c + t \;>\; \epsilon \cdot t \quad .$$

Verhalten sich die Unternehmen nach der klassischen Oligopollösung, so ergeben sich stets positive Wohlfahrtseffekte aus einem Güteraustausch, der durch die Marktform des Oligopols begründet ist. Für $\gamma = 0$ gilt, dass Intra-Handel zustande kommt, wenn $c + t > \epsilon \cdot t$. Dies ist aber auch die Bedingung dafür, dass der Autarkiepreis grösser ist als der Freihandelspreis. Damit lässt sich auch die Frage nach dem mark-up auf die Grenzkosten bei Autarkie und Freihandel beantworten. Bei der COURNOT-Konjektur ($\gamma = 0$) gilt, dass der Grad der monopolistischen Marktverzerrung durch eine internationale Marktöffnung abnimmt. Der mark-up bei Autarkie beträgt $\epsilon/(\epsilon - 1)$; bei Freihandel gilt $\epsilon/(\epsilon - s)$.

d) Fazit. Das Fazit der vorangegangenen theoretischen Ansätze lautet: Die Theorie des intra-industriellen Aussenhandels beschäftigt sich mit dem Phänomen des modernen Aussenhandels, der zum grossen Teil ein Handel mit ähnlichen Industriegütern (bzw. sogar identischen Produkten) zwischen ähnlichen Industrieländern ist. Dieses Phänomen eines intra-industriellen Handels wird durch die vollkommene Konkurrenz unterstellende, traditionelle Aussenhandelstheorie nicht erklärt. Intra-industrielle Arbeitsteilung kann zurückgeführt werden auf Marktstrukturen, die vom Konzept der vollkommenen Konkurrenz abweichen.

Literatur zum Teil I

Böhm, V. [1984], Arbeitsbuch zur Mikroökonomik., Berlin, Heidelberg, New York.

Brander, J.A. [1981], Intra-Industry Trade in Identical Commodities., Journal of International Economics, Nr. 11, pp.1-14.

Brander, J.A., P. Krugman [1983], A Reciprocal Dumping Model of International Trade., Journal of International Economics, Vol. 15, S. 313-321.

Breithaupt, K. et al [1979], Analyse der strukturellen Entwicklung der deutschen Wirtschaft., Kiel.

Broll, U., B.M. Gilroy [1988], Intra-Industry Trade and Differences in Technology., Scottish Journal of Political Economy, Vol. 35, S. 389-403.

Caves, R.E., R.W. Jones [1985], World Trade and Payments., Boston.

Chipman, J.S. [1986], Intra-industrieller Handel, Faktorproportion und Aggregation, in: ERTEL,R., H.J. HEINEMANN [Hrsg.], Aspekte internationaler Wirtschaftsbeziehungen, S.81-108, Hannover.

Dixit, A., V. Norman [1982], Aussenhandelstheorie., München, Wien.

Dixit, A., J.E. Stiglitz [1977], Monopolistic Competition and Optimum Product Diversity., American Economic Review, Vol. 67, S. 297-308.

Eaton, J., G. Grossman [1986],Optimal Trade and Industrial Policy under Oligopoly., Quarterly Journal of Economics, Vol. 101,S. 383-406.

Flam, H., E. Helpman [1987], Vertical Product Differentiation and North-South Trade., American Economic Review, Vol. 77, S. 810-822.

Greenaway, D., C.R. Milner [1986], The Economics of Intra-Industry Trade., Oxford.

Grubel, H.G., P.G. Lloyd [1975], Intra-Industry Trade.,London.

Hart, O. [1985], Monopolistic Competition in the Spirit of Chamberlin: Special Results., Economic Journal, Vol. 95, S. 889-908.

Helpman,E. [1981], International Trade in the Presence of Product Differentiation, Economies of Scale and Monopolistic Competition: A Chamberlin-Heckscher-Ohlin Approach., Journal of International Economics, S. 305-340.

Helpman, E. [1984b], Increasing Returns, Imperfect Markets, and Trade Theory., in: Jones, R., P. Kenen (eds.), Handbook of International Economics., Amsterdam, New York, Oxford, S. 325-365.

Helpman, E. [1987], Imperfect Competition and International Trade: Evidence from Fourteen Industrial Countries., Journal of the Japanese and International Economies, 1, S. 62-81.

Helpman, E. and Krugman, P.R. [1985], Market Structure and Foreign Trade. Increasing Returns, Imperfect Competition, and the International Economy., Cambridge, Massachusetts, London.

Literatur zum Teil I

Hesse, H., H. Keppler, H.GH. Preusse [1985], Internationale Interdependenzen im wirtschaftlichen Entwicklungsprozess., Göttingen.

Hwang, H. [1984], Intra-Industry Trade and Oligopoly: a Conjectural Variations Approach., Canadian Journal of Economics, Vol, 17, S. 126-138.

Kierzkowski, H. (ed.) [1984], Monopolistic Competition and International Trade.,Oxford.

Kierzkowski, H. [1987], Recent Advances in International Trade Theory: A Selective Survey., Oxford Review of Economic Policy, Vol. 3, S. 1-19.

Krugman, P. [1981], Intra-Industry Specialization and the Gains from Trade., Journal of Political Economy, Vol. 89, S. 959-973.

Krugman, P. [1982], Trade in Differentiated Products and the Political Economy of Trade Liberalization., in: J.Bhagwati (ed.), Import Competition and Response., Chicago, S. 197-208.

Markusen, J.R. [1986], Explaining the Volume of Trade: An Eclectic Approach., American Economic Review, Vol. 76, S. 1001-1011.

Neumann, M., Böbel, I., A. Haid [1985], Konzentration, Aussenhandel und Marktergebnis., in: Bombach, G., Gahlen, B., A. Ott (Hrsg.), Industrieökonomik: Theorie und Empirie., Tübingen, S. 169-189.

Schumacher, D. [1983], Intra-Industry Trade Between the Federal Republic of Germany and Developing Countries: Extent and Some Characteristics., in: Tharakan, P.K.M. (ed.) [1983], Intra-Industry Trade: Empirical and Methodological Aspects., Amsterdam, New York, Oxford, S. 87-110.

Siebert, H. [1988], Strategische Handelspolitik: Theoretische Ansätze und wirtschaftspolitische Empfehlungen., Aussenwirtschaft, Vol. 43, S. 549-584.

Siebert, H. [1989], Aussenwirtschaft., Stuttgart.

Waterson, M. [1984],Economic Theory of the Industry., Cambridge.

Übungsaufgaben zum Teil I

Übungsaufgabe: 1

Gegeben sei folgende Kostenfunktion der Unternehmung

$$c(w, r, x) = w^{3/4} \cdot r^{1/4} \cdot \frac{6x}{(1 + x)} \quad .$$

(a) Welche Inputmenge an Arbeit muss eingesetzt werden, damit ein Outputvolumen von x = 2 hergestellt werden kann (mit w = r = 10) ?

(b) Liegen für x = 2 zunehmende, abnehmende oder konstante Skalenerträge vor ? (Vgl. BÖHM [1984]).

Lösungshinweis zur Übungsaufgabe 1:

zu (a): Mit Hilfe der sogenannten Ableitungseigenschaft ergibt sich die optimale Faktornachfrage

$$\frac{\partial C(\cdot)}{\partial w} = \frac{3}{4} \left[\frac{r}{w}\right]^{1/4} \cdot \frac{6x}{(1 + x)}$$

Mit x = 2 und w = r = 10 ergibt sich ein optimaler Faktoreinsatz von L = 3.

zu (b): Wir verwenden wiederum das Verhältnis S = AC(·)/MC(·) als Mass für die Skalenerträge. Für die angegebene Kostenfunktion ergibt sich somit S(·)= AC/MC = 3. Es liegen zunehmende Skalenerträge vor.

Übungsaufgaben zum Teil I

Übungsaufgabe 2:

Eine Unternehmung habe Zugang zur folgenden Technologie $x = L \cdot K^2$.
(a) Liegen zunehmende Skalenerträge vor ?
(b) Ermitteln Sie die Kostenfunktion der Unternehmung für ein Outputniveau $x_0 > 0$.

Lösungshinweis zur Übungsaufgabe 2:

zu (a) Es liegen zunehmende Skalenerträge vor. Der Homogenitätsgrad ist grösser als Eins.

zu (b) Aus der Minimierung der Lagrange-Funktion $L = w_1 \cdot x_1 + w_2 \cdot x_2 - \lambda \cdot (x_0 - L \cdot K^2)$ ergeben sich folgende kostenminimierende Faktornachfragefunktionen

$$L = 4^{-1/3} \cdot w^{-2/3} \cdot r^{2/3} \cdot x_0^{1/3} \quad ,$$

$$K = 2^{1/3} \cdot w^{1/3} \cdot r^{-1/3} \cdot x_0^{1/3} \quad .$$

Werden diese Nachfragemengen in die Definition für die Kostensumme (wL + rK) eingesetzt, so ergeben sich die minimalen Kosten (für gegebene Faktorpreise und gegebenem Outputniveau x_0):
$C(w,r,x_0) = a \cdot w^{1/3} \cdot r^{2/3} \cdot x_0^{1/3}$ (mit $a \equiv (2^{1/3}) \cdot 3/2$).

TEIL II

Multinationale Unternehmen

TEIL II. MULTINATIONALE UNTERNEHMEN

Multinationale Unternehmen sind international tätige Unternehmen, die in mehreren Ländern Zweigniederlassungen besitzen. Zur Gründung ausländischer Unternehmen sind Direktinvestitionen erforderlich. Es besteht ein enger Zusammenhang zwischen den Direktinvestitionen und den Multinationalen Unternehmen. Die geographische Streuung durch Verlagerung von Produktionsbetrieben ins Ausland ist ein wichtiges wirtschaftliches Phänomen, das in allen Ländern und quer durch alle Branchen feststellbar ist. (vgl. Tabelle II.1, die den regionalen Aspekt der Direktinvestitionen verdeutlicht).

Tabelle II.1:
Direktinvestitionen der Welt insgesamt nach ausgewählten Regionen für 1970, 1980 und 1985

Region	1970		1980		1985	
	US $ Mrd.	v.H.	US $ Mrd.	v.H.	US $ Mrd.	v.H.
insgesamt[1] darunter:	12,5	100	53,3	100	55,7	100
Ost-asiastische Entwicklungsländer[2]	0,5	4	3,5	7	5,6[3]	10[3]
Japan, Australien, Neuseeland	1,3	10	2,5	4	3,5[4]	10[4]
Latein-Amerika	1,3	10	6,2	12	4,8	9
Westeuropa	4,7	38	21,0	39	15,7	28
Vereinigte Staaten	0,9	7	16,9	32	19,4	35

[1] Bruttozufluss.
[2] Brunei, Indonesien, Malaysia, Hongkong, Papua, Neuguinea, Philippinen, Südkorea, Singapur, Thailand, Taiwan, VR China.
[3] Süd- und Südostasiatische Entwicklungsländer insgesamt.
[4] 1983.

Quelle: AGARWAL [1988], S.140.

Während es in früheren Jahren US-amerikanische Unternehmen waren, die im Ausland investierten, sind es heute vorwiegend europäische und japanische Unternehmen, die in den USA direkt investieren. Die USA als Standort für eine Auslandsproduktion ist seit den siebziger Jahren eine signifikante Entwicklung auf Seiten der internationalen realen Kapitalbewegungen.

Die Internationalisierung der Produktion hat in der Vergangenheit stark zugenommen. Dabei gibt es in dieser Entwicklung bestimmte Merkmale. Branchen mit relativ geringer Forschungsintensität diversifizieren zwar geographisch ihre Produktion sehr intensiv, aber die Dynamik der Auslandsproduktion liegt deutlich bei forschungsintensiven Produktionszweigen (vgl. <u>Tabelle</u> II.2). Dies kann dahingehend interpretiert werden, dass der Spielraum zur Internationalisierung der Produktion für arbeitsintensive Produkte abgenommen hat, wo hingegen der Spielraum zur Produktionsverlagerung von forschungs- und kapitalintensiven Produktionen international zugenommen hat bzw. die relevanten wirtschaftspolitischen Rahmenbedingungen sich verbessert haben.

<u>Tabelle II.2:</u>
Auslandsproduktion der grössten Industrieunternehmen der westlichen Welt (1972, 1977 und 1982)

	1972	1977	1982
Idustriezweige ingesamt	25,4	28,3	29,0
darunter:			
Branchen mit hoher Forschungsintensität	24,2	27,6	30,4
Branchen mit mittlerer Forschungsintensität	24,2	25,3	25,6
Branchen mit geringer Forschungsintensität	32,8	34,8	34,3
Regionen:			
Westeuropa	31,7	34,1	37,0
Vereinigte Staaten	22,3	25,9	25,8
Japan	1,3	1,7	3,0

Quelle: DONGES/SCHMIDT et al. [1988], S.21

Augenfällig ist der geringe Anteil der Auslandsproduktion Japans. Hier scheint sich aber eine neue Entwicklung abzuzeichnen. Die Bedrohung der japanischen Exporte durch entsprechende Handelsrestriktionen der Importländer veranlasst die japanischen Unternehmen derzeit, im Ausland verstärkt direkt zu investieren.

Die Direktinvestitionen der Unternehmen in den Industrieländern weisen in ihrer regionalen Struktur und in ihrer Branchenstruktur eine deutliche Übereinstimmung mit der Aussenhandelsstruktur auf. Direktinvestitionen dominieren in jenen Ländern bzw. Regionen der Weltwirtschaft, mit denen die internationalen Güteraustauschbeziehungen am intensivsten sind (vgl. dazu die Tabellen: II.3.a-d). Unter den Wirtschaftbranchen dominieren jene, die auch am Exportvolumen die grössten Anteile aufweisen. Man spricht auch von *'cross hauling'* (vgl. JONES/NEARY/RUANE [1983]) oder intra-industriellen Direktinvestitionen zwischen den Industrieländern (vgl. DUNNING/NORMAN [1986] ; JUHL [1985]). Daraus kann die Schlussfolgerung gezogen werden,dass die Direktinvestitionen primär absatzorientiert sind (vgl. GILROY/ BROLL [1986]).

Die Motive für Direktinvestitionen im Ausland sind somit vorallem (i) die Erschliessung neuer Absatzmärkte, (ii) Ausweitung und Erhaltung bestehender Marktanteile. Diese Motive von Direktinvestitionen stehen deutlich vor dem Motiv der Sicherung der Beschaffungsmärkte (iii)(der sogenannten vertikalen Integration Multinationaler Unternehmen).

Insbesondere die Unternehmensbeteiligungen der deutschen international tätigen Unternehmen haben einen komplementären Charakter. Exporte und Direktinvestitionen (i.S. von Faktorbewegungen) stehen nicht in einer substitutiven Beziehungen, sondern stimulieren sich gegenseitig (sind somit komplementär). Oft sind Direktinvestitionen die notwendige Voraussetzung für einen Exporterfolg. Die Internationalisierung der Produktion über die Direktinvestition, d.h. durch einen Transfer von Realkapital, dient unter diesen Bedingungen der Integration der Unternehmen in die Weltwirtschaft. Dies führt zu einer Verstärkung der Internationalisierung der Wirtschaft. In einem noch stärkeren Masse gilt dies für die Wirtschaft der Schweiz (vgl. BORNER [1986], BORNER/WEHRLE [1984]).

Die Expansion Multinationaler Unternehmen hat in der Zeit nach 1945 für die wirtschaftliche, die soziale und politische Entwicklung vieler Volkswirtschaften eine immer grössere Bedeutung erlangt. Sie wirkt sich darüber hinaus auch auf die Beziehungen zwischen den Staaten aus. Die Wirtschaftspolitik sieht sich durch die Existenz und dem Wachstum Multinationaler Unternehmen noch stärker in die Internationale Arbeitsteilung einbezogen, als es durch den reinen Güteraustausch und die Integration der Finanzmärkte allein schon der Fall ist. Multinationale

Unternehmen treffen letztlich ihre Entscheidungen auf den Beschaffungsmärkten und Absatzmärkten im Quervergleich der Standortbedingungen der relevanten Länder und lösen sich dadurch vom direkten Wirkungsbereich nationaler Politiken.

Die Diskussion über mögliche Wirkungen der Aktivitäten Multinationaler Unternehmen in Entwicklungsländern wird nach wie vor kontrovers diskutiert. Auslandsinvestitionen Multinationaler Unternehmen in Entwicklungsländern können vielfältige Wirkungen mit sich bringen. Durch Direktinvestitionen werden Einkommensströme und die Einkommensverteilung berührt; es entstehen Handels- und Zahlungsbilanzwirkungen. Bereits existierende inländische Produktionsbetriebe werden unter Umständen durch ausländische Unternehmen verdrängt. Neue Technologien verändern das Faktoreinsatzverhältnis in einem Land; es können neue Konsummuster und neue soziale Strukturen entstehen. Mitunter Wirkungen, die nicht nur positiver Art sein müssen (vgl. etwa BATRA [1986]).

In **TEIL II** der Arbeit beschäftigen wir uns nur mit einem ausgewählten Aspekt Multinationaler Unternehmen in Entwicklungsländern. In Abschnitt II.5 wird auf den Zusammenhang zwischen den Handelsgewinnen eines Landes (den sogenannten **Gains from Trade**) und den Gewinntransfers durch eine Multinationale Unternehmung eingegangen. Vorwiegend beschäftigt sich die Analyse in TEIL II mit den Direktinvestitionen Multinationaler Unternehmen in Industrieländern. Bevorzugte Investitionsregionen sind die Industrieländer. Die folgenden Tabellen II.3.a-d sollen einen Überblick über die Struktur und das Niveau der deutschen Direktinvestitionen vermitteln.

Tabelle II.3.a:

Deutsche Direktinvestitionen im Ausland und ausländische Direktinvestitionen in der Bundesrepublik Deutschland

	Deutsche Direktinvestitionen im Ausland			Ausländische Direktinvestitionen in der Bundesrepublik Deutschland		
	brutto	Rückflüsse	netto	brutto	Rückflüsse	netto
1977	6461,1	1367,3	5093,8	5365,8	1631,2	3734,6
1978	7693,2	1642,7	7809,2	4178,7	2262,3	1916,4
1979	9221,4	1412,2	7809,2	4178,7	2262,3	1916,4
1980	10823,4	2663,6	8159,8	4481,4	2107,5	2373,9
1981	12627,2	2803,1	9824,1	6283,4	2239,3	4044,1
1982	13158,2	3396,5	9761,7	6428,7	2310,6	4118,1
1983	13697,4	5859,8	7837,6	7333,0	4263,6	3069,4
1984	14970,1	5704,3	9265,8	7930,7	4867,3	3063,4
1985	21165,5	7522,9	13642,6	7831,8	4271,0	3560,8
1986	21205,1	9998,3	11206,8	11120,9	5287,9	5833,0

Quelle: Bundesministerium für Wirtschaft (BMWi) [1987]

Bei den Auslandsinvestitionen der Bundesrepublik Deutschland gab es 1986 einen doppelten Rekord; bei den Bruttoinvestitionen und bei den Rückflüssen wurden neue Höchstwerte verbucht.

Bevorzugte Regionen von Direktinvestitionen sind nach wie vor die Industrieländer, in die 1986 rund 10,5 Mrd. DM (netto) flossen. Platz 1 belegt die USA (mit 4,4 Mrd. DM), auf Platz 2 folgen die Niederlande (mit 2 Mrd. DM, vgl. Tabelle II.3c). Die Direktinvestitionen konzentrieren sich primär auf Europa und Nordamerika. Die Entwicklung der ausländischen Direktinvestitionen in der BRD ist der Tabelle II.3b zu entnehmen. Die niedrigen Beträge für die lateinamerikanischen Länder und Afika erklären sich nicht nur aus den verminderten Aktivitäten in diesen Ländern, sie gehen auch auf das Konto von Rückflüssen aus einigen Grossprojekten. Stark gestiegen sind die ausländischen Direktinvestitionen in der Bundesrepublik (vgl. Tabelle II.3a). Mit Bruttoinvestitionen in Höhe von 11,12 Mrd DM wurde zum ersten Mal die Grösse von 10 Mrd DM überschritten (vgl.Tabelle II.3.a).

Nach Branchen gegliedert wurden die meisten Auslandsinvestitionen vom Strassenfahrzeugbau (mit 2,12 Mrd. DM), von Kreditinstituten (mit 1,59 Mrd.DM), der chemischen Industrie und der Elecktroindustrie (vgl. Tabelle II. 3.d) vorgenommen.

Tabelle II.3.b:

Entwicklung der ausländischen Direktinvestitionen in der Bundesrepublik Deutschland nach zehn wichtigen Herkunftsländern (in Mio. DM)

	1984	1985	1986	1977 bis 1986
Grossbritannien	1591,4	618,8	1724,8	8025,6
USA	132,2	572,2	549,8	6270,9
Schweiz	285,9	536,9	975,2	5281,8
Japan	351,8	588,4	1256,6	3402,2
Niederlande	86,0	773,1	445,3	2974,5
Frankreich	359,0	93,4	424,3	2782,7
Belgien/Luxemburg	-24,6	-18,0	67,3	1388,5
Italien	435,4	160,8	146,3	896,9
Schweden	1,5	7,6	-3,9	711,7
Österreich	167,6	14,6	97,7	621,9

Quelle: BMWi [1987]

Tabelle II.3 c:
Deutsche Direktinvestitionen im Ausland nach zehn wichtigen Anlageländern (in Mio. DM).

	1984	1985	1986	1977 bis 1986
USA	3257,5	7665,4	4414,3	35060,6
Grossbritannien	1091,1	2615,6	806,5	7567,1
Belgien/Luxemburg	474,8	562,3	394,5	6401,9
Frankreich	494,1	494,5	495,7	4925,8
Brasilien	130,2	-69,2	-153,1	3678,4
Niederlande	579,5	-33,7	2009,3	3650,8
Schweiz	211,7	38,8	529,9	3321,2
Spanien	533,2	52,2	813,0	2974,9
Kanada	208,0	36,2	213,9	2912,9
Italien	207,9	1221,7	-238,5	2323,2

Quelle: BMWi [1987]

Tabelle II.3.d:
Deutsche Investitionen im Ausland nach zehn wichtigen Herkunftsbranchen
(in Mio. DM)

	1984	1985	1986	1977 bis 1986
Kreditinstitute	1321,8	2814,8	1598,7	13170,1
Chemische Industrie[1]	925,4	4149,1	1570,4	11708,6
Strassenfahrzeugbau	1182,8	1340,6	2122,6	10573,7
Elektrotechnik[2]	757,8	876,4	1510,9	7653,7
Maschinenbau	416,5	370,6	592,2	5901,1
Versicherungsunternehmen	276,8	2052,2	872,7	5889,8
Beteiligungsgesellschaften	1442,3	753,2	1292,0	4515,8
Erdöl- u. Erdgasgewinnung	425,0	43,6	4,4	3376,1
Eisen- u. Stahlerzeugung	260,8	67,1	36,2	2475,3
Grundstücks-u. Wohnungswesen	267,9	42,2	-229,9	1106,9

[1]ab 1984 einschliesslich Pharmazie

[2]ab 1984 ohne Büromaschinen und DV-Geräte und DV-Einrichtungen

Quelle: BMWi [1987]

TEIL II ist wie folgt strukturiert: In Abschnitt II.1 werden Begriffe einer horizontalen und einer vertikalen Integration bei der Internationalisierung der Produktion erörtert. In Abschnitt II.2 geht es um die Alternative Export oder Direktinvestition bzw. in Abschnitt II.3 um Direktinvestitionen versus Lizenzvertrag. Der HELPMAN/KRUGMAN Ansatz zur Erklärung der Multinationalisierung in einem allgemeinen Gleichgewichtsansatz wird in II.4 diskutiert. Die Analyse der Gains from Trade eines Landes bei der Existenz von Multinationalen Unternehmen, die Gewinne transferieren, erfolgt in Abschnitt II.5 .

II.1 Internationalisierung der Produktion

Im folgenden geben wir in einer knappen Darstellung eine theoretische Analyse zur Multinationalisierung von Unternehmen wieder, die auf einige der wesentlichen Punkte der Theorie Multinationaler Unternehmen hinweist. Die Grundidee besteht darin, dass eine international tätige Unternehmung über spezielle Wettbewerbsvorteile verfügt (sogenannte 'special assets') die sie entweder extern, d.h. über Exportmärkte oder intern, d.h. über die Hierarchie der Unternehmung (Produktion im Ausland durch eine Zweigniederlassung) im Ausland verwertet kann. Die Unternehmen entscheiden sich für eine externe oder interne Leistungsverwertung, je nach der Ertragssituation beider Strategien. Ist die Auslandsproduktion effizienter als der Export von Gütern, so wird vor Ort produziert, um den ausländischen Markt kostengünstiger direkt beliefern zu können (vgl. ausführlich KINDLEBERGER/AUDRETSCH (eds.) [1983], EILENBERGER [1987]).

II 1.1 Horizontale Integration

Wir greifen auf die Analyse aus Kapitel I.1 zurück und formulieren einen analytischen Rahmen zur Beantwortung der Frage, unter welchen Bedingungen eine Unternehmung ihre Produktion internationalisiert bzw. unter welchen Bedingungen sie die Exportstrategie wählt (vgl. KRUGMAN [1983]).

Es werden zwei Länder, das Inland und Ausland(*) betrachtet. Es existiert ein Produktionsfaktor, genannt Arbeit. Von 'n' inländischen und 'n*' ausländischen Unternehmen werden differenzierte Produkte angeboten. Der Faktorbestand L bzw. L*, die Technologie und die Präferenzen der Nachfrager seien im In- und Ausland identisch.

Die Präferenzfunktion für differenzierte Produkte lasse sich darstellen durch

$$U(\cdot) = \sum_{j=1}^{N} c_j^{\alpha} \quad , \quad 0 < \alpha < 1 \quad . \quad (^1) \qquad \ldots . (1)$$

[1]Die Anzahl der gewünschten Produktarten N ist wiederum grösser als die von den in- und ausländischen Unternehmen bereitgestellten Produktvarianten.

Aus der Nutzenfunktion (1) lässt sich für eine genügend grosse Anzahl differenzierter Produkte die Substitutionselastizität mit $\sigma \equiv 1/(1-\alpha) > 1$ bestimmen. In- und ausländische Produktvarianten stehen in einer relativ engen Substitutionsbeziehung; die Produkte sind ähnlich, aber nicht identisch.

Um eine Produktionsmenge von x_j Einheiten herstellen zu können, entsteht für den Hersteller ein Faktorverbrauch nach folgender Funktion

$$L_j = \beta + b \cdot x_j \qquad \forall j . \qquad \ldots . (2)$$

Vollbeschäftigung im Inland bedeutet, dass ein Ausgleich zwischen der Faktornachfrage der 'n' inländischen Hersteller mit dem Faktorangebot L besteht, d.h.

$$L = \sum_{j=1}^{n} L_j \qquad . \qquad \ldots . (3)$$

Die Zielsetzung der Unternehmen ist die Maximierung des Gewinns $\pi_j(\cdot) = p \cdot x_j - w \cdot [\beta + b \cdot x_j]$. Die Optimalitätsbedingung verlangt, dass Grenzerlös gleich Grenzkosten gilt, d.h. $p_j = w\beta/\alpha \; \forall j$. Der freie Marktzutritt gewährleistet, dass die Gewinne π_j auf Null gedrückt werden. Aus der Null-Gewinnbedingung ergibt sich die von allen Unternehmen angebotene Gütermenge

$$x_j = \frac{\alpha \cdot \beta}{b \cdot (1 - \alpha)} \equiv x \qquad \forall j . \qquad \ldots . (4)$$

Da beide Ökonomien identisch sind, lässt sich die weitere Analyse wie folgt vereinfachen. Die nachgefragten in- und ausländischen Produkte werden zu sogenannten '*composite commodities*' c und c* zusammengefasst, so dass nur noch ein inländisches und ein ausländisches 'Gut' existiert.[3] Die Nutzenfunktion lautet dann

$$U(\cdot) = c^{\alpha} + c_*^{\alpha} \qquad . \qquad \ldots . (1')$$

Die inländischen Konsumenten fragen inländische Produkte zu einem f.o.b. Preis p nach; die ausländischen Produkte haben den c.i.f. Preis $p^* \equiv p/g$, wobei g den Transportkostenfaktor (mit $1 > g > 0$) darstellt.

---

[3] Zum Begriff der sogenannten 'zusammengesetzten Güter' (oder 'composite commodities') vgl. ausführlich HERBERG [1985], S.116-118.

Die Konsumenten im Inland maximieren ihren Nutzen U(c,c*) unter der Einkommensrestriktion p·c + p*·c*= w·L. Im Gleichgewicht realisieren die Konsumenten eine Konsumstruktur c*/c, die ihren Präferenzen entspricht. Die Grenzrate der Substitution ist im Optimum gleich dem Relativpreis p/p*, somit gilt (vgl. auch Abb.: II.1)

$$-\frac{dc^*}{dc} = \frac{c^*}{c} = g^{1/(1-\alpha)} \quad .\ (^4) \qquad \ldots.(5)$$

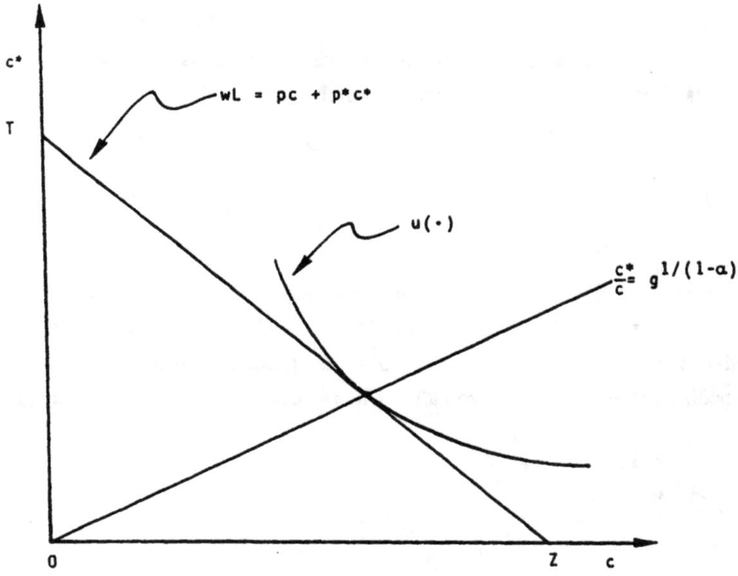

Abb.: II.1: Optimale Konsumstruktur

---

[4]Die Grenzrate der Substitution zwischen dem in- und dem ausländischen *"zusammengesetzten Gut"* lautet:

$$-\frac{dc^*}{dc} = \frac{\partial U(\cdot)/\partial c}{\partial U(\cdot)/\partial c^*} = \frac{p}{p^*} \text{ bzw. } \frac{c}{c^*} = g^{-1/(\alpha-1)}$$

oder

$$c^*/c = g^{1/(1-\alpha)} < 1.$$

Internationalisierung der Produktion.

Die bisher dargestellte Analyse entspricht dem Modell aus Kapitel I.1 Das neue Element, das zur Erklärung der Internationalisierung der Produktion beitragen soll, soll nun aufgezeigt werden. Die fixen Kosten ß werden nun dahingehend interpretiert, dass durch ß der unternehmensspezifische Wettbewerbsvorteil geschaffen wurde (beispielsweise durch Forschungs- und Entwicklungsaufwendungen, technologisches Know-how oder Marketing-Eigenschaften). Sind die unternehmensspezifischen Wettbewerbsvorteile einmal geschaffen, so lässt sich die materielle Produktion im Inland oder im Ausland organisieren. Entscheidend ist somit nicht mehr der Ort der Produktion, sondern die Existenz des unternehmensspezifischen Wettbewerbsvorteils ("*firm specific asset*'), das die monopolistische Marktstellung der Unternehmung begründet (HORSTMANN/MARKUSEN [1989]).

Da Exportkosten pro Einheit in Höhe von 1/g anfallen und dadurch der Konsum im Ausland geschmälert wird, wäre es natürlich günstiger, direkt im Ausland zu produzieren um die Transportkosten zu sparen. Wäre die Produktion im Ausland gleichermassen effizient wie im Inland, so würde die Auslandsproduktion den Export von Gütern dominieren. Die Auslandsproduktion einer inländischen Unternehmung ist aber nicht notwendigerweise gleich effizient wie im Inland. Durch das Auslandsengagement entstehen zusätzliche Kosten bzw. Reibungsverluste, die Kostenunterschiede entstehen lassen. Der Einfachheit halber modelliert man Kostenunterschiede in den Grenzkosten der Unternehmen. Die Produktion im Ausland sei um den Faktor 1/k weniger effizient als die inländische Herstellung einer Produkteinheit von x_j.[5] Damit ergeben sich folgende Grenzkosten der Produktion

Grenzkosten des <u>Exports</u>: $MC^{EX} = w\beta/g$

Grenzkosten der <u>Auslandsproduktion</u>: $MC^{*} = w\beta/k$.

Für eine optimale Internationalisierungsstrategie einer Unternehmung ergeben sich damit folgende Implikationen: Sind die Grenzkosten des Exports grösser als die Grenzkosten der Auslandsproduktion (d.h. wenn gilt $k > g$), dann wird die Unternehmung ihre Produkte nicht exportieren, sondern vor Ort im Ausland produzieren. Gilt $k < g$, so ist der Export von Gütern effizienter als eine Auslandsproduktion. Die Unternehmung wird die Exportstrategie wählen.

---

[5]Die Gesamtkosten einer Unternehmung betragen $C(w,x,x^*) = w(\beta + b \cdot x + bx^*/k)$, wobei x^* die im Ausland hergestellten Produkteinheiten darstellen.

Wir nehmen an, dass die Auslandsproduktion effizienter sei als der Export von Gütern (k > g). Wie kann diese Form der Internationalen Arbeitsteilung vor dem Hintergrund einer normativen Analyse bewertet werden ? Gilt k > g und produzieren die inländischen Unternehen im Ausland (bzw. die ausländischen Unternehmen im Inland), so werden die Konsummöglichkeiten in beiden Ländern erweitert. Beide Volkswirtschaften gewinnen durch diese Art der Internationalisierung der Produktion. So lautet die neue inländische Einkommensrestriktion $p \cdot c + p/k \cdot c^* = wL$

Der Produktpreis für ausländische Varianten beträgt nun $p/k < p^*$. Die Budgetgerade (vgl. Abb.: II.2) dreht sich um den Punkt Z nach rechts aussen; die Konsummöglichkeiten werden erweitert, die Volkswirtschaft gewinnt aus der Auslandsproduktion der Unternehmen.

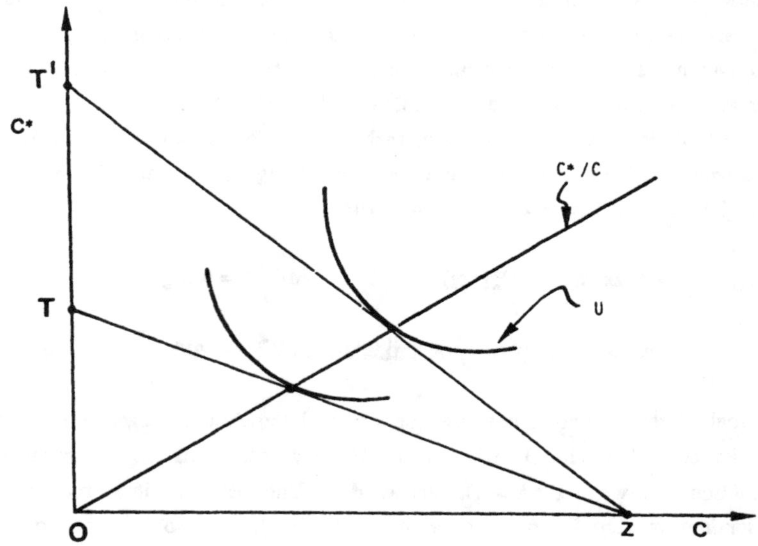

Abb.: II.2 Handelsgewinne durch die Internationalisierung der Produktion

Zusammenfassung. Die Internationalisierung der Produktion, als Alternative zum Export, lässt sich heute in fast allen entwickelten Volkswirtschaften und in vielen Branchen feststellen. Es gibt aber einige wichtige Schwerpunkte bei der Internationalisierung: Branchen mit hoher Forschungsintensität zeigen eine starke Tendenz zur Internationalisierung der Produktion, im Vergleich zu weniger forschungsintensiven Wirtschaftszweigen (vgl. DONGES/SCHMIDT et al. [1988], S. 20-24). In dem vorangegangenen Erklärungsansatz wurde dieser Aspekt durch die Existenz unternehmensspezifischer Fixkosten erklärt. Die regionale Diversifikation lässt sich mit der Existenz von Fixkosten begründen. Die fixen Kosten für Forschungs- und Entwicklungsaufwendungen lassen sich dadurch reduzieren, dass die Produktion durch die Gründung von Zweigniederlassungen ausgedehnt wird und somit Skalenerträge realisiert werden können. Bei dieser Form der Internationalisierung helfen zunehmend die modernen Informations- und Kommunikationstechniken. Sie erleichtern die Koordination der internen internationalen Leistungserstellung und Leistungsverwertung.

II.1.2 Vertikale Integration. In der vertikalen Hierarchie der Produktionsvorgänge innerhalb einer Multinationalen Unternehmung können die verschiedenen Produktionsstufen auf unterschiedliche Betriebe in den verschiedensten Ländern verteilt sein. So sind beispielsweise Betriebe zur Rohstoffgewinnung in den Ländern angesiedelt, die über diese Rohstoffe reichlich verfügen. Die Weiterverarbeitung findet dann in anderen, meist hochentwickelten Industrieländern statt. So ist die Erdölindustrie dadurch gekennzeichnet, dass die Erdölgewinnung upstream erfolgt; die Weiterverarbeitung, die sogenannte downstream Produktion findet in den Industrieländern statt. In der Regel gilt, dass die Weiterverarbeitung (die zumeist in den Industrieländern stattfindet) mit einer höheren Wertschöpfung (*"value-added"*) verbunden ist. Dies ist auch der Grund für die recht bedeutsamen strukturellen Änderungen in diesen Wirtschaftsbereichen. Die rohstoffproduzierenden Länder versuchen nämlich, die weiterverarbeitenden Produktionsstufen an ihre up-stream Produktion zu binden.[6]

Im folgenden geben wir einen kurzen Hinweis auf einen Bestimmungsgrund der vertikalen Integration Multinationaler Unternehmen. Das Modell von KRUGMAN [1983] ist so einfach wie möglich gehalten, damit explizite Lösungen möglich sind. Wir betrachten eine Branche X, die ein Endprodukt in der Menge x herstellt. Zur Produktion des Fertigprodukts sind Zwischenprodukte notwendig; die Zwischenprodukte werden von verschiedenen Zulieferbetrieben, die auf verschiedene Regionen der Weltwirtschaft verteilt sind, bereitgestellt. Die Endproduktion erfolgt in einem Land, von nur einer Unternehmung, der Multinationalen Unternehmung.

[6] Vgl. Siebert [1985],[1989].

Die Kosten der Zulieferer sind durch folgende Funktionen gegeben

$$c_j = c_j(y_j) \qquad j = 1, 2, \ldots, n \qquad \ldots (6)$$

mit $c_j'(\cdot) > 0$, $c_j''(\cdot) > 0$. Die Kostenfunktion der Multinationalen Unternehmung für die Herstellung des Endprodukts x lautet

$$C(x) = \alpha + \beta \cdot x \qquad \ldots (7)$$

mit

$$x = \sum_{j=1}^{n} y_j \quad .$$

Um das Problem der vertikalen Integration angmessen erörtern zu können, treffen wir folgende Annahmen. Einige der n Zulieferbetriebe der Primärpoduktionsstufe sind im Ausland angesiedelt. Von den n Unternehmen besitzt bzw. kontrolliert die Multinationale Unternehmung (1,..,m) selbst. Andererseits benötigt die Multinationale Unternehmung Zwischenprodukte auch der übrigen, noch selbständigen Unternehmen. Die Produkte der wirtschaftlich und rechtlich selbständigen Anbieter lassen sich zu einem Marktpreis $p_I = S(y_I)$ auf dem Markt realisieren.

Das Ziel der Multinationalen Unternehmung ist die Maximierung des Gewinns. Die Instrumentvariablen sind die Einsatzmengen $[y_1, \ldots, y_m \, ; \, y_I]$. Das Endprodukt wird gemäss der Nachfragefunktion $p_F = D(x)$ vom Markt abgenommen, so dass sich für die Gewinnfunktion der Multinationalen Unternehmung folgender Ausdruck ergibt[7]

$$\max \pi = p_F x - (\alpha + \beta \cdot x) - \left[\sum_j^m c_j(y_j) + p_I \cdot y_I \right] \qquad \ldots (8)$$

unter der Nebenbedingung

$$x = y_I + \sum_j^m y_j \quad . \qquad \ldots (8.1)$$

Aus der Maximierung der Zielfunktion der Multinationalen Unternehmung (unter Einhaltung der technologischen Restriktion), ergeben sich folgende notwendigen Bedingungen für ein Gewinnmaximum

---

[7]Die beiden verwendeten Indizes "I" und "F" stehen für unabhängigen (Independent) Unternehmen und für das Endprodukt x (Final commodity).

$$p_F + D'(x)x - \beta = c_j'(y_j) \qquad j = 1, 2, \ldots, m \quad , \qquad \ldots (9.1)$$

$$p_F + D'(x)x - \beta = p_I + S'(y_I)\cdot y_I \quad . \qquad \ldots (9.2)$$

Die Bedingungen (9.1)-(9.2) lassen sich wie folgt interpretieren. Auf der linken Seite von (9.1) und (9.2) steht der (Netto-)Grenzerlös für das Endprodukt x. Auf der rechten Seite von (9.1), die für alle von der Multinationalen Unternehmung kontrollierten Unternehmen gültig ist, stehen die Grenzkosten der Herstellung. In (9.2) findet man die Grenzausgaben für die Zwischenprodukte, die von den unabhängigen Lieferanten stammen. Die Grenzausgaben bzw. die Grenzkosten für Produkte von Unternehmen, die ausserhalb der wirtschaftlichen Kontrolle der Multinationalen Unternehmung stehen, sind dabei höher als der Marktpreis p_I. Diese positive Differenz zwischen den Grenzkosten und dem Marktpreis ist ein möglicher Bestimmungsgrund für eine vertikale Integration. Durch eine vertikale Integration wird diese Differenz von beiden Seiten ausgeschöpft; die Multinationale Unternehmung und die Zulieferer stellen sich in diesem Falle besser.

Die Marginalbedingungen für ein Gewinnmaximum werden in Abb.: II.3 verdeutlicht. Die fallende Funktion 'Nettogrenzerlös', die Grenzkostenkurve $c'(y_j)$, die Angebotsfunktion $p_I = S(y_I)$ und die Grenzausgabenkurve $(p_I + S'(y_I)\cdot y_I)$ sind in der Abbildung dargestellt.

Vor der vertikalen Integration wird in Punkt E_0 produziert. Um die Menge x_0 herstellen zu können, wird die Menge $0x_1$ von den eigenen Betrieben und die Menge x_0x_1 von den unabhängigen Zulieferen nachgefragt. Die Grenzausgaben, die Grenzkosten haben einen Wert von MC^1 und entsprechen in E_0 gerade dem Wert der Nettogrenzerlöse.

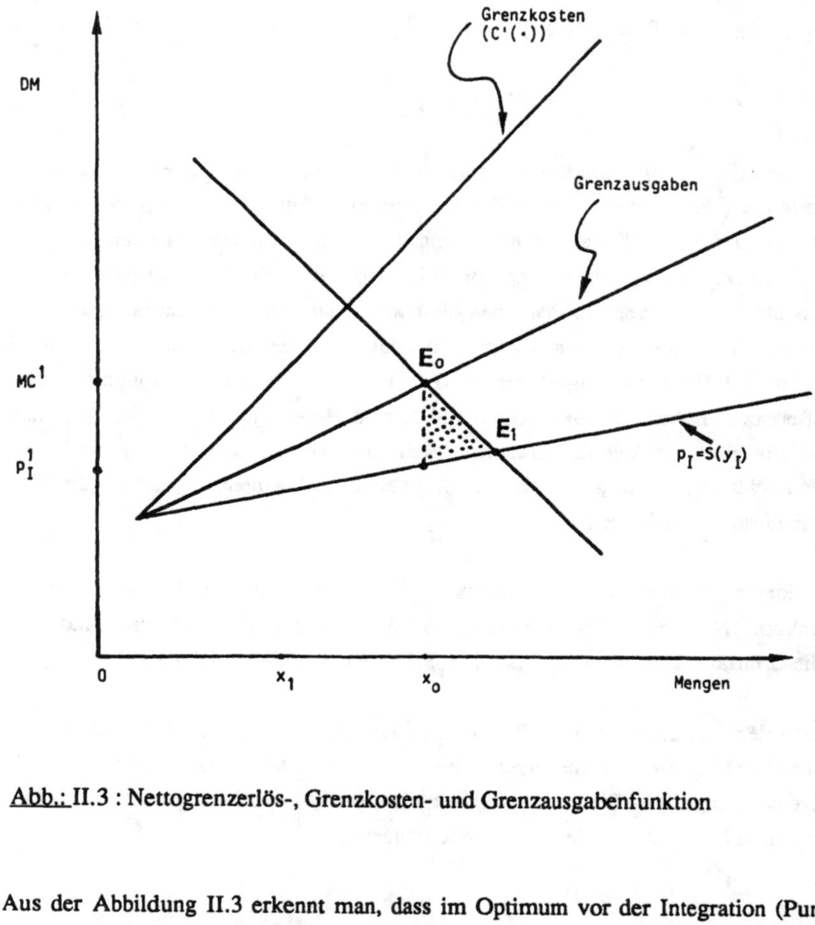

Abb.: II.3 : Nettogrenzerlös-, Grenzkosten- und Grenzausgabenfunktion

Aus der Abbildung II.3 erkennt man, dass im Optimum vor der Integration (Punkt E_0), die Grenzausgaben für die Produkte der unabhängigen Zulieferer den Marktpreis p_I^0 übersteigen.

Die monopsonistische Multinationale Unternehmung setzt einen Preis p_I^0 der dazu führt, dass zuwenig von den Zwischenprodukten angeboten wird. Integriert die Multinationale Unternehmung die bislang unabhängigen Unternehmen, so wird die Produktion der Zwischenprodukte und des Endprodukts ausgedehnt, bis der Gleichgewichtspunkt E_1 erreicht ist.

Die vertikale Integration kommt zustande, da der Wert einer einzelnen Unternehmung j=m+1,..,n für die Multinationale Unternehmung grösser ist als für den unabhängigen Eigentümer. In der Abb.: II.4 sind der Marktpreis, die Grenzkosten des unabhängigen Eigentümers und der (Netto-) Grenzerlös der Multinationalen Unternehmung eingezeichnet. Der unabhängige Eigentümer produziert im Punkt P_0 ; durch Integration mit dem Monopsonisten wird der Output erhöht, bis (Netto-)Grenzerlös den Grenzkosten entspricht (P_1). Die schraffierte Fläche gibt den Vorteil für beide aus der Integration an.

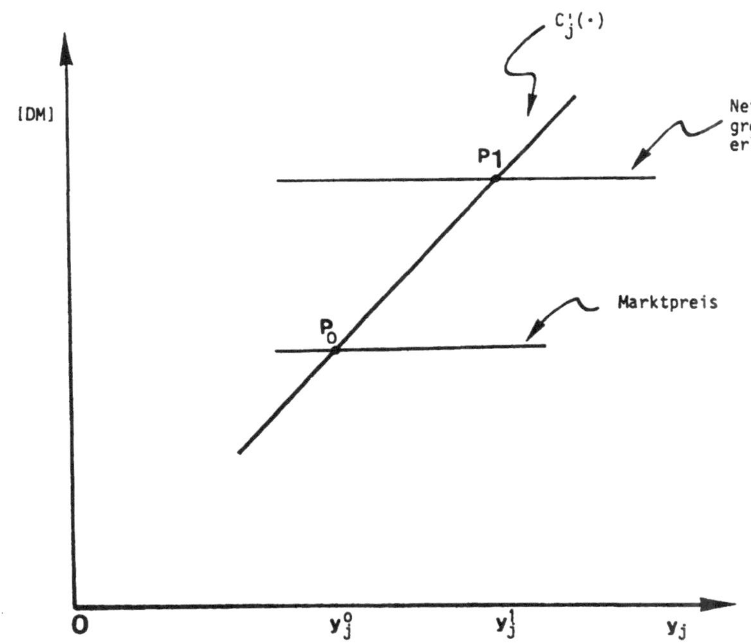

Abb.: II.4: Einzelwirtschaftliche Vorteile der (vertikalen) Integration

Durch eine vertikale Integration kommt es zu einer Mengenexpansion in den exportierten (Zwischen-)Produkten. Der neue gleichgewichtige Produktionspunkt befindet sich in Abb.: II.4 in Punkt E_1 . Im neuen, vertikal integrierten Marktgleichgewicht gilt, Nettogrenzerlös gleich Preis der Zwischenprodukte.

II.2 Export oder Direktinvestition ?

Die Internationalisierung der Produktion, vermittelt durch vorausgegangene Direktinvestitionen, lässt sich in vielen Branchen und in fast allen Industrieländern beobachten. Um das Entscheidungsproblem einer international tätigen Unternehmung 'Export oder Direktinvestition?' deutlich herausarbeiten zu können, wird im folgenden ein relativ einfacher Ansatz des Unternehmensverhaltens diskutiert (der Ansatz folgt SMITH [1987]). Ziel der Analyse ist es, aufzuzeigen, unter welchen Bedingungen eine Multinationale Unternehmung direkt im Ausland investiert oder Exporte einer Auslandsproduktion vorzieht. Im weiterem interessiert der Zusammenhang zwischen Entscheidungsverhalten der Multinationalen Unternehmung und Handelshemmnissen (in Form von Zöllen, die das Gastgeberland auf Importe erheben kann).

a) Das Unternehmensmodell.

Damit eine Unternehmung ein marktfähiges Produkt anbieten kann, muss sie unternehmensspezifische Fixkosten in Höhe von $F > 0$ entrichten. Neben diesen unternehmensspezifischen Investitionen hat die Unternehmung pro Betriebseinheit Fixkosten in Höhe von G zu tätigen. Will eine inländische Unternehmung ihre Produktion auch im Ausland aufnehmen, so muss sie Investitionen in Höhe von G im Ausland vornehmen (Kosten der Direktinvestition). Existiert die Unternehmung bereits im Inland, so fallen die Kosten F nicht mehr an (sunk costs). Die betrachteten Unternehmen haben konstante Grenzkosten in Höhe von c. Exportiert eine Unternehmung , so muss sie zusätzliche Kosten in Höhe von t und τ, Transportkosten und Zölle, entrichten. Für eine inländische Unternehmung, die vor dem Entscheidungsproblem steht, ob sie direkt investiert oder den Auslandsmarkt durch Exporte beliefert, sind die Kostengrössen G bzw. t und τ von Bedeutung. Für eine Unternehmung im Ausland, die vor dem Entscheidungsproblem steht, ob sie in den Markt eintreten soll oder nicht, sind die Kostengrössen G und F relevant.

Wir betrachten einen Gütermarkt im Ausland. Dieser Markt sei beschrieben durch eine strikt konkave Erlösfunktion $p(X)\cdot X$ (mit X der Gütermenge auf diesem Markt). Auf diesem ausländischen Markt agieren möglicherweise zwei Unternehmen oder nur eine Unternehmung (nämlich die inländische Multinationale Unternehmung). Die inländische Unternehmung, die Multinationale Unternehmung, muss sich entscheiden, ob sie auf den ausländischen Markt eintritt, wenn ja, ob sie exportiert oder im Ausland direkt investiert um vor Ort zu produzieren. Die Erlös- und Kostensituation sei derart, dass die Multinationale Unternehmung in den Markt eintritt, unabhängig davon, wie sich die Konkurrenzunternehmung entscheidet.

Die ausländische Unternehmung steht vor der Wahl, ob sie in den Markt eintreten soll oder nicht. Tritt sie in den Markt ein, so hat sie unternehmensspezifische Fixkosten in Höhe von F und betriebsstättenspezifische Fixkosten in Höhe von G zu entrichten. In- und ausländische Unternehmen sind in den Technologien identisch. Die Multinationale Unternehmung besitzt aber den Kostenvorteil, dass sie die Fixkosten F bereits in der Vergangenheit entrichtet hat. Das Ziel der beiden Unternehmen ist die Maximierung der Gewinne. Die möglichen Marktergebnisse, für alternative Marktzutrittskonstellationen sind in der Tabelle II.4 zusammengefasst.

Tabelle II.4:
Exporte oder Direktinvestitionen

		Ausländische Unternehmung:
	kein Markteintritt	Markteintritt
Export	$[\pi_E; 0]$	$[\pi_e; \pi_e^* - F - G]$
Multinationale Unternehmung: Direktinvestition	$[\pi_M - G; 0]$	$[\pi_0 - G; \pi_0^* - F - G]$

Die Tabelle II.4 enthält die maximal möglichen Gewinne oder Auszahlungen ('pay-offs') der beiden Unternehmen für alternative Markteintrittssituationen bzw. Internationalisierungsstrategien der inländischen Unternehmung (abgekürzt geschrieben als Multinationale Unternehmung). So sind beispielsweise in der ersten Spalte der Tabelle II.4 die maximal möglichen Gewinne der Multinationalen Unternehmung (π_E;π_M) dargestellt, vorausgesetzt, die ausländische Unternehmung bleibt dem Markt fern (kein Markteintritt, d.h. die Multinationale Unternehmung agiert als Monopolist im Ausland). In der zweiten Spalte sind die Gewinne dargestellt, die möglich sind, wenn die Multinationale Unternehmung als Oligopolist auf dem Markt (entsprechend der COURNOT-Konjektur) agiert; d.h. die ausländische Unternehmung tritt in den Markt ein.

Die Tabelle II.4 enthält die folgenden Abkürzungen für die bereits optimierten Gewinne vor den Fixkosten (die konstanten Grenzkosten sind c, t die Transportkosten und τ die Zölle pro Outputeinheit x):

$$\left.\begin{array}{l}\pi_E(\tau) = [p - c]x_E - (t + \tau)x_E \\ \\ \pi_M(\cdot) = [p - c]x_M\end{array}\right\}$$ Multinationale Unternehmung als **Monopolist**

$$\left.\begin{array}{l}\pi_e(\tau) = [p - c]x_e - (t + \tau)x_e \\ \\ \pi_0(\cdot) = [p - c]x_0\end{array}\right\}$$ Multinationale Unternehmung als **Oligopolist**

$$\left.\begin{array}{l}\pi_e^*(\tau) = [p - c]y_e \\ \\ \pi_0^*(\cdot) = [p - c]y_0 \quad ,\end{array}\right\}$$ Ausländische Unternehmung als **Oligopolist**

wobei gilt: $\pi_0 = \pi_0^*$. Die (inverse) Nachfragefunktion ist durch p(X) gegeben, mit $X = x + y$; x bezeichnet das Angebot der Multinationale Unternehmung und y das Güterangebot der ausländischen Unternehmung.

Da die Erlösfunktion strikt konkav verläuft lässt sich eine Rangordnung über die Gewinne angeben. Die Grenzkosten des Exports $(c + t + \tau)$ sind grösser als die Grenzkosten der Auslandsproduktion (c); im Optimum muss gelten, Grenzerlös gleich Grenzkosten; daraus folgt, dass die Exportmenge x_e kleiner ist als die Menge x_0, die im Ausland direkt hergestellt wird. Es gilt $\pi_M > \pi_E > \pi_e > 0$; darüberhinaus $\pi_M > \pi_e^* > \pi_0^* = \pi_0 > \pi_e$.

b) Die Internationalisierung: Export oder Direktinvestitionen.

Die unterschiedlichen Konstellationen von Gewinn-und (fixen) Kostensituationen führen zu unterschiedlichen Marktergebnissen und zu alternativen Formen der Internationalisierung der inländischen Unternehmung. Wir behandeln einige ausgewählte Fälle.

(1) Die Multinationale Unternehmung als Monopolist. Angenommen, die Fixkosten F und G sind relativ hoch im Vergleich zum variablen Gewinn der ausländischen Unternehmung, so dass der ausländische Anbieter dem Markt fernbleibt. In der Schreibweise des Modells heisst das, für

die Konstellation F + G > π_e^* > π_0^*, erfolgt kein Marktzutritt, unabhängig davon, welche Strategie die Multinationale Unternehmung verfolgt.

Welche Entscheidung trifft nun der Angebotsmonopolist, d.h. die Multinationale Unternehmung? Die Multinationale Unternehmung investiert im Ausland, wenn die Gewinne durch Auslandsproduktion grösser sind als aus dem Exportgeschäft, d.h. wenn π_M - G > π_E (τ). Ist hingegen der Gewinn aus dem Exportgeschäft relativ gross, (da die Kosten des Exports im Vergleich zu den Kosten der Direktinvestition gering sind), so wird exportiert. Die Exportstrategie dominiert Direktinvestitionen wenn gilt π_E (τ) > π_M - G. Dies ist der klassische Fall einer Multinationalen Unternehmung, die als Monopolist auf dem ausländischen Markt agiert. Ob sie exportiert oder im Ausland direkt investiert, ist allein von der Gewinnsituation bestimmt.

Wie reagieren Multis auf Handelsbarrieren, beispielsweise in Form einer Zollpolitik? Wir gehen zunächst von einer Situation des Freihandels aus (τ = 0). Es sei π_E > π_M - G, d.h. das inländische Unternehmen exportiert ihre Produkte ins Ausland. Eine Zollsatzerhebung bzw. ein Anstieg des Zollsatzes τ (Δτ > 0) verringert den Gewinn aus Exporten. Der Zollsatz kann nun den Exporterlös derart schmälern, dass der Gewinn aus Direktinvestitionen den Exporterlös übertrifft, π_E (τ) < π_M - G, mit τ > $\tilde{\tau}$ (vgl. Abb.: II.5. Übersteigt der Zollsatz eine bestimmte kritische Grenze (in der Abb.: II.5. $\tilde{\tau}$), so lohnt die Handelsbarrieren durch Direktinvestitionen zu umgehen. Dies ist der klassiche Fall, in dem Direktinvestitionen getätigt werden, um Zollmauern zu überwinden ('tariff jumping').

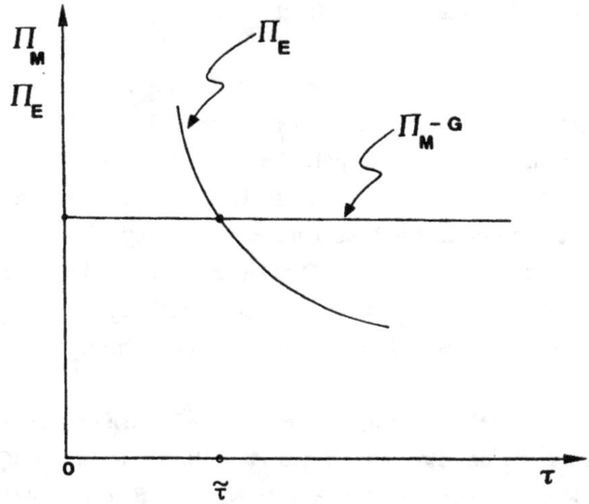

Abb. II.5: Überwindung von Zollbarrieren durch Direktinvestitionen

(2) Die Multinationale Unternehmung als Oligopolist. Die Kostensituation sei für die ausländische Unternehmung günstig, d.h. es sei $\pi_e^* > \pi_0^* > F + G$. Unter diesen Bedingungen wird der ausländische Anbieter in jedem Fall in den Markt eintreten, unabhängig davon ob die Multinationale Unternehmung nun exportiert oder direkt investiert. Die Marktform entspricht dem Konzept des Oligopols (oder genauer, da sich nur zwei Unternehmen gegenüberstehen, des Dyopols).

Angenommen es herrsche Freihandel (mit $\tau = 0$) und es sei $\pi_e > \pi_0 - G$. Die Exportstrategie dominiert die Investitionsstrategie. Das Ausland gehe nun dazu über, eine Zollschranke ($\tau > 0$) zu errichtenn; dabei bleibt der Zollsatz aber unter einem kritischen Niveau, so dass Exporte immer noch profitabler sind als Direktinvestitionen im Ausland. Unter diesen Bedingungen wird die inländische Unternehmung ihre Produkte weiterhin exportieren. Allerdings wird der Gewinn aus den Exporten beträchtlich geschmälert; der Gewinn der ausländischen Unternehmung wird sich dementsprechend erhöhen. Durch eine Zollpolitik gelingt es der Regierung, dass der Marktanteil der Multinationalen Unternehmung zurückgeht.

Gilt hingegen $\pi_0 - G > \pi_e(\tau)$, so kann eine Zollschranke die Gewinnsituation der Multinationalen Unternehmung nicht beeinflussen. Durch Direktinvestitionen können handelspolitische Massnahmen umgangen werden.

(3) Die Multinationale Unternehmung als strategischer Investor. Im Oligopolfall bestehen strategische Beziehungen zwischen den Marktteilnehmern. Es lässt sich zeigen, dass die Direktinvestition selbst als strategische Variable einsetzbar ist. Direktinvestitionen können die ausländische Konkurrenzunternehmen von einem Marktzutritt fernhalten. Diese strategische Grösse von Direktinvestitionen soll kurz erörtert werden.

Die Entscheidungen der Unternehmen darüber, direkt im Ausland zu investieren oder zu exportieren (Multinationale Unternehmung) oder in den Markt einzutreten oder ihm fernzubleiben (die ausländische Unternehmung) sind diskrete Entscheidungen und soll im weiteren nicht simultan gefällt werden. Die Entscheidungen lassen sich beispielsweise als ein Sequenz auffassen, wie dies in der Abb.:II.6 zum Ausdruck kommt.

Die Struktur des Entscheidungsprozesses ist derart, dass die Multinationale Unternehmung zuerst ihre Entscheidung über Direktinvestitionen oder über Exporte trifft. Auf diese Entscheidung reagiert die ausländische Unternehmung mit dem Markteintritt oder mit dem Fernbleiben vom Markt. Man erkennt aus der Struktur des Prozesses, dass eine Entscheidung zugunsten von Direktinvestitionen nicht mehr revidiert werden kann, wohingegen die Entscheidung für Exporte revidierbar ist (vorausgesetzt, dass sich die ausländische Unternehmung durch einen Markteintritt "selbst bindet"). Man spricht von "Selbstbindung" (commitment) wenn die Akteure Entscheidungen treffen, die ihm Rahmen des Entscheidungsvorganges nicht mehr revidiert werden können. Direktinvestitionen und Markteintritte sind derartige Selbstbindungen.

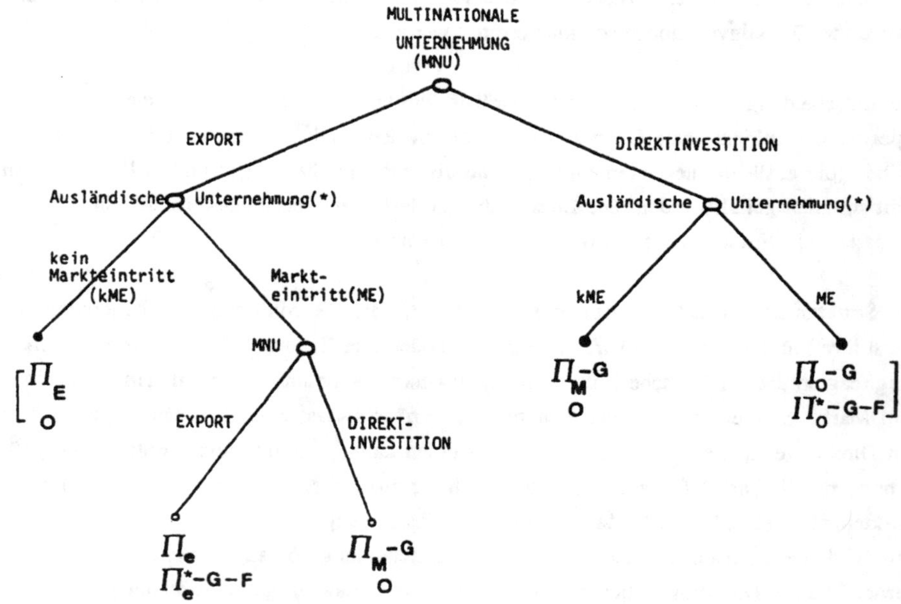

Abb.: II.6: Export oder Direktinvestition?

Es sei $\pi_e^* > F + G > \pi_0^*$. Das bedeutet für die ausländische Unternehmung, dass sie nur Gewinne realisieren kann, wenn die Multinationale Unternehmung nicht direkt investiert. Angenommen, die Multinationale Unternehmung verfolgt die Exportstrategie, so stellt sich als Marktlösung das Ergebnis $[\pi_e; \pi_e^* - F - G]$ (vgl. Abb.: II.6). Ist es für die Multinationale Unternehmung möglich, durch den Einsatz der strategischen Variablen 'Direktinvestitionen' die Konkurrenz vom Markt zu verdrängen ?

Bei Direktinvestition gilt π_M -G; aus der Analyse ist bekannt, dass $\pi_M > \pi_e + \pi_e^*$. Subtrahieren wir von dieser Beziehung die Fixkosten G: $\pi_M - G > \pi_e + (\pi_e^* - G) > \pi_e$ (da ja $\pi_e^* - G > F$ gilt). Der Gewinn aus der 'strategischen' Direktinvestition ist also grösser als der Gewinn bei einer Exportstrategie. Direktinvestitionen können den Markteintritt von Konkurrenzunternehmen verhindern; in diesem Sinne haben Direktinvestitionen selbst strategischen Charakter.

(c) Fazit

Die Fälle (1)-(3) dienten zur Verdeutlichung der Problemstellung von Auslandsinvestitionen durch Multinationale Unternehmen bei unvollkommenen Märkten. Die Internalisierungsstrategien Export vs. Direktinvestition, der Markteintritt oder kein Markteintritt können ein breites Spektrum an Marktergebnissen generieren.

Es wurde gezeigt, dass die Unternehmensentscheidungen sehr sensitiv auf handelspolitische Eingriffe reagieren. Die betroffenen Unternehmen passen sich den veränderten Markt- und Politikgegebenheiten entsprechend ihren Möglichkeiten an. Andererseits erhält die Handelspolitik eines Landes in einem nicht vollkommen kompetitiven Marktsystem eine neue Dimension. Die Handelspolitik kann als eine strategische Grösse eingesetzt werden, um nationale Interessen durchzusetzen. So lassen sich beispielsweise potentielle Gewinne ausländischer Anbieter durch geeignete handelspolitische Massnahmen zugunsten inländischer Unternehmen umlenken (vgl. TEIL III). Im übrigen sind Direktinvestitionen Multinationaler Unternehmen selbst als strate-
gische Grössen einsetzbar, um etwa den Markteintritt potentieller Konkurrenten zu verhindern.

II.3 : Lizenzvertrag oder Direktinvestition?

Komplementär bzw. substitutiv zu Direktinvestitionen Multinationaler Unternehmen sind die sogenannten *Neuen Formen der Internationalisierung* der Produktion, die auf kontraktorientierte Kooperationsformen beruhen (vgl. auch WEIHERMÜLLER [1982], TULDER/JUNNE [1988]). Aus der Perspektive eines Unternehmens bieten sich somit drei Möglichkeiten an, unternehmensspezifische Wettbewerbsvorteile international zu verwerten: (i) Exporte; (ii) Direktinvestitionen und (iii) vertragliche Kooperationsformen. Die Neuen Formen der Internationalisierung (die kontraktorientierte internationale Leistungsverwertung) lassen sich, unter Einschluss neuer Formen der Exportfinanzierung[8] wie folgt tabellarisch darstellen. (vgl. Tabelle II.5).

Tabelle II.5:
Neue Formen der Internationalisierung

Neue Formen der vertraglichen Kooperationen	**Neue Formen der Exportfinanzierung**
Lizenzvertrag	Klassischer und
Sub-Contracting	paralleler Barter
Beratungsverträge (consulting)	Rahmenabkommen
Joint Ventures	Gegengeschäfte
Joint Ventures auf Drittmärkte	Turnkey
	Buy-Back (Rückkaufgeschäfte)

Quelle: BORNER [1986], S.39; [1987], S. 17.

[8]Zur Projektfinanzierung im Exportgeschäft vgl. EBENROTH [1983].

Vertragliche Kooperationsformen, Güterexporte und die klassichen Auslandsinvestitionen verleihen den international tätigen Unternehmen einen *hohen Grad an Flexibilität* auf internationalen Beschaffungs- und Absatzmärkten. Aus der Kombination von anlageorientierter (Direktinvestitionen) und kontraktorientierter Leistungserstellung und Leistungsverwertung auf internationalen Märkten, lassen sich praktisch alle relevanten Funktionsbereiche der Multinationalen Unternehmen internationalisieren. Multinationale Unternehmen sind somit in der Lage, ihre Entscheidungen im Quervergleich der internationalen Standortbedingungen zu treffen. Aus der Kombination von anlage- und kontraktorientierten Internationalisierungsstrategien lassen sich ökonomisch-juristische und politische Risiken in Forschung, Entwicklung, Produktion und Vertrieb geographisch diversifizieren (vgl. RUGMAN [1986]; CASSON [1979], [1982],[1987]; EBENROTH [1987a,b]).

Empirisch bedeutsam ist im Zusammenhang mit der vertraglichen Kooperationen die internationale Verwertung von Patenten und Lizenzen. Einen guten Überblick über die Direktinvestitionen und Zahlungen im Patent- und Lizenzverkehr gibt die Tabelle II.6 für die deutsche Wirtschaft.

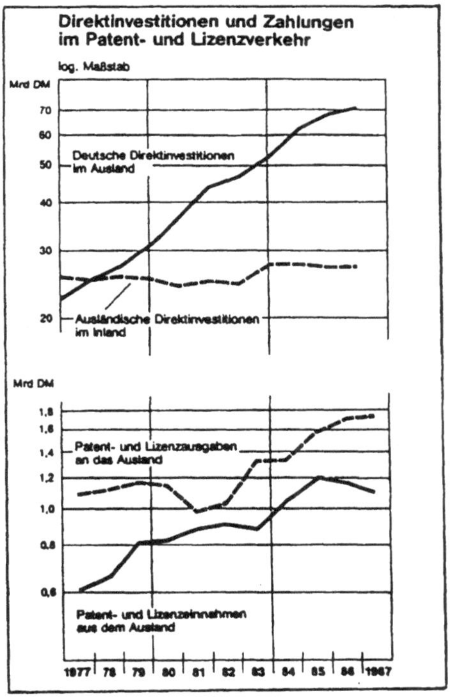

Tabelle II.6: Direktinvestitionen und Zahlungen im Patent- und Lizenzverkehr der Bundesrepublik Deutschland.*Quelle*: Deutsche Bundesbank [1988]; Monatsbericht Mai 1988, S.43

Die Entwicklung der in der Zahlungsbilanz erfassten Einnahmen und Ausgaben im Lizenz- und Patentverkehr war in den letzten Jahren durch eine Zunahme der (zur Regel gewordenen) Ausgabenüberschüsse gekennzeichnet. Durchschnittlich standen in den Jahren 1986-1987 Ausgaben von ca. 4,3 Mrd. DM Einnahmen in Höhe von ca. 2 Mrd. DM gegenüber.

Nach einer Analyse der Deutschen Bundesbank (vgl. MONATSBERICHT, Mai [1988]) wird der Austausch von Lizenzen und Patenten im internationalen Zusammenhang vorwiegend zwischen den Industrieländern abgewickelt. So sind 85 v.H. des Weltumsatzes im Patent- und Lizenzverkehr auf nur 10 Volkswirtschaften konzentriert. Damit ist auch die Vermutung naheliegend, dass die Entwicklung der Zahlungen im Lizenz- und Patentverkehr der Industrieländer in etwa dem Muster der internationalen Handels- und Investitionsverflechtungen folgt.

Im weiteren lässt sich feststellen: anders als andere Volkswirtschaften, bei denen Lizenzen seit jeher eine wichtige Rolle spielen (wie in den USA und in Grossbritannien), hat die Bundesrepublik Deutschland die von ihr entwickelten Patente und Lizenzen bisher mehr im Inland verwertet und technologisches Know-how primär in der Form von Gütern exportiert.

Im Mittelpunkt der folgenden Analyse (in den Kapitel II.3.1 und II.3.2) steht die entscheidungstheoretische Fundierung des Auswahlproblems Lizenzproduktion vs. Direktinvestition. Wir verwenden dazu ein einfaches Modell, das von HORSTMANN/MARKUSEN [1987b] entwickelt wurde.

II.3.1 Lizenzproduktion oder Direktinvestitionen bei asymmetrischer Information

Im folgenden werden die Alternativen einer unternehmensinternen und einer unternehmensexternen internationalen Leistungserstellung bzw. Leistungsverwertung am Beispiel von Direktinvestitionen oder einem internationalen Lizenzvertrag erörtert.

Der internationale Lizenzvertrag ist unter anderem dadurch gekennzeichnet, dass Lizenzgeber und Lizenznehmer in verschiedenen Ländern ansässig sind und dass eine Kompensation (Lizenzgebühr) für den zur Verfügung gestellten unternehmenseigenen Wettbewerbsvorteil erfolgt (vgl. auch WEIHERMÜLLER [1982]). Stellt man bei der Abgrenzung einer internationalen Lizenzerteilung auf die Lizenzgebühr ab, so zählen zu den internationalen Lizenzverträgen auch solche Lizenzen, die an ausländische Tochtergesellschaften vergeben werden[9] , als auch solche, die an nicht-kontrollierte Unternehmen im Ausland erteilt werden. Wird hingegen die Eigentumsstruktur bzw. das Kontrollrecht in den Mittelpunkt der Analyse gestellt, so liegt ein Lizenzvertrag nur dann vor, wenn sie einer nicht-kontrollierten Gesellschaft bzw. Unternehmung im Ausland erteilt wird. In diesem zuletzt genannten Sinne werden wir im folgenden Abschnitt eine theoretische Analyse zur Lizenzproduktion vs. Direktinvestition erörtern.

Bei einer Produktion in Lizenz liegt keine Kapitalbeteiligung vor. Für eine Lizenzproduktion ist somit wesentlich, dass die Übertragung von Nutzungsrechten durch eine vertragliche Vereinbarung zwischen Lizenznehmer und -geber erfolgt. Was in diesem Zusammenhang unmittelbar deutlich wird, ist, dass unternehmensspezifische Wettbewerbsvorteile ('firm specific advantage') übertragen werden. Will die Unternehmung die Kontrolle über diesen unternehmensspezifischen Wettbewerbsvorteile nicht verlieren, so muss sie sich für einen anreizkompatiblen Vertrag entscheiden, so dass durch die vertraglich begründete Übergabe der Nutzungsrechte kein Verlust entsteht. Ist der Lizenzvertrag im internationalen Zusammenhang nicht anreizkompatibel gestaltbar oder sind die Anreize ('incentives') mit zu hohen Kosten verbunden, so wird der Lizenzgeber eine Auslandsproduktion bzw. die Exportstrategie vorziehen.

Ein **Beispiel** (das später analytisch behandelt werden soll): Angenommen, eine inländische Unternehmung besitze ein Patent bzw. ein Verfügungsrecht über den Einsatz einer Ressource die die Produktion eines bestimmten Produktes ermöglicht. Die inländische Unternehmung sei dadurch in einer Monopolsituation. Die Unternehmen im Ausland haben keinen Zugang zur Produktion dieses Gutes, es sei denn über einen Lizenzvertrag. Die inländische Unternehmung kann Monopolgewinne im Ausland erwirtschaften, in dem sie dort direkt investiert (Exporte seien aus bestimmten Gründen im Augenblick ausgeschlossen) oder eine Lizenz an einen ausländischen Produzenten weitergibt, nachdem ein Lizenzvertrag über die Übertragung der Handlungsrechte und über die Kompensationszahlung abgeschlossen wurde. Wie wird sich die inländische Unternehmung entscheiden? Dieses so skizzierte Problem lässt sich sehr anschaulich mit der sogenannten *Internalisierungshypothese* für Multinationale Unternehmen verbinden.

[9]Lizenzverträge zwischen einer im Inland ansässigen Muttergesellschaft und einem ausländischen Tochterunternehmen sind aufgrund der Besitz- und Kontrollverhältnisse nicht erforderlich, um den unternehmensspezifischen Wettbewerbsvorteil ins Ausland zu transferien. Sie werden aber in Praxis vorgenommen; sie haben eine Ordnungs- und Abrechnungsfunktion im Unternehmensverbund (vgl. auch EHRENFELD [1985]).

Angenommen, das inländische Unternehmung verfüge über ein unternehmensspezifisches Verfahren, eine relativ hohe Produktqualität herzustellen. Die Konsumenten im Ausland sind über diese Produktqualität nur unvollständig informiert. Durch **Reputation** werden die Probleme, die aus der Unvollständigkeit der Information auf Seiten der Nachfrager entstehen können, behoben. Wird die sogenannte Qualitätsprämie vom Markt vergütet, so bietet die Unternehmung stets die wahre Produktqualität an; das Informationsdefizit spielt keine Rolle mehr. Das Ziel der inländischen Unternehmung sei es nun, diese Reputation auf dem Auslandsmarkt zu erhalten, unabhängig davon, ob sie vor Ort produziert oder in Lizenz. Diese Reputation ist ein unternehmensspezifisches Vermögen (firm specific asset), das extern über den Lizenzvertrag oder intern über die Eigenerstellung vor Ort, im Ausland verwertbar ist (*Internalisierungsstrategie*). Die Auslandsproduktion garantiert mit Sicherheit die Aufrechterhaltung der Reputation. Der Lizenzvertrag kann andererseits dazu führen, dass sich der Lizenznehmer opportunistisch verhält und damit die Reputation der inländischen Unternehmung aufs Spiel setzt. Es handelt sich letztlich um ein **Informationsproblem**, das durch einen anreizkompatiblen Vertrag gelöst werden kann. Der Lizenznehmer kann sich, aufgrund der unvollständigen Information von Seiten des Lizenzgebers, opportunistisch verhalten. Der anreizkompatible Lizenzvertrag versucht, den Lizenznehmer derart am geschäftlichen Erfolg zu beteiligen, damit dieser selbst an der Zielsetzung des Lizenzgebers interessiert ist.

Wir gehen von einer Zwei-Länder-Welt aus. Im In- und Ausland werden (neben anderen Produkten), differenzierte Produktqualitäten angeboten. Im Ausland bieten die Unternehmen die Qualitäten q^l an; im Inland gibt es einen Anbieter, der durch ein Patent oder durch besondere Produktionsrechte in der Lage ist, eine hohe Produktqualität q^h ($> q^l$) zu produzieren. Für diese hohe Produktqualität besteht im Ausland eine kaufkräftige Nachfrage. Der Monopolanbieter für q^h steht nun vor der Wahl in den ausländischen Markt einzutreten, indem er vor Ort produziert oder indem er mit einem ausländischen Unternehmen einen Lizenzvertrag abschliesst und eine jährliche Lizenzgebühr vereinbart, im Austausch für das Recht, die Qualität q^h zu produzieren und den Gewinn auf dem Auslandsmarkt abzuschöpfen.

Für die Qualität q^l sind die Kosten- und Marktbedingungen im Ausland wie folgt gegeben. Die Gesamtkosten bestehen aus fixen Kosten F^l und den variablen Produktionskosten $c^l(x)$. Der Konkurrenzprozess führt zu einem Marktgleichgewicht, das zu der Nullgewinnbedingung $\overline{p}^l = AC^l(x^{min})$ führt (mit $AC(\cdot)$ den minimalen Durchschnittskosten an der Stelle x^{min}). Die ausländischen Konsumenten sind über die heimischen Produktqualitäten vollkommen informiert. Unter diesen Bedingungen ist zunächst einmal gewährleistet, dass es sich für die Multinationale Unternehmung nicht lohnt q^l zu produzieren und zu einem Preis $\overline{p}^l$ zu verkaufen.

Die Produktionskosten für die relativ hohe Produktqualität bestehen analog aus fixen Kosten F^h (> F^l) und variablen Produktionskosten $c^h(y)$ mit der Eigenschaft, dass $c^h(y) > c^l(x)$ und $\partial c^h(\cdot)/\partial y > \partial c^l/\partial x$ für alle y = x ≠ O. Die Nachfragefunktion für die hohe Produktqualität q^h ist durch $y = D(p^h, \bar{p}^l, q^h, q^l)$ gegeben. Die beiden Produkte q^h und q^l stehen dabei in einer substitutiven Beziehung. Die Zielfunktion der inländischen Unternehmung (der Multinationalen Unternehmung) besteht darin, den (über alle Zeitpunkte) abdiskontierten Gewinn π/r zu maximieren. Die Instrumentvariable ist der Produktpreis p^h, somit gilt

$$\frac{\pi^*}{r} = \max_{p^h} \frac{[\, p^h D(p^h, \ldots) - c^h(D(p^h, \ldots)) - F^h \,]}{r} \qquad \ldots .(1)$$

Die ausländischen Konsumenten sind über die Produktqualität q^h <u>asymmetrisch</u> informiert.Es handelt sich bei diesem Gut um ein sogenanntes Erfahrungsgut (expierence good); erst nach dem Gebrauch des Produktes können die Konsumenten die wahre Qualität einschätzen. Aus dieser Informationsasymmetrie kann sich ein diskretionärer Handlungsspielraum des Anbieters ergeben; er kann behaupten, dass die angebotene Qualität q^h sei und erhält den Produktpreis p^h. Informationsasymmetrie kann zu <u>Marktversagen</u> führen, da der Produktpreis p die Allokationsaufgabe nicht mehr erfüllen kann. Dieses Marktversagen lässt sich durch <u>Reputation</u> des Anbieters beheben. Investiert der Unternehmer in die Reputation seines Produkts und erhält er hieraus eine entsprechende Ertrag (die Qualitätsprämie), so gilt, dass der Produktpreis p^h eindeutig die Qualität q^h signalisiert (durch Reputation gilt $p^h \rightarrow q^h$) (vgl. HAUSER [1979], MILDE [1988]).

Reputationsgleichgewicht.

Die Multinationale Unternehmung ist an der Aufrechterhaltung der Reputation interessiert, solange der Gegenwartswert des Gewinns aus der Bereitstellung der hohen Produktqualität q^h grösser ist als der einmalige (Extra-)Gewinn π^a, der durch eine bewusste Täuschung der Konsumenten erzielt werden kann. In der Schreibweise des Modells heisst das, die Multinationale Unternehmung ist an der Aufrechterhaltung der Reputation interessiert, d.h. sie bietet zum Preis p^h die wahre Produktqualität q^h an, wenn gilt

$$\frac{\pi^*}{r} \geq \frac{\pi^a}{(1 + r)} \quad , \qquad \ldots .(2)$$

mit dem maximalen Gewinn π^* aus dem Angebot q^h und π^a, dem Gewinn aus der Abweichung, d.h. der bewussten Ausnutzung der asymmetrisch informierten Konsumenten. Der Extragewinn ist definiert

$$\pi^a = p^h y - c^l(y) - F^l > \pi^* \qquad \ldots.(3)$$

Die Multinationale Unternehmung investiert in die Reputation, in den Goodwill des Produkts, wenn der Ertrag aus dieser Investition gross genug ist. Unter der Investition ist der Verzicht auf den Extragewinn zu verstehen. Der Ertrag aus der Investition, die sogenannte Qualitätsprämie, stellt sich erst über die Zeit ein. Erträge aus der Reputation des Unternehmens verhindert Marktversagen, das durch Informationsasymmetrie entstehen kann.[10]

Ist die Ungleichung in (2) erfüllt, so ist die inländische Unternehmung (die Multinationale Unternehmung) an der Versorgung des Marktes mit q^h interessiert, unabhängig davon, ob sie nun selbst vor Ort produziert oder die Produktionsrechte für q^h an einen ausländischen Hersteller über einen Vertrag verwertet. Direktinvestitionen oder ein Lizenzvertrag sollen den Goodwill des Unternehmens erhalten.

Von Exporten wird zunächst abstrahiert. Wird die Multinationale Unternehmung im Ausland direkt investieren oder wird sie einen Lizenzvertrag mit einem ausländischen Produzenten abschliessen, der unter den gleichen Kostenbedingungen wie die Multinationale Unternehmung produziert, abschliessen ? Da die Multinationale Unternehmung den Lizenznehmer nicht auf eine Kapazität von F^h bzw. auf eine Produktqualität q^h verpflichten kann, muss sie den Lizenzvertrag derart ausgestalten, damit der Lizenznehmer im Eigeninteresse die Reputation der Multinationalen Unternehmen aufrechterhält. In der Schreibweise des Modells ist der Lizenzvertrag anreizkompatibel, wenn die Differenz zwischen dem maximalen Gewinn π^* und der Lizenzgebühr S, die der Lizenznehmer zu entrichten hat, folgende Ungleichung erfüllt,

---

[10]Die Beziehung (2) läßt sich umschreiben, so dass für die Aufrechterhaltung der Reputation folgende Beziehung erfüllt sein muß

$$p^h(q^h) \geq AC^h(y) + r[AC^h(y) - AC^l(y)]. \qquad \ldots.(2')$$

Der Stückerlös für die Bereitstellung der hohen Qualität q^h muß größer (gleich) den Produktionskosten pro Einheit ($AC^h(y)$) plus dem Ertrag aus der Investition in Reputation ($r[AC^h(y)-AC^l(y)]$) sein. Der Ertrag aus der "Investition" ist die sogenannte Qualitätsprämie die das Unternehmen erhält r; r ist der Zinsatz (vgl. SHAPIRO [1983]).

$$\frac{\pi^* - S}{r} \geq \frac{\pi^a - S}{(1 + r)} \quad . \qquad \ldots.(4)$$

Der für alle Zeit abdiskontierte Wert [π^*-S] muss grösser sein als der <u>einmalige</u> Gewinn aus der Abweichung abzüglich der vereinbarten Lizenzgebühr [π^a-S]. Wird diese Bedingung für einen Lizenzvertrag, wobei die Lizenzgebühr S pro Periode fällig wird, umgeschrieben, so ergibt sich

$$S \leq \pi^*(1+r) - r \cdot \pi^a < \pi^* \quad . \qquad \ldots.(4')$$

Aus der Sicht der Multinationalen Unternehmung sind also die Einnahmen aus der Lizenzvergabe (S) geringer als die Gewinne π^*, die sie erwirtschaften könnte, hätte sie im Ausland direkt investiert. Der anreizkompatible Lizenzvertrag impliziert, dass der Lizenzgeber auf einen Teil der möglichen Gewinne verzichten muss. Dieser Verzicht sichert aber, dass die Reputation aufrechterhalten wird. Andererseits kann die Multinationale Unternehmung im Ausland direkt produzieren, um den ungeschmälerten Gewinn von π^* zu realisieren. Unter diesen so eben besprochen Bedingungen (wobei die Bedingung, dass Lizenznehmer und Lizenzgeber die gleiche Kostenstruktur aufweisen wichtig ist), wird die Multinationale Unternehmung die Direktinvestitionen der vertraglichen, internationalen Leistungsverwertung vorziehen.

II.3.2 Kostenvorteile des Lizenznehmers ('economies of scope').

Im vorangegangenen Kapitel wurde gezeigt, produziert die Multinationale Unternehmung und der (potentielle) ausländische Lizenznehmer unter den gleichen Kostenbedingungen, so kommt es bei dem Entscheidungsproblem der Multinationalen Unternehmung "Lizenzproduktion oder Direktinvestition" stets zu Direktinvestitionen. Der Grund besteht in der *principal-agent* Beziehung. Damit der Agent (der Lizenznehmer) im Sinne des Prinzipals (der Multinationalen Unternehmung) handelt, müssen Anreize (incentives) gesetzt werden, die aber nicht kostenlos sind (vgl. TIROLE [1988]). Die Multinationale Unternehmung kann ihre technologische Überlegenheit bezüglich der Herstellung einer hohen Produktqualität auf dem ausländischen Markt effizienter durch <u>Direktinvestitionen</u> verwerten. Es kommt zu einer <u>internen</u> Leistungserstellung und Leistungsverwertung auf dem ausländischen Absatzmarkt.

In der empirischen Wirtschaftsforschung zu Problemen der Internationalisierung der Produktion von Multinationalen Unternehmen wird gezeigt, dass unter ganz bestimmten Bedingungen, die ausländischen Unternehmen (der potentielle Lizenznehmer im vorliegenden Ansatz) Kostenvorteile in der Produktion vor Ort haben. Diese Kostenvorteile der ausländischen Hersteller, sofern sie gross genug sind, können dazu führen, dass eine Lizenzproduktion für eine Multinationale Unternehmung eine optimale Internationalisierungsstrategie sein kann. Wie es zu einer Lizenzproduktion kommt, ist Gegenstand dieses Abschnitts.

Economies of Scope. Die Kostenvorteile des ausländischen Lizenznehmers ergeben sich durch die Verbundproduktion aus der Herstellung beider Produktqualitäten q^h und q^l. Angenommen, die Multinationale Unternehmung investiert direkt im Ausland um vor Ort zu produzieren. In diesem Fall gelten die gleichen Kostenbedingungen wie bisher (vgl. Abschnitt 3.1). Vergibt die Multinationale Unternehmung hingegen das Recht die Produktqualität q^h in Lizenz zu produzieren an eine ausländische Unternehmung die bisher bereits q^l produziert, so kann der ausländische Hersteller Kostenvorteile aus der Verbundproduktion beider Produkte ziehen.

Die Kostenvorteile werden wie folgt begründet. Der ausländische Unternehmer stellt (vor und nach dem Abschluss eines Lizenzvertrages) die niedrige Qualität q^l her. Das Mengenangebot beträgt x; im Marktgleichgewicht für niedrige Qualitäten gilt (analog zu Abschnitt 3.1) $\overline{p}^l = AC(x^{min})$. Der Preis entspricht den Durchschnittskosten. Schliesst der ausländische Hersteller einen Lizenzvertrag mit der Multinationalen Unternehmung ab, so stellt er zwei Produkte, nämlich q^l und q^h (in den Mengen x und y), her. Zur Produktion beider Produkte ist eine Kapazitätsanpassung von F^l auf $\tilde{F}$ notwendig, wobei gilt $F^h < \tilde{F} < F^l + F^h \equiv \overline{F}$. Kommt es zur Lizenzproduktion, so wird der ausländische Unternehmer zu einem Mehrproduktproduzenten. Aus dieser Verbundproduktion von x und y der unterschiedlichen Qualitäten q^l und q^h ergeben sich Kostenvorteile. Diese Kostenvorteile werden in der Literatur als economies of scope (vgl. ARNOLD [1985]) bezeichnet. Economies of scope, bezogen auf unser Problem, sind wie folgt definiert: $C(x,y) < C(x,0) + C(0,y)$. Verbundvorteile liegen also vor, wenn es kostengünstiger ist, die Gütermengen x und y in einem statt in zwei spezialisierten Unternehmen zu produzieren. Diese Bedingungen für economies of scope sind für den ausländischen Hersteller erfüllt, denn durch Einsetzen der entsprechenden Grössen ergibt sich $c^l(x) + c^h(y) + \tilde{F} < c^l(x) + F^h \rightarrow \tilde{F} < F^l + F^h \equiv \overline{F}$.

Welche Strategie der Internationalisierung wird die Multinationale Unternehmung unter diesen Bedingungen verfolgen? Welche Vorteile und Nachteile ergeben sich, wenn der Lizenznehmer von der hohen Produktqualität q^h abweicht, um am Markt (einmalige) Extragewinne zu realisieren, aber damit die Reputation der Multinationalen Unternehmung aufs Spiel setzt?

Welche Kostensituation stellt sich für den Lizenznehmer ein, wenn er von der Reputation (d.h. von der hohen Qualität q^h) abweicht? Weicht der Lizenznehmer von der Reputation ab, so werden die Kapazitäten für die Produktqualität q^l einfach verdoppelt. Die Kostensituation lautet dann $C^a(x,y) = 2F^l + c^l(x) + c^l(y)$. Die Produktionskosten (bei Aufrechterhaltung der Reputation) lauten für den Lizenznehmer $C(x,y)= \tilde{F} + c^l(x) + c^l(y)$. Ein Kostenvergleich ergibt $C^a(x,y) < C(x,y) \rightarrow F^l + c^l(y) < (\tilde{F}-F^l) + c^h(y)$. Die linke Seite der Ungleichung stellt die effektiven Produktionskosten bei der Abweichung von der Reputation dar; die rechte Seite repräsentiert die Produktionskosten bei der Herstellung der 'wahren' Produktqualität q^h.

Die Gewinnsituation bei der Abweichung von der zunächst behaupteten Qualität q^h lautet $\pi^a \equiv p^h y - c^l(y) - F^l$. Bei der Aufrechterhaltung der Reputation ergibt sich ein Gewinn in Höhe von $\pi^w \equiv p^h y - c^h(y) - (\tilde{F} - F^l)$. Der (einmalige) Gewinn bei der Abweichung von der Reputaion (π^a) ist grösser als der Gewinn bei der Herstellung der wahren Produktqualität ($\pi^a > \pi^w$). Der Extragewinn π^a lässt sich aber nur einmal am Markt realisieren, da die Konsumenten nach einer Periode der Erfahrung mit diesem Konsumgut die wahre, d.h. niedrige Qualität, erkennen. Der Gewinn π^w stellt sich hingegen für alle weiteren Perioden ein. Angenommen, die Multinationale Unternehmung und der ausländische Lizenznehmer vereinbaren in ihrem Vertrag eine Lizenzgebühr pro Periode in Höhe von $S^* \equiv \pi^*$. Die Multinationale Unternehmung kann bei Direktinvestitionen bekanntlich nicht mehr an Gewinnen erwirtschaften als π^*. In diesem Szenario gibt es eine Möglichkeit, dass ein Lizenzvertrag mit dieser Lizenzgebühr von S^* zustande kommt. Für den ausländischen Lizenznehmer ergeben sich nämlich weitere Gewinnmöglichkeiten und zwar durch die Kostenvorteile aus der Verbundproduktion.

Die Bedingung dafür, dass ein Lizenzvertrag mit Aufrechterhaltung der Reputation (dies ist ja das Ziel der Multinationalen Unternehmung) zustandekommt lautet

$$\frac{\pi^w - S^*}{r} \geq \frac{\pi^a - S^*}{(1 + r)} \quad , \qquad \ldots . (5)$$

mit $S^* \equiv \pi^*$ (und $\pi^w < \pi^a$). Die über alle Zeitpunkte abdiskontierten Gewinne aus der Aufrechterhaltung der Reputation müssen grösser (oder zumindest gleich) sein als die einmaligen Extragewinne aus der Abweichung vom ausgehandelten Lizenzvertrag.

Ist diese Bedingung (4) erfüllt, so kommt eine Lizenzproduktion anstelle der Direktinvestitionen zustande. Das Zustandekommen ist darauf zurückzuführen, dass der Lizenznehmer höhere Gewinne erwirtschaften kann als er an Lizenzgebühren an die Multinationale Unternehmung abzuführen hat. Es gilt nämlich (wenn (4) erfüllt ist), $\pi^w > S^* \equiv \pi^*$. Diese Gewinnmöglichkeiten stellen einen Anreiz für den Lizenznehmer dar, die Reputation der Multinationalen Unternehmung aufrechtzuerhalten. Insofern ersetzen diese Anreize die fehlenden Kontrollmöglichkeiten durch die Multinationale Unternehmung. Die eingangs gestellte Frage, ob sich durch entsprechende Verträge nicht doch unternehmenseigene Vorteile der Multinationalen Unternehmung international verwerten lassen, ist damit beantwortet.

Implikationen (komparativ-statische Analyse): Das Reputationsgleich bei einem Lizenzvertrag lässt sich nun dahingehend analysieren, wie sich einzelne Parameteränderungen auf das Entscheidungsverhalten der Multinationalen Unternehmung auswirken. Zu diesem Zweck schreibt man die Bedingung für einen Lizenzvertrag (vgl. (5)) um, und zwar zu

$$\bar{F} - \tilde{F} - r \cdot [\, \tilde{F} - 2 \cdot F^{l} \,] - r \cdot [\, c^{h}(y) - c^{l}(x) \,] \geq 0. \qquad \ldots (5')$$

Die Beziehung (5') lässt sich als $\tilde{z}(\ldots) \geq 0$ schreiben; für $\tilde{z}$ grösser (gleich) Null kommt es zu einem Lizenzvertrag und für $\tilde{z}$ kleiner Null, kommt es zu Direktinvestitionen.

(1) Marktgrösse. Die nachgefragte Menge y der Produktqualität q^h sei neben den Preisen $\bar{p}^{l}$, p^h und den Qualitätsniveaus q^l, q^h eine positiv abhängige Funktion des Parameters α ($y = D(p^l, p_h, q^l, q^h, ; \alpha)$). Der Parameter α repräsentiere die Marktgrösse für das Produkt q^h. Je grösser der Parameterwert ist, umso grösser ist die Nachfrage. Für $\Delta\alpha > 0$ verschiebt sich die Nachfragekurve in einem (y, p^h)-Diagramm nach rechts aussen, der gleichgewichtige Produktpreis q^h und die gleichgewichtige Menge y nehmen in α zu.

Wie beeinflusst nun die Marktgrösse die Entscheidung der Multinationalen Unternehmung direkt im Ausland zu produzieren oder dort in Lizenz die überlegene Produktionstechnologie zu verwerten? Aufgrund der Beziehung $\tilde{z}(\alpha, \ldots)$ gilt, dass $\tilde{z}$ in α abnimmt. D.h. je grösser der Markt für die hohe Produktqualität ist, umso geringer ist die Wahrscheinlichkeit, dass die Multinationale Unternehmung eine Lizenzproduktion anstrebt. Je grösser der Absatzmarkt für das Produkt der Multinationalen Unternehmung ist, umso grösser sind die Kostenersparnisse für den potentiellen Lizenznehmer, wenn er von der Qualität q^h abweicht und q^l herstellt. Um dieses Verhalten zu verhindern, müssen monetäre Anreize gesetzt werden. Der Anreiz bedeutet aber einen Gewinnverzicht von Seiten der Multinationalen Unternehmung, was dazu führen kann, dass die Unternehmung letztlich eine Direktinvestition einem Lizenzvertrag vorzieht. Grosse Absatzmärkte lassen sich effizienter durch Direktinvestitionen beliefern. Auf relativ kleinen Absatzmärkten dominieren hingegen Lizenzverträge.

(2) Änderung in den Fixkosten. Wir gehen wiederum von der Beziehung (5') aus, um den Einfluss einer Änderung der fixen Produktionskosten auf die Entscheidung Lizenzvertrag vs. Direktinvestition zu untersuchen. Ändert sich der Wert von $\tilde{z}(\cdot)$, so ändert sich in der Tendenz auch das Entscheidungsverhalten der Multinationalen Unternehmung. Ein grösserer Wert von $\tilde{z}$ bedeutet eine Zunahme der Vorteile der Lizenzproduktion; eine Verringerung von $\tilde{z}$ impliziert, dass die Multinationale Unternehmung tendenziell weniger die vertragliche Lösung anstrebt,sondern Auslandsinvestitionen präferiert.

Angenommen, die Fixkosten F^l steigen. Durch diesen Kostenanstieg nehmen die Vorteile aus der Verbundproduktion ('economies of scope') zu. Der Wert von $\tilde{z}(\cdot)$ wird grösser und damit nimmt auch die Bereitschaft zu, einen Lizenzvertrag einzugehen.

Eine Erhöhung der fixen Produktionskosten F^h bewirkt ebenfalls eine Begünstigung der Lizenzproduktion. Eine Erhöhung von F^h verteuert für die Multinationale Unternehmung die Kosten einer Direktinvestition im Ausland. Ein Anstieg von F^h begünstigt (aus der Perspektive beider Vertragsparteien) den Lizenzvertrag. Ein Anstieg der Fixkosten $\tilde{F}$ verringert die Vorteilhaftigkeit der vertraglichen Lösung. Der gleichgewichtige Wert von $\tilde{z}(\cdot)$ nimmt ab und wirkt damit in Richtung einer Direktinvestition.

(3) Substitution zwischen den Produktqualitäten q^h und q^l. Die oben angegebene Nachfragefunktion für das Produkt q^h besitzt die Eigenschaft, dass die Produkte mit den Qualitäten q^h und q^l in einer substitutiven Beziehung stehen. Je grösser der Wert von q^l ist, umso geringer ist die Nachfrage für das Produkt mit der hohen Qualität. Aus der Beziehung $\tilde{z}(\cdot)$ lässt sich ableiten, dass dieser Wert in q^l zunimmt. Je grösser der Wert von q^l ist, desto besser lassen sich die Angebote der Multinationalen Unternehmung durch die Produkte der ausländischen Anbieter substituieren. Ceteris paribus steigt mit q^l die Wahrscheinlichkeit, dass ein Lizenzvertrag den Direktinvestitionen vorgezogen wird.

II.3.3 Fazit

Multinationale Unternehmen sind Unternehmen, die in mehreren Ländern Tochtergesellschaften besitzen. Zur Gründung ausländischer Unternehmen sind Direktinvestitionen erforderlich. Empirisch lässt sich festellen, dass die vorherrschende Erscheingungsform einer internationalen Leistungserstellung und Leistungsverwertung Direktinvestitionen sind; d.h. die Internationalisierung der Produktion wird durch eine eigentumsorientierte Anlageverflechtung gesteuert.

Andererseits haben sich in der jüngsten Vergangenheit die internationalen Rahmenbedingungen derart verändert, dass in verstärktem Umfang kontraktorientierte internationale Kooperationsformen entstanden sind. Komplementär bzw. substitutiv zu Direktinvestitonen (und zu Exporten) sind neue Formen der Internationalisierung entstanden (vgl. BORNER [1986],[1987]).

Eine wichtige Vertragsform ist der internationale Lizenzvertrag. Eine zentrale Rolle spielt in der modernen Wirtschaftstheorie das Denken in Verträgen. Eine solche Sichtweise setzt die Analyse über die institutionellen Rahmenbedingungen voraus (vgl. RICHTER [1987]; Kapitel 3). In dem vorangegangenen Modellrahmen wurde unterstellt, dass die Akteure miteinander kommunizieren und verhandeln, aber dass kein Zwang bestand, die Absprachen einzuhalten. Fehlt die 'Institution' einer verbindlichen (und auch durchsetzbaren) Abmachung, so ergeben sich besondere Probleme, die in der Wirtschaftstheorie oft unter dem Begriff des nichtkooperativen Gleichgewichts betrachtet werden. Die vorangegangene Analyse sollte dazu beitragen, einige Bestimmungsgründe für die Internationalisierungsstrategien der international tätigen Unternehmen zu identifizieren und analytisch darzustellen.

II.4 Multinationalisierung in einem allgemeinen Gleichgewicht (HELPMAN/KRUGMAN Ansatz).

a) Wie bereits eingangs erwähnt, stellt die sogenannte Internalisierungshypothese einen wichtigen Beitrag zur Erklärung der Existenz und dem Wachstum Multinationaler Unternehmen dar.[11] Bei vollkommenen Güter- und Faktormärkten spielt der Charakter der Internationalen Arbeitsteilung (im Sinne eines Güteraustauschs bzw. einer internationalen Faktorbewegung) keine Rolle. Sind alle Märkte vollkommen, so gibt es zwischen internationalen Faktorbewegungen und einem internationalen Güteraustausch eine substitutive Beziehung. Sind die Produktionsfaktoren beliebig teilbar und international mobil, so ist ein Güteraustausch über die Grenzen hinweg nicht erforderlich. Die Faktoren würden dann dorthin wandern, wo sie das grösste Wertgrenzprodukt und damit dass grösste Faktoreinkommen erzielen könnten (vgl. SIEBERT [1989]). Die internationale Faktorbewegung könnte also den Güterhandel ersetzen. Sind andererseits die Produktionsfaktoren immobil, so werden Güter international gehandelt und zwar so lange, bis keine Faktorpreisunterschiede und damit keine Kostenvorteile mehr bestehen.

Die Internationalisierungshypothese behauptet, dass mit zunehmender Unvollkommenheit der internationalen Faktor- und Gütermärkte die hierarchische Koordination einer Leistungserstel-

---

[11]ETHIER [1986] nennt die Internalisierungsthese als 'Cäsar' im Triumvirat der sogenannten OLI-Theorie von DUNNING (O steht für ownership advantage, L für location und I für die Internalization).

lung und Leistungsverwertung (hierarchische Koordination, d.h. eine Koordination innerhalb eines Unternehmens) Vorteile gegenüber einer dezentralen, rein marktmässigen Koordination schafft. Anders formuliert: Die interne Koordination über eine ausländische Zweigniederlassung der Multinationalen Unternehmung ist effizienter als eine dezentrale Koordination über Exportmärkte. Die Marktbenutzung ist unter Umständen mit Kosten verbunden, die durch eine hierarchische, interne Koordination vermieden werden können.[12]

Die Internalisierungshypothese (internalisiert werden unternehmensspezifische Wettbewerbsvorteile) ist mit Erfolg auf Multinationale Unternehmen angewandt worden (vgl. beispielsweise HORSTMANN/MARKUSEN [1987a,b], CASSON [1979], HENNART [1982]). In diesem Zusammenhang ist die von HELPMAN [1984a], HELPMAN/KRUGMAN [1985] entwickelte Theorie Multinationaler Unternehmen in einem allgemeingleichgewichtstheoretischen Ansatz bedeutsam.

Dieser theoretische Ansatz von HELPMAN [1984a] liefert empirisch überprüfbare Hypothesen hinsichtlich der Beziehungen zwischen Multinationalen Unternehmen und der <u>intra</u>-industriellen Arbeitsteilung. In diesem Modellzusammenhang lässt sich zeigen, dass zunehmende Unterschiede in der relativen Faktorausstattung zwischen zwei Ländern zu einer intensiveren intra-industriellen Arbeitsteilung führen, sofern Multinationale Unternehmen existieren, die differenzierte Produkte herstellen und deren Auslandsengagement mit zunehmenden Unterschieden in der relativen Faktorausstattung zunimmt.

Auf diese Beziehung zwischen Multinationalen Unternehmen und der Intensität des intra-industriellen Handels soll im folgenden kurz eingegangen werden, um einen Zusammenhang zwischen den Entwicklungen auf dem Gebiet der intra-industriellen Arbeitsteilung (vgl. TEIL I) und den Entwicklungen zur Theorie Multinationaler Unternehmen herzustellen.

b) Die Existenz Multinationaler Unternehmen wird im HELPMAN/KRUGMAN Ansatz durch die <u>Produktdifferenzierung</u> erklärt, die durch unternehmensspezifische Wettbewerbsvorteile entsteht. Es handelt sich dabei um eine horizontale internationale Integration. Damit wird eine direkte Verbindung zu der von CAVES [1982] entwickelten Vorstellung von 'special assets' (unternehmensspezifischen Wettbewerbsvorteile), über die eine international tätige Unternehmung verfügen muss, wenn ihre Direktinvestitionen im Ausland erfolgreich sein sollen, hergestellt. Direktinvestitionen sind somit Ausdruck einer offensiven Nutzung unternehmensspezifischer Wettbewerbsvorteile auf ausländischen Märkten; die Leistungsverwertung bzw. Leistungserstel-

---

[12]Zur Internalisierungsthese vgl. auch ADEBAHR [1981], Kap. II.

lung erfolgt dabei nicht extern, d.h. über Märkte, sondern intern.[13]

In Abb.: II.7 ist eine Faktorausstattungsbox für die Produktionsfaktoren Arbeit (L) und den unternehmensspezifischen Produktionsfaktor 'special asset' (H) dargestellt. Der Faktor h_j der Unternehmung j ist Voraussetzung dafür, dass ein differenziertes Produkt $x_j = F(L_j^x, h_j^x)$ hergestellt werden kann. In der Faktorausstattungsbox (Abb.: II.7) kennzeichnen die Strecken OA und OA' die kostenminimierenden Faktoreinsatzvektoren in den Sektoren X und Y. So ist die Strecke OA ein Repräsentant für die Menge an Arbeit und dem spezifischen Faktor H, die erforderlich ist, um $\bar{n}$ differenzierte Produkte in einer integrierten Weltwirtschaft herstellen zu können. Die Strecke OA' kennzeichnet den kostenminimalen Faktorbedarf für das homogene Gut Y. Während im Sektor X differenzierte Produkte bei zunehmenden Skalenerträgen hergestellt werden, findet im Sektor Y die Produktion unter Bedingungen der vollkommenen Konkurrenz (bei konstanten Skalenerträgen) statt. Liegt der Faktorausstattungspunkt für beide Länder innerhalb des Parallelogramms (OAO*A'), so herrscht zwischen beiden Volkswirtschaften Faktorpreisausgleich. Bei Faktorpreisausgleich gibt es keinen Anreiz für die Existenz Multinationaler Unternehmen.

Der Faktorausstattungspunkt E_0, der für beide Länder relevant ist, liege nun ausserhalb des Bereichs, in dem Faktorpreisausgleich eintritt. In E_0 gilt unmittelbar (bei homothetischen Produktionsfunktionen) die Faktorpreisrelation $w/r > w^*/r^*$. Das Faktorpreisverhältnis signalisiert die Faktorreichlichkeit. Die inländischen Unternehmen, die relativ reichlich über den Faktor H verfügen, werden multinational (um bestehende Faktorpreisunterschiede auszunutzen), indem sie den Faktor H im Umfang von $\overline{E_0 E_1}$ im Ausland einsetzen, um dort die relativ billigeren Arbeitskräfte im Umfang von $\overline{E_0 E_m}$ zu beschäftigen. Das Auslandsengagement der inländischen Unternehmen im differenzierten Sektor beträgt $\overline{E_0^* E_1^*}$. Diese Strecke, berücksichtigt man den Faktorverbrauch pro Unternehmung, legt die Anzahl der Multinationalen Unternehmen ('M') fest.

Die geographische Dezentralisierung von Produktionsaktivitäten Multinationaler Unternehmen trägt dazu bei, den internationalen Faktorpreisausgleich herbeizuführen. Der orginäre Faktorausstattungspunkt ist E_0. Der Beschäftigungspunkt im internationalen Marktgleichgewicht ist E_m. Im Punkt E_m ist Faktorpreisausgleich realisiert. Die Multinationalen Unternehmen verwirklichen also das Prinzip der Internationalen Arbeitsteilung, indem sie ihre Produktion in dem Land organisieren, in dem Produktionskostenvorteile bestehen. Dabei kommt ihnen der

[13] Zu den verschiedenen Nutzungsmöglichkeiten unternehmenseigener Wettbewerbsvorteile im Kontext einer Internationalisierung vgl. z.B. EHRENFELD [1985], BORNER [1987].

spezifische Faktor H zugute, der sich unabhängig vom Standort überall einsetzen lässt. Durch die Multinationalisierung, d.h. in diesem Erklärungsansatz durch die Internationalisierung der Produktion, kommt es zu einer international effizienten Allokation der Ressourcen und zum Ausgleich der Faktorpreise.

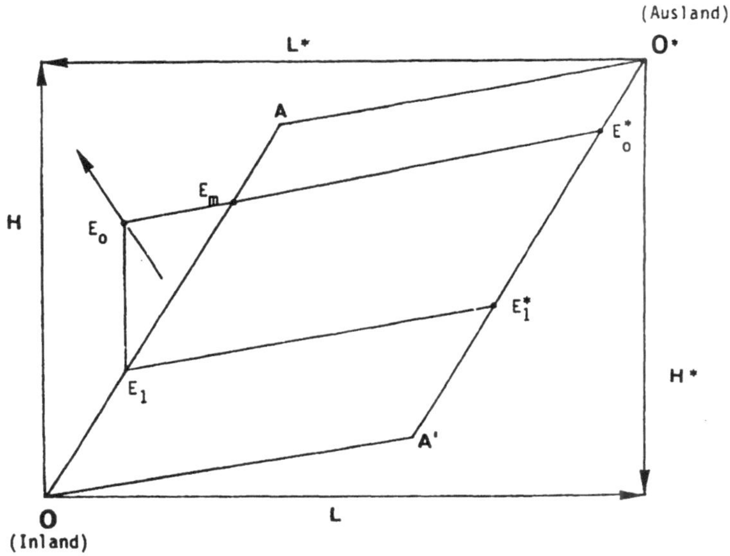

Abb.: II.7: Multinationale Unternehmen, Faktorpreisausgleich und intra-industrieller Handel

Betrachten wir den Zusammenhang zwischen der Existenz Multinationaler Unternehmen und der Struktur der Internationalen Arbeitsteilung. Wird der intra-industrielle Handel durch die Existenz Multinationaler Unternehmen intensiviert? Der intra-industrielle Handelskoeffizient

INTRA beträgt für die Konstellation aus Abb.: II.7:[14]

$$I NTRA = \frac{pxn_0^*}{(y + pxn_0^*)} \quad , \qquad ....(1)$$

wobei n_0^* die Anzahl ausländischer Produktvarianten darstellt, und zwar einschliesslich der Produktarten, die von Multinationalen Unternehmen (deren Stammland das Inland ist) hergestellt werden ($n_0^* \equiv n^* + M$). Für gegebene Ländergrössen s und s* (wiederum definiert als Einkommensanteil am 'Welteinkommen' $\overline{GDP}$; $s = GDP/\overline{GDP}$ und $s^* = GDP^*/\overline{GDP}$), nimmt der intra-industrielle Anteilswert INTRA in Abhängigkeit der Differenz in der relativen Faktorausstattung zu (die Faktorausstattungsunterschiede nehmen zu, wenn eine Bewegung in Richtung des angegebenen Pfeils (Abb.: II.7) erfolgt).

c) Ausgangspunkt der Analyse von HELPMAN/KRUGMAN [1985] ist eine Situation, in der Faktorpreisausgleich zwischen dem In- und Ausland durch Güterhandel allein nicht realisierbar ist (der Faktorausstattungspunkt E_0 liegt ausserhalb des Faktorpreisausgleichsparallelogramms OAO*A'). Durch Kostenunterschiede ist eine Voraussetzung für das Entstehen Multinationaler Unternehmen gegeben, falls die bestehenden Faktorpreisdifferenzen nicht zu internationalen Faktorbewegungen führen. Unter diesen Bedingungen kommt eine Faktorbewegung innerhalb von Unternehmen zustande.

Faktorausstattungsunterschiede führen zu Unterschieden in den Faktorpreisen; dies führt unter den o.g. Bedingungen zur Existenz Multinationaler Unternehmen. Die Anzahl der Multinationalen Unternehmen wächst mit zunehmenden Unterschieden in der relativen Faktorausstattung der betrachteten Volkswirtschaften. Multinationale Unternehmen sind in diesem Zusammenhang Unternehmen, die im Inland den unternehmensspezifischen Faktor 'h_j' herstellen. Da die Nutzung von h_j nicht standortgebunden ist, findet die materielle Produktion differenzierter Produkte z.T. im Ausland statt. Das Auslandsengagement ist somit substitutiv zur inländischen Produktion. Ursache substitutiv wirkender Direktinvestitionen sind Kostenunterschiede. Andererseits führt eine verstärkte Auslandsproduktion zu einer Zunahme des intra-industriellen Handels.

Die Internationalisierungsthese lässt sich hier also unmittelbar einsetzen. Die zentrale Aussage der Internationalisierungsthese lautet, dass Direktinvestitionen und damit auch die Entstehung

[14]Die Größe INTRA in (1) erklärt sich wie folgt. Das Handelsvolumen beträgt $HV = 2\cdot[s(y + pxn^*)]$; der doppelte ausländische Exportwert. Das intra-industrielle Handelsvolumen beträgt $2spxn_0^*$. Das Verhältnis von intra-industriellem Handelsvolumen zum gesamten Außenhandelsvolumen HV definiert den intra-industriellen Anteilswert INTRA in (1).

Multinationaler Unternehmen auf Marktunvollkommenheiten zurückzuführen ist. So führt das Fehlen eines funktionierenden internationalen Marktes für den unternehmensspezifischen Faktor h_j zu einer Internalisierungsstrategie der inländischen Unternehmen. Direktinvestitionen geben den international tätigen Unternehmen die Möglichkeit, die sich auf internationalen Märkten bietenden Gewinnmöglichkeiten zu nutzen. Nultinationale Unternehmen haben eine Einfluss auf die Struktur der internationalen Handelsströme (neben dem inter- und intra-industriellen Handel begründen Multinationale Unternehmen den sogenannten Intra-Unternehmenshandel vgl. HELPMAN/KRUGMAN [1985]).

II.5 Gains from Trade und Multinationale Unternehmen

Eine für viele Entwicklungsländer wichtige Frage ist, ob Direktinvestitionen ausländischer Unternehmen (insbesondere aus den Industrieländern) dazu beitragen, die für diese Länder typische Devisenknappheit zu überwinden. Es ist *a priori* nicht sicher, ob per Saldo (d.h. Devisenzuflüsse aufgrund von Direktinvestitionen und Devisenabflüsse aufgrund von Gewinntransfers) eine Verbesserung der Devisensituation des Gastlandes von Direktinvestitionen eintritt.

Im folgenden wollen wir die Beziehung zwischen den Gewinntransfers einer Multinationalen Unternehmung und den Gains from Trade für ein Gastland kurz behandeln. Die Analyse zeigt, dass Handelsgewinne (Gains from Trade) für ein Gastland von Direktinvestitionen Multinationaler Unternehmen dann möglich sind, wenn die Gewinntransfers ins Stammland der Multinationalen Unternehmung eine kritische Höhe nicht überschreiten.

Gegeben sei eine Volkswirtschaft (das Gastland) mit zwei Sektoren X und Y, wobei im Sektor X eine Multinationale Unternehmung die Produktion dominiert und dabei unter Bedingungen zunehmender Skalenerträgen operiert. Das homogene Produkt Y wird unter Marktbedingungen der vollkommenen Konkurrenz hergestellt und angeboten. Trotz der Existenz zunehmender Skalenerträge der betrachteten Unternehmung im Sektor X sei die Produktionsmöglichkeitsmenge (T in Abb.:II.8) konvex.

Im Konkurrenzgleichgewicht im volkswirtschaftlichen Sektor Y gilt die Beziehung 'Preis gleich Grenzkosten',

$$p_y = C'_y(y) \quad . \qquad \ldots . (1)$$

Im Sektor X gilt als Optimalitätsbedingung 'Grenzerlös gleich Grenzkosten der Produktion'

$$p_x \cdot (1 - w_x) = C'_x(x) \quad , \qquad \ldots . (2)$$

wobei die Grösse w_x der Abweichung (d.h. der monopolisten Marktverzerrung) von der Preis gleich Grenzkostenregel entspricht ($w_x = (p_x - C'(\cdot))/p_x$) ; je grösser w_x, umso stärker ist die monopolistische Preisverzerrung).

Unter Verwendung der sogenannten Tangentialbedingung [15] muss folgende Bedingung erfüllt sein, damit Gains from Trade für das Gastland realisierbar sind, (mit c_i den Konsummengen (i = x,y) und 'a' für Autarkie)[16]

$$p_y \cdot c_y + p_x \cdot c_x \geq p_y \cdot c_y^a + p_x \cdot w_x (x - x^a) = p_y \cdot c_y^a + (p_x - C_x'(x)) \cdot (x - x^a) \quad , \qquad \ldots .(3)$$

wobei p_x, p_y die Freihandelspreise und x die Produktionsmenge bei Freihandel anzeigt. Liegen zunehmende Skalenträge vor, dann gilt, die Grenzkosten sind geringer als die Durchschnittskosten ($AC_x \equiv C_x(\cdot)/x$; $C_x'(x) < AC_x$). Expandiert die Produktion bei Freihandel ($x \equiv x^f > x^a$), so lässt sich (3) wie folgt umschreiben

---

[15] Bei vollkommener Konkurrenz gilt die Preis = Grenzkosten-Regel: $p_i = c_i'(x_i)$ für $x_i > 0$; $p_i \leq c_i'(x_i)$ für $x_i = O$. Bei zunehmenden Skalenerträgen ist die Preis = Grenzkosten-Regel nicht mehr anwendbar, da die Unternehmen sonst Verluste hinnehmen müßten ($S(x) \equiv AC/MC > 1$, d.h. $p = MC < AC$). Zwischen dem Preis p_i und den Grenzkosten $c_i(x_i)$ muß eine Differenz bzw. ein Aufschlag treten, für den gilt $p_i > c_i'(x_i)$. Der Grenzerlös $p_i(1 - w_i)$ muß im Optimum den Grenzkosten entsprechen, wobei w_i ('wedge') den Keil darstellt, der für die Differenz zwischen Preis und Grenzkosten verantwortlich ist (mit $0 < w_i < 1$). Im Gleichgewicht gilt $p_i\,[1 - w_i] = c_i'(x_i)$ für $x_i > 0$ und $p_i[1 - w_i] \leq c_i'(x_i)$ für $x_i = 0$. Die hinreichende Bedingung für Gains from Trade $p \cdot x \geq p \cdot x^a$ (p für den Freihandelspreisvektor; x Mengenvektor und 'a' für Autarkie) läßt sich dann (unter Verwendung der Konvexitätsbedingung $MC \cdot x \geq MC \cdot x^a$) umschreiben zu

$$\sum_i p_i (1 - w_i) x_i \geq \sum_i p_i (1 - w_i) x_i^a \quad ,$$

oder

$$\sum_i p_i \cdot c_i \geq \sum_i p_i \cdot c_i^a + \sum_i p_i w_i (x_i - x_i^a) \quad . \qquad (*)$$

Dies ist eine wichtige Beziehung des Problems zunehmender Skalenerträge und Gleichgewicht (MARKUSEN/MELVIN [1985], Abschnitt 3). Hinreichend für Gains from Trade bei zunehmenden Skalenerträgen ist der nach HELPMAN sogenannte 'own production effect', d.h. daß der Output in der Branche i zunimmt, die unter zunehmenden Skalenerträgen opiert. Die Preis = Grenzkostenregel ist als Spezialfall ($w_i = 0$) in (*) enthalten.

[16] Der Term $p_x \cdot w_x$ in (3) lässt sich durch die Beziehung (2) $p_x \cdot w_x = (p_x - C_x'(x))$ ersetzen.

$$p_y \cdot c_y + p_x \cdot c_x \geq^a p_y \cdot c_y + (p_x - AC_x) \cdot (^a x - x) =$$

$$p_y \cdot c_y^a + \left[(p_x \cdot x - AC_x \cdot x) - (p_x \cdot x^a - AC_x \cdot x^a)\right]$$

$$= p_y \cdot c_y^a + (\pi - \pi^a) \quad . \qquad \ldots . (4)$$

In (4), eine hinreichende Bedingung für Gains from Trade, bezeichnet π den Gewinn des Unternehmens im Sektor X bei Freihandel und π^a bezeichnet den Unternehmensgewinn, der sich bei der Autarkiemenge x^a (bewertet mit den Freihandelspreisen) einstellen würde ($\pi^a \equiv p_x \cdot x^a - AC_x \cdot x^a$). Es wird vorausgesetzt, dass der *Expansionseffekt* durch Freihandel sichergestellt ist ($x \equiv x^f > x^a$; vgl. Abb.: II.8)).

Graphisch lässt sich das Problem der Gains from Trade bei Multinationalen Unternehmen die im Sektor X ebenfalls verdeutlichen. In Abb.: II.8 wird zunächst unterstellt, dass das Land bei Autarkie in Punkt A produziert. Das Einkommen in Punkt A, bewertet zu Freihandelspreisen, beträgt m^a.[17] Dominiert eine Multinationale Unternehmung den Sektor X und verfügt sie über eine überlegende Technologie in der Produktion, so verschiebt sich die Produktionsmöglichkeitskurve des Gastlandes nach aussen (Vorteile des Technologietransfers; vgl. HEINEMANN [1985]). Es kann zur Produktion in Punkt F (Freihandel) kommen. In Punkt F ist der Expansionseffekt positiv, denn das Produktionsvolumen x^f ist grösser als der Autarkieoutput x^a ($x^f > x^a$). Das Gesamteinkommen der Ökonomie beträgt m^f. Das Einkommen m^f ist somit grösser als das Einkommen m^a ohne Multinationale Unternehmen.

Wird die Multinationale Unternehmung vollständig von ausländischen Faktoreignern kontrolliert und werden realisierte Gewinne an die Muttergesellschaft transferiert, so müssen Bruttoinlandsprodukt und Bruttosozialprodukt, d.h. das Einkommen aus dem Wert der Produktion m^f (bzw. m^a) vom Ressourceneinkommen m_r^a (bzw. m_r^f) unterschieden werden. Durch einen Gewinntransfer der Multinationalen Unternehmung kann sich ein Faktoreinkommen m_r^f einstellen, das zwar höher ist als das in Autarkie mögliche Faktoreinkommen m_r^a ($m_r^f > m_r^a$), aber das geringer sein kann als das Gesamteinkommen m^a ohne Aussenhandelsbeziehung ($m_r^f < m^a$). Für die wohlfahrtstheoretischen Wirkungen ist es offenbar sehr wichtig, in welchem Umfang Gewinne aus dem Gastland ins Ausland abfliessen (vgl. ausführlicher MARKUSEN/MELVIN [1985], BATRA [1986], HORSTMANN/MARKUSEN [1989]).

[17]Das Einkommen der Ökonomie wird entlang der Ordinate "oy" gemessen. Je größer der Abstand zwischen dem Ursprung und dem Schnittpunkt mit der Budgetgeraden ist, umso größer ist das Einkommen m.

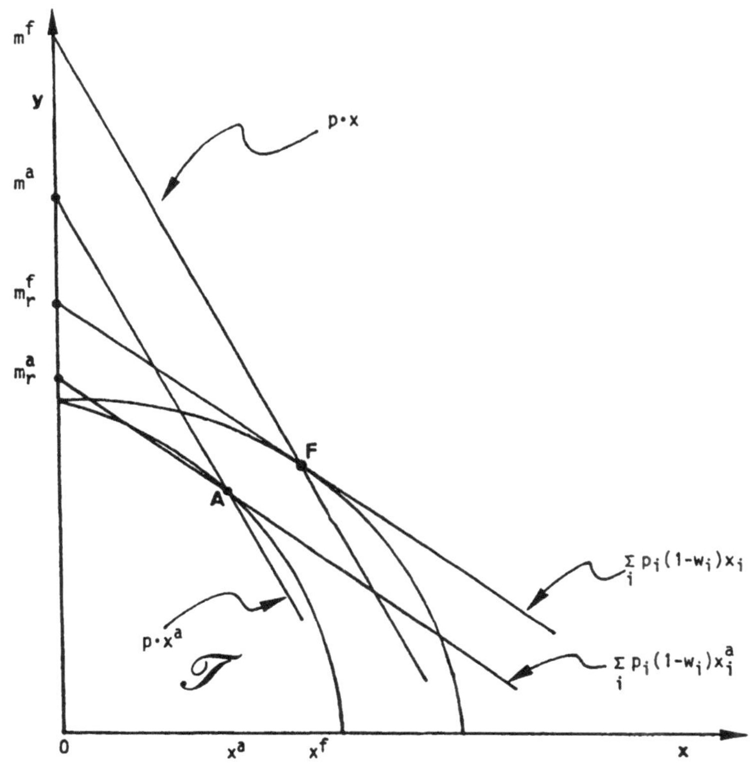

Abb.: II.8: Gains from Trade und Multinationale Unternehmen

Der Wert der Endprodukte stellt das Bruttoinlandsprodukt dar ($\Sigma p_i x_i$). Vom Bruttoinlandsprodukt müssen die transferierten Gewinne π^t (das Einkommen der ausländischen Faktoreigner) abgezogen werden; Bruttoinlandsprodukt minus Faktorzahlungen an das Ausland ergibt das Bruttosozialprodukt. Die Handelsbilanzrestriktion des Gastlandes lautet somit (für n Sektoren)

$$\sum_{i=1}^{n} p_i \cdot x_i - \pi^t = \sum_{i=1}^{n} p_i \cdot c_i \quad .$$

Für unser Beispiel (mit zwei Sektoren i = X,Y) ergibt sich als Einkommensrestriktion

$$p_y \cdot y + p_x \cdot x - \pi^t = p_y \cdot c_y + p_x \cdot c_x \quad . \qquad \ldots .(5)$$

Diese Handelsbilanzrestriktion (5) muss in der Bedingung für Gains from Trade berücksichtigt werden. Als hinreichende Bedingung für Handelsgewinne des Gastlandes von Direktinvestitionen ergibt sich damit

$$p_y \cdot y + p_x \cdot c_x \geq p_y \cdot c_y^a + (\pi - \pi^a - \pi^t) \quad . \qquad \ldots .(6)$$

Handelsgewinne stellen sich für das Gastland genau dann ein, wenn $(\pi - \pi^a - \pi^t) \geq 0$, bzw. wenn $\pi - \pi^t \geq \pi^a$. Gelingt es dem Gastgeberland (beispielsweise einem Entwicklungsland), durch eine entsprechende Ausgestaltung von Investitionsverträgen, dass nur ein Teil der erwirtschafteten Gewinne ins Ausland abfliesst, so kann sich das Empfängerland von Direktinvestitionen wirtschaftlich verbessern.

Gelingt es der betrachteten Volkswirtschaft, einen Gewinnanteil ($\pi - \pi^t$) der Multinationalen Unternehmung im Inland zu binden, wobei dieser Anteil grösser sein muss als der Gewinn π^a (den eine nationale Unternehmung realisieren könnte), so lassen sich Gains from Trade aus Direktinvestitionen Multinationaler Unternehmen verwirklichen.[18]

[18] Für eine kritische Einschätzung der Beziehungen Multinationaler Unternehmen und Gains from Trade siehe beispielsweise BATRA [1986].

Literatur zum Teil II

Adebahr, H. [1981], Direktinvestition (eine Problemskizze)., Berlin.

Agarwahl, H. [1988],Europäische Direktinvestitionen in Ostasien - ein internationaler Vergleich., Die Weltwirtschaft, Institut für Weltwirtschaft an der Universität Kiel, S. 138-150.

Arnold, V. [1985], Vorteile der Verbundproduktion., Wirtschaftswissenschaftliches Studium (WiSt), 14. Jg., Heft 6, S. 269-273.

Batra, R. [1986], A General Equilibrium Model of Multinational Corporation in Developing Economies., Oxford Economic Papers, Vol. 38, S. 342-353.

Borner, S. [1986], Internationalization of Industry: An Assessment in the Light of a Small Open Economy (Switzerland)., New York.

Borner, S. [1987], Wettbewerbsfähigkeit und Internationalisierung von Unternehmen im Strukturwandel., in: König, W., J. Peters, W. Ullrich (Hrsg.), Betriebliche Kooperation mit den Entwicklungsländern; Möglichkeiten und Grenzen des Mittelstandes., Tübingen, S. 14-27.

Borner, S., Wehrle, F. [1984], Die Sechste Schweiz : Überleben auf dem Weltmarkt., Zürich.

Casson, M. [1979], Alternatives to the Multinational Enterprise., London.

Casson, M. [1987], The Firm and the Market: Studies on Multinational Enterprise and the Scope of the Firm., Oxford.

Caves, R.E. [1982], Multinational Enterprise and Economic Analysis., Cambridge.

Donges, J.B., K.D. Schmidt et al. [1988], Mehr Strukturwandel für Wachstum und Beschäftigung., Tübingen.

Dunning, J. H., Norman, G. [1986], Intra-Industry Investment., in: Gray, P.H. (ed.), Research in International Business and Finance (A Research Annual) Uncle Sam As Host.,Vol. 5, Greenwich, Conn., S. 73-95.

Ebenroth, C.T. [1983], Zur Praxis des Internationalen Wirtschaftsrechts (Forschungsdefizite und Entwicklungspotentiale)., Konstanzer Blätter für Hochschulfragen, S. 42-64.

Ebenroth, C.T. [1987a], Code of Conduct - Ansätze zur vertraglichen Gestaltung internationaler Investitionen.,Konstanz.

Ebenroth, C.T. [1987b], Überlegungen zur Ausgestaltung transnationaler Investitionsverträge., in: Festschrift für E.C. Stiefel., München.

Ehrenfeld, H. [1985], Aussenhandel, Direktinvestitionen und Lizenzen., Frankfurt, Bern, New York.

Eilenberger, G. [1987], Finanzierungsentscheidungen multinationaler Unternehmungen., Heidelberg.

Ethier, W. [1986], The Multinational Firm., Quarterly Journal of Economics, Vol. 101, S. 805-833.

Literatur zum Teil II

Gilroy, B.M., U. Broll [1987], West Germany: Expanding Where the Markets Are., Multinational Business, S. 1-11.

Hauser, H. [1979], Qualitätsinformationen und Marktstrukturen.,Kyklos, Vol. 32, S. 739-763.

Heinemann, H.J. [1985], Zum Zusammenwirken von Direktinvestitionen und Technolgietransfer., IFO-Studien, Heft 7, S. 93-100.

Helpman, E. [1984a], A Simple Theory of International Trade with Multinational Corporations., Journal of Political Economy, Vol. 92, No.3, S.451-471.

Helpman, E.,P.R. Krugman, [1985], Market Structure and Foreign Trade, Increasing Returns, Imperfect Competition, and the International Economy., Cambridge, Massachusetts, London.

Hennart, J.F. [1982], A Theory of Multinational Enterprise., Michigan.

Herberg, H. [1985], Preistheorie., Stuttgart, Berlin, Köln, Mainz.

Hesse, H. [1974], Hypotheses for the Explanation of Trade between Industrial Countries, 1953-1970., in: Giersch, H. (ed.), The International Division of Labour: Problems and Perspectives., Tübingen.

Hesse, H. [1977], Aussenhandel I: Determinanten., in: Handwörterbuch der Wirtschaftswissenschaften., Stuttgart, S. 364-387.

Hesse, H., H. Keppler, H.G.H. Preusse [1985], Internationale Interdependenzen im wirtschaftlichen Entwicklungsprozess., Göttingen.

Hesse, H., R. Linde [1979], Steigende Skalenerträge, Ursachen und wirtschaftspolitische Bedeutung., Wirtschaftswissenschaftliches Studium, Heft 10, S. 129-143.

Hillman, A. [1989], The Political Economy of Protection, Chur, London, Paris, New York.

Holler, M. [1985], Ökonomische Theorie der Verhandlungen., München, Wien.

Horstmann, I., J.R. Markusen [1987a], Strategic Investments and the Development of Multinationals., International Economic Review, Vol. 28, S. 109-121.

Horstmann, I., J.R., Markusen [1987b], Licensing Versus Direct Investment: A Model Of Internationalization By The Multinational Enterprise., Canadian Journal of Economics, XX, S. 464-481.

Horstmann, I., J.R., Markusen [1989], Firm-Specific Assets and the Gains from Direct Foreign Investment., Economica, Vol. 56, S. 41-48.

Jahresgutachten des Sachverständigenrates [1986], Auf dem Weg zu mehr Beschäftigung., Stuttgart.

Jones, R. [1987], Heckscher-Ohlin Trade Theory., in: Eatwell, J., J. Milgate, P. Newman (eds.), The New Palgrave (A Dictionary of Economics)., New York, S. 620-626.

Jones, R.W., P. Neary, F. Ruane [1983],Two-way Capital Flows: Cross-Hauling in a Model of Foreign Investment., Journal of International Economics, Vol. 14, S. 357-366.

Literatur zum Teil II

Juhl, P. [1985], The Federal Republic of Germany., in: Dunning, J. (ed.) [1985], Multinational Enterprises, Economic Structure and International Competitiveness., Chichester, New York, S.127-154.

Kierzkowski, H. [1987], Recent Advances in International Trade Theory: A selective survey. Oxford Review of Economic Policy, Vol. 3, S. S.1-19.

Kindleberger, C.P., D.B. Audretsch (eds.) [1983]., The Multinational Corporation in the 1980's., Cambridge, Mass.

Kohlhagen, S. [1983], Overlapping National Investment Portfolios: Evidence and Implications of International Integration of Secondary Markets for Financial Assets., in: R. Hawkins, R. Levich, and C. Wihlborg (eds.), Research in International Business and Finance., Greewich, Conn.

Kol, J., L.B.M. Mennes [1986], Intra-Industry Specialization: Observations on Concepts and Measurement., Journal of International Economics, Vol. 21, S. 173-181.

Krugman, P. [1979], Increasing Returns, Monopolistic Competition, and International Trade., Journal of International Economics, Vol. 9, pp. 469-479.

Krugman, P. [1980], Scale Economies, Product Differentiation, and the Pattern of Trade., American Economic Review, Vol. 70, pp. 950-959.

Krugman, P. [1983], The New Theories of Internal Trade and the Multinational Enterprise., in: Kindleberger, C.P., D.B. Audretsch (eds.)., The Multinational Corporation in the 1980's., Cambridge, Mass.

Krugman, P.R. [1987] , Is Free Trade Passé ?, Economic Perspectives, Vol.1, S. 131-144.

Krugman, P.R., M. Obstfeld [1988], International Economics,Theory and Policy, Glenview, Boston, London.

Leamer, E. E. [1984], Sources of International Comparative Advantage Theory and Evidence., Cambridge, Massachusetts.

Lundberg, L. [1988], The Role of Comparative Costs for Determining Inter- and Intra-Industry Trade with Developing Countries., European Economic Review, Vol. 88, S. 1699-1710.

Markusen, J.R. [1984], Multinationals, Multi-Plant Economies, and the Gains from Trade., Journal of International Economics, Vol. 16, S. 205-226.

Markusen, J.R., J. Melvin [1984], The Gains-From-Trade Theorem with Increasing Returns to Scale., in:Kierzkowski, H. (ed.), Monopolistic Competition and International Trade., Oxford, S. 10-34.

Milde, H. [1988], Theorie der Adversen Selektion., Wirtschaftswissenschaftliches Studium (WiSt), 17. Jg., S. 1-6.

Richter, R. [1987], Geldtheorie (Vorlesung auf der Grundlage der Allgemeinen Gleichgewichtstheorie und der Institutionenökonomik)., Berlin, Heidelberg, New York.

Literatur zum Teil II

Rugman, A.M. [1986], New Theories of the Multinational Enterprise: An Assessment of Internalisation., Bulletin of Economic Research, Vol. 38(2), S. 101-118.

Shapiro, C. [1983], Premiums for High Quality Products as Returns to Reputations., Quarterly Journal of Economics, Vol. 85, S. 659-679.

Siebert, H. [1985], Economics of the Resource-exporting Country: International Theory of Supply and Trade.,Greenwich, London.

Siebert, H. [1989], Aussenwirtschaft., Stuttgart.

Smith, A. [1987], Strategic Investment, Multinational Corporations and Trade Policy., European Economic Review, Vol. 31, S. 89-96.

Tirole, J. [1988], Industrial Organization., Cambridge.

Tulde, R.V., G. Junne [1988], European Multinationals in Core Technologies., Chichester, New York.

Weihermüller, H. [1982], Lizenzvergabe im internationalen Marketing., München.

Übungen zum TEIL II

Übungsaufgabe 1:

Oligopol. Gegeben sei folgende (inverse) Marktnachfragefunktion $p(z)= 100 - 0{,}5 \cdot z$, wobei $z = x + y$. Leiten Sie die Reaktionsfunktionen der beiden Unternehmen her und berechnen Sie das Marktgleichgewicht. Die Kostenfunktion der beiden Unternehmen sind gegeben mit $C(x) = 5x$; $C(y) = 0{,}5y^2$. Es gilt die COURNOT-Annahme.

Lösungshinweis: Über die Bedingung, Grenzerlös gleich Grenzkosten und der Cournotannahme, d.h. $\partial z/\partial x = \partial z/\partial y = 1$, ergeben sich die Reaktionsfunktionen $x = R(y) = 95 - 0{,}5 \cdot y$ und $y = \overline{R}(x) = 50 - 0{,}25 \cdot x$. Die beiden Reaktionskurven schneiden sich in einem (x,y)-Mengendiagramm im Punkt ($x^* = 80$; $y^* = 30$). Der Marktpreis beträgt $p = 45$; die Gewinne der beiden Oligopolisten betragen: $\pi^x = 3.200$ und $\pi^y = 900$ Geldeinheiten.

Übungsaufgabe 2:

Monopol. Der Gewinn eines Angebotsmonopolisten auf einem Gütermarkt ist wie folgt definiert $\pi = p(x) \cdot x - c(x)$. Zur Maximierung des Gewinns setzt der Monopolist die erste Ableitung von π nach der Menge x gleich Null. In Optimum muss Grenzerlös gleich Grenzkosten erfüllt sein. Die Bedingung zweiter Ordnung verlangt, dass $\partial^2\pi(\cdot)/\partial x^2 < 0$ gilt; die Steigungsrate des Grenzerlös muss kleiner sein als die Steigungsrate der Grenzkosten. Gegeben ist eine lineare (inverse) Nachfragefunktion $p(x)= 100 - 4 \cdot x$; die Kostenfunktion lautet $c(x) = 50 + 20 \cdot x$. Errechnen Sie den optimalen Angebotsplan der Unternehmung (x^*), den optimalen Produktpreis p^*, den realisierbaren Gewinn π^* und prüfen Sie, ob die Bedingung zweiter Ordnung für ein Gewinnmaximum erfüllt ist.

Lösungshinweis: Aus der Bedingung Grenzerlös gleich Grenzkosten lässt sich die optimale Angebotsmenge $x^* = 10$ und durch Einsetzen in $p(x^*)$ der Produktpreis $p^* = 60$ errechnen. Die Bedingung zweiter Ordnung ist trotz der fallenden Durchschnittskosten erfüllt: Die Änderungsrate der Grenzkosten ($MC' = 0$) ist grösser als die Änderungsrate des Grenzerlöses (-4). Der Gewinn π^* beträgt 350 Geldeinheiten.

TEIL III

Handelspolitik

TEIL III. Handelspolitik.

Das Problem des **Protektionismus**, d.h. der Versuch bestimmter Länder die internationalen Handelsströme zu regulieren, ist von grosser Aktualität. Der wachsende Protektionismus, insbesondere in den Industrieländern, gehört zu den grössten Risiken, denen sich die weltwirtschaftliche Entwicklung ausgesetzt sieht. Es ist also geboten, sich mit diesem Phänomen der Handelsbeschränkungen auseinanderzusetzen. Insbesondere sollte geklärt werden, warum es im zeitlichen Verlauf zu abnehmenden und zunehmenden Tendenzen der Protektion kommt (vgl. beispielsweise die Abb.: III.1 über den zeitlichen Verlauf der Zollprotektion der Vereinigten Staaten von Amerika). Im weiteren ist zu fragen, warum der wissenschaftliche Rat 'durch Freihandel kann die gesellschaftliche Wohlfahrt eines Landes erhöht werden (das *Freihandelstheorem*)' derart ins Leere geht.[1]

Abb.: III.1: Zollprotektion der USA.
Quelle: FISCHER/DORNBUSCH/SCHMALENSEE [1988], S.707

[1] Vgl. BORCHARDT [1987], GLISMANN/HORN/NEHRING/VAUBEL [1986].

Um der Erklärung für das Zustandekommen protektionistischer Massnahmen näherzukommen, sind in der jüngsten Vergangenheit verschiedene Ansätze entwickelt worden. Zwei wichtige Erklärungsversuche für Existenz und Wachstum protektionistischer Massnahmen werden im folgenden Kapitel behandelt. Es handelt sich dabei um die **strategische Handelspolitik** (Abschnitt III.1) und um die **Politische Ökonomie des Protektionismus** (Abschnitt III.2). Zu den beiden Erklärungsansätzen hier einige einführende Hinweise.

Die strategische Handelspolitik hat handelspolitische Massnahmen zum Gegenstand, die sich aus dem Handlungsspielraum auf Märkten ergeben, auf denen unvollkommene Konkurrenz herrscht. Die unvollkommene Konkurrenz auf internationalen Märkten ist der zentrale Ausgangspunkt der strategischen Handelspolitik. Marktformen, die nicht dem Konzept der vollkommenen Konkurrenz gerecht werden, lassen sich beispielsweise auf hohe Fixkosten zurückführen. Fixkosten können durch Mindestgrössen in Forschung und Entwicklung oder durch technisch vorgeschriebene Mindestgrössen in der materiellen Produktion bedingt sein. Fixkosten führen zu zunehmenden Skalenerträgen (vgl. SIEBERT [1988]).

Ein wichtiger Ansatzpunkt der strategischen Handelspolitik ist die Abschöpfung von Monopolgewinnen ausländischer Unternehmen oder anders formuliert, die *Umlenkung* von Monopolgewinnen ausländischer Hersteller zu inländischen Unternehmen. Man spricht von der Umlenkung von Renten, dem sogenannten 'rent-shifting' (vgl. KRUGMAN (ed.) [1986]). Die strategische Handelspolitik eines Landes kann somit als angewandte Industriepolitik in offenen Volkswirtschaften verstanden werden. Mögliche Zielkonflikte im wirtschaftspolitischen Feld werden deutlich. Einerseits soll die Wettbewerbspolitik im Inland Marktmacht verhindern; andererseits schafft die strategische Handelspolitik Marktmacht bei inländischen Herstellern. Diese Marktmacht, so wird oft argumentiert, ist notwendige Voraussetzung dafür, damit inländische Unternehmen auf den internationalen Märkten bestehen können. Ein Blick in die Realität zeigt mögliche Anwendungsbeispiele der strategischen Handelspolitik.

Die Politische Ökonomie der Protektion geht von einem Markt für Protektionismus aus. Wie auf jedem Markt, treffen sich auf diesem Markt Anbieter und Nachfrager, um im gegenseitigen Austausch von Leistungen Vorteile zu realisieren (vgl. BERNHOLZ/BREYER [1984]). Die Nachfrager nach Protektion sind primär jene Interessengruppen der Wirtschaft, die durch die ausländische Konkurrenz in Bedrängnis geraten sind bzw. unmittelbar davor stehen, Gewinneinbussen aufgrund von Importen zu erleiden. Die Anbieter von Protektion sind die Politiker, die nationalen Regierungen. Sie bieten Schutz vor ausländischer Konkurrenz an. Schutz vor der internationalen Konkurrenz bedeutet letztlich die Schaffung von Markteintrittsschranken. Markteintrittsbarrieren sichern den im Markt befindlichen Unternehmen ökonomische Renten.

Dabei ist zu beobachten, dass beide Produktionsfaktoren, Arbeit und Kapital, an der Verteidigung der ihnen zufliessenden Renten interessiert sind. In der Regel treten beide Produktionsfaktoren gemeinsam für protektionistische Massnahmen ein.[2]

Welche Leistungen erhalten die Anbieter der Protektion von den Nachfragern nach Protektion? Das Leistungsangebot der Nachfrager kann in einem finanziellen Beitrag zu den Wahlkampfkosten bestehen. Neben diesen Beiträgen zur Erhöhung der Wiederwahlchancen kann das Leistungsangebot in der Sicherung stabiler politischer Mehrheiten bestehen. Zu-sammenfassend lassen sich zwei wichtige Aussagen aus dem Ansatz der Politischen Ökonomie der Protektion treffen. (1) Freihandelsinteressen werden im politischen Prozess nur schwach vertreten; für die Konsumenten und die Exporteure (die primär am Freihandel interessiert sind) ist es relativ schwierig, sich politisch zu organisieren um ihre freihändlerischen Ziele entsprechend zu vertreten. (2) Protektionistische Interessen werden durch starke Interessengruppen vertreten. Diese Interessengruppen bestehen zum grössten Teil aus den Faktoreignern (die Produktionsfaktoren Arbeit und Kapital) die in dem importkonkurrierenden Wirtschaftszweig beschäftigt sind, der unter Importdruck geraten ist.

Insbesondere die zuletzt genannte Aussage ist für unsere Analyse wichtig. Die Interessen für eine Protektion bilden sich innerhalb von Wirtschaftszweigen und in der Regel nicht entlang der Produktionsfaktoren. Dieser Ansatz ist empirisch überprüft worden (vgl. ausführlicher FREY [1985], Kapitel 2). Nach der empirischen Analyse von MAGEE [1980] haben sich einundzwanzig Wirtschaftszweige bei der Diskussion um das Handelsgesetz des amerikanischen Präsidenten im Jahre 1973 politisch organisiert. Für die betroffenen Wirtschaftszweige ist auch die Haltung des Faktors Arbeit (vertreten durch die Gewerkschaften) und des Produktionsfaktors Kapital (vertreten durch die Unternehmensleiter) festgestellt worden. Das Ergebnis der empirischen Analyse von MAGEE [1980] ist in Tabelle III.1 anschaulich wiedergegeben.

---

[2]Daß sich das protektionistische Interesse nach Wirtschaftszweigen und nicht entlang der Produktionsfaktoren von Arbeit und Kapital entwickelt, steht ganz im Gegensatz zum STOLPER-SAMUELSON-Theorem.

Tabelle III.1:

Einteilung US-amerikanischer Wirtschaftszweige nach ihrer freihändlerischen bzw. protektionistischen Position*

<table>
<tr><td colspan="2" rowspan="2"></td><td colspan="2">Position der Arbeit
(Gewerkschaften)</td></tr>
<tr><td>für Protektionismus</td><td>für Freihandel</td></tr>
<tr><td rowspan="2">Position des Kapitals</td><td>für Protektionismus</td><td>Branntwein
Textilien
Kleidung
Chemie
Plastik
Leder
Gummischuhe
Schuhe
Steine
Stahl/Eisen
Schmiede
Zinnwaren
Federn
Uhren

(I)</td><td>Tabak

(II)</td></tr>
<tr><td>für Freihandel</td><td>Petrol

(III)</td><td>Papier
Maschinen
Traktoren
Lastkraftwagen
Flugzeuge

(IV)</td></tr>
<tr><td colspan="4">(*)Politische Stellungnahme zum Handelsgesetz des amerikanischen Präsidenten des Jahres 1973.</td></tr>
<tr><td colspan="4">Quelle: FREY [1985], S. 27.</td></tr>
</table>

Wären die handelspolitischen Interessen ausschliesslich nach den Produktionsfaktoren massgeblich, müssten alle Beobachtungen in den Feldern (2) oder (3) der Tabelle III.1 liegen (gegenläufige Interessenlage). Organisieren sich die Interessengruppen rein branchenmässig, so müssten die Realisationen ausschliesslich in den Feldern (1) oder (4) liegen (gleichgerichtete Interessen der Faktoreigner).

Die Analyse zeigt, dass von den befragten einundzwanzig Branchen neunzehn gleichgerichtete Interessen in Bezug auf den Freihandel bzw. auf Protektion aufweisen. In zwei Branchen verläuft die handelspolitische Front entlang der Produktionsfaktoren Arbeit und Kapital.

Der Illustration der unterschiedlichen tarifären Protektion nach Wirtschaftszweigen soll die Tabelle III.2 dienen. Sie ist der Arbeit von FISCHER/DORNBUSCH/SCHMALENSEE [1988] entnommen und zeigt die Zollsätze nach Branchen geordnet und zwar für die industrialisierten Länder.

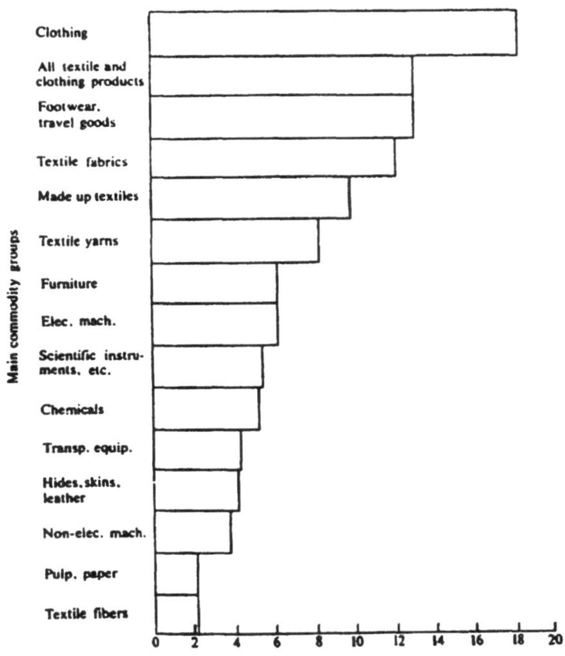

Tabelle III.2: Tarifäre Protektion nach Wirtschaftszweigen der industrialisierten Länder
Quelle: FISCHER/DORNBUSCH/SCHMALENSEE [1988], S.708

III.1 Strategische Handelspolitik

III.1.1 Exportförderung durch Protektion?

Im folgenden wollen wir ein einfaches Beispiel anführen, das die Strategische Handelspolitik und das sogenannte "*rent-shifting*" verdeutlichen soll (vgl. JACQUEMIN [1987], Kapitel 6; KRUGMAN [1984]).

Wir betrachten einen Markt für ein neues, hochtechnologisches Produkt. In je zwei Ländern (In- und Ausland) gibt es genau einen potentiellen Anbieter, der vor der Entscheidung steht in Forschung und Entwicklung (F&D) zu investieren und in den Markt einzutreten oder dem Markt fernzubleiben. Im Inland [Ausland] existiert eine lineare Nachfragefunktion $x(p) = 6-p[x^*(p^*) = 6 - p^*)]$. Bei Freihandel stellt sich eine Weltmarktnachfrage von $x + x^* = 12 - 2p$ ein (mit $p = p^*$). Die Produktionskosten bestehen nur aus den Fixkosten $F = 7$.

Die inländische Unternehmung bzw. der ausländische Anbieter maximiert die Gewinnfunktion

$$\pi = p(x, x^*) \cdot x - F \rightarrow \max_{x} \qquad \ldots.(1.1)$$

$$\pi^* = p(x, x^*) \cdot x^* - F \rightarrow \max_{x^*} \qquad \ldots.(1.2)$$

Man unterstellt die COURNOT-Konjektur ($\gamma = 1$; vgl. **Einführung**), so dass aus den notwendigen Bedingungen für ein Gewinnmaximum die Reaktionsfunktionen der Unternehmen ableitbar sind. Aus $\partial\pi/\partial x = 0$ ergibt sich die Reaktionsfunktion der inländischen Unternehmung mit $x = R(x^*) = 6 - x^*/2$. Analog gilt für die ausländische Unternehmung $x^* = R^*(x) = 6 - x/2$. Im Gleichgewicht bieten beide Unternehmen $x = x^* = 4$ Mengeneinheiten des Produkts an; der Gleichgewichtspreis p beträgt 2 Einheiten. Der Gewinn lautet $\pi = \pi^* = 1$. Die Produzentenrente (PR) beträgt somit eine Einheit.

Die inländische Konsumentenrente (KR) errechnet sich wie folgt

$$KR = \int_0^x p \cdot dx - p \cdot x = \int_0^4 (6 - x)dx - p \cdot x = 8 \qquad \ldots.(2)$$

Die Wohlfahrt eines Landes lässt sich für den betrachteten Markt über die Summe von Konsumentenrente und Produzentenrente approximativ angeben. Das Wohlfahrtsniveau beträgt bei Freihandel 9 Einheiten (vgl. Tabelle III.3).

Für den Fall, dass eine Unternehmung nicht in den Markt eintritt, ergeben sich folgende Werte. Angenommen, die ausländische Unternehmung tritt nicht in den Markt ein. Die inländische Unternehmung maximiert $\pi = p(x)x - F$, wobei $p(x) = 6 - x/2$ gilt. Der optimale Angebots-Preis-Plan lautet [x = 6; p = 3]. Der Monopolgewinn beträgt 11 Einheiten. Die Konsumentenrente beträgt 4,5 Einheiten.

Tabelle III.3:

Konsumenten- und Produzentenrente bei Freihandel

Ausländische Unternehmung (*)

		Markteintritt	kein Markteintritt
Inländische Unternehmung	Markteintritt	[8; 1; 1]	[4,5; 11 ;0]
	kein Markteintritt	[4,5; 0; 11]	[0; 0; 0]

Stragtegische Handelspolitik. Das Konzept der strategischen Handelspolitik beinhaltet die Vorstellung, dass eine nationale Wirtschaftspolitik eine inländische Unternehmung bei der Realisierung einer monopolitischen Marktposition unterstützen kann. Im vorliegenden Beispiel führt die handelspolitische Massnahme sogar dazu, dass die Protektion gegenüber der Auslandskonkurrenz auf dem inländischen Unternehmung fördert. Inländische Protektion als Exportpromotion!

Die inländische Regierung gehe dazu über, den Inlandsmarkt gegenüber dem ausländischen Produkt vollkommen abzuschirmen; die inländische Unternehmung ist somit Monopolanbieter im Inland. Der inländische Anbieter maximiert $\pi = p(x)x - F = (6 - x)x - 7$; der optimale Angebots-Preis-Plan lautet [x = 3; p = 3]. Auf dem Auslandsmarkt ist die inländische Unternehmung Oligopolist; die Zielfunktion lautet $\max \pi = P(x,x^*)x - F$, wobei $p(x, x^*) = [6-(x+x^*)]$. Die Reaktionskurve lautet $x = R(\cdot) = 3 - x^*/2$; analog für die ausländische Unternehmung. Im (ausländischen) Marktgleichgewicht gilt dann $[p = 2; x = x^* = 2]$.

Eportförderung durch Protektion zeigt sich in diesem Zahlenbeispiel wie folgt. Der Gewinn der inländischen Unternehmung beträgt auf dem Auslandsmarkt 4 Einheiten; auf dem Inlandsmarkt 9 Einheiten, und auf dem Auslandsmarkt 4 Einheiten abzüglich der fixen Produktionskosten (F = 7) ergibt ein Gewinn von 6 Einheiten. Für die ausländische Unternehmung stellen sich Erträge in Höhe von 4 Einheiten ein; minus der Fixkosten ergibt einen Verlust von 3 Einheiten (vgl. Tabelle III.4). Die ausländische Unternehmung wird es vorziehen, nicht in den Markt einzutreten, denn sie könnte nur Verluste realisieren. Durch die Marktaustrittsentscheidung wird die inländische Unternehmung auch im Ausland Angebotsmonopolist. Sie kann Monopolgewinne relisieren und zwar aufgrund der protektionistischen Massnahme der inländischen Regierung (vgl. auch KRUGMAN [1984]). Entscheidend für das Ergebnis sind (a) die Fixkosten in der Produktion (d.h. wer im Markt ist, besitzt einen strategischen Marktvorteil) und, (b) die handelspolitische Massnahme einer Regierung (vgl. SIEBERT [1988]).

Tabelle III.4:

Exportförderung durch Protektion

Ausländischer Anbieter (*)

		Markteintritt	kein Markteintritt
Inländische Unternehmung	Markteintritt	[4,5; 6; -3]	[4,5; 11; 0]
	kein Markteintritt	[0; 0; 11]	[0; 0; 0]

Kritisch gegenüber diesen so begründeten protektionistischen Massnahmen ist anzumerken, dass es sich um einen ganz bestimmten, ausgewählten Aspekt einer Marktkonstellation handelt.

III. 1.2 Das BRANDER-SPENCER Argument

Aussenhandelsbeziehungen bei unvollkommener Konkurrenz ist Ausgangspunkt der strategischen Handelspolitik. Barbara SPENCER und James BRANDER (Boston College and the National Bureau of Economic Research / University of British Columbia; Canada) haben [1983], [1985] gezeigt, dass diese Unvollkommenheit auf internationalen Märkten Eingriffe von Seiten der Regierung rechtfertigen kann. So können beispielsweise Subventionen als strategische Grösse eingesetzt werden (vgl. KRUGMAN/OBSTFELD [1988], Kapitel 11).

Dass Zölle bzw. Subventionen den internationalen Handel regulieren können ist Standard in der Aussenhandelstheorie. Zölle bzw. Subventionen wurden aber bislang nur dahingehend betrachtet, dass sie die gleichgewichtigen Mengen (bzw. Preise) in einem COURNOT-NASH Gleichgewicht verändern. So verschiebt sich beispielsweise durch eine Zollsatzerhöhung in einem Dyopol (zwischen einer in- und einer ausländischen Unternehmung) die Reaktionskurve des ausländischen Anbieters zugunsten der inländischen Unternehmung. Die strategische Handelspolitik zeigt, dass handelspolitische Eingriffe von Seiten der Regierung die Regeln des Marktes derart verändern können, dass kein COURNOT-NASH Gleichgewicht existiert. Die Handelspolitik führt (unter bestimmten Bedingungen) dazu, dass nur noch eine (nämlich die inländische) Unternehmung am Markt ist. Subventionen können den Markteintritt eines ausländischen Anbieters verhindern; es kommt zur Realisierung von Monopolgewinnen und zwar auf Kosten des anderen Landes. Man spricht von einer Rentenumlenkung (*'rent shifting'*).[3]

Wir verwenden das in der EINFÜHRUNG (2.3.a) genannte Beispiel für den Fall eines Dyopols. Die beiden betrachteten Unternehmen heissen wiederum zufällig AIRBUS und BOEING. Die Produzenten in Europa und in den USA treffen eine Ja/Nein Entscheidung; entweder wird produziert oder man bleibt dem Markt fern. Da zunehmende Skalenerträge in der Produktion entscheidend sind, führt ein gemeinsamer Markteintritt von AIRBUS und BOEING zu ökonomischen Verlusten (vgl. Tabelle III.2 ; dabei wurde das Markteintrittsproblem als sogenanntes statisches Simultanspiel graphisch eingezeichnet; der ovale Kreis deutet an, dass AIRBUS nicht weiss, was BOEING tut; die Reihefolge BOEING oder AIRBUS ist dabei unerheblich) Markteintritt beider Produzenten scheidet somit als möglicher Kandidat für ein Marktgleichgewicht aus. Potentielle Gleichgewichte sind (0;100) und (100;0).

---

[3]Die ökonomische Bedeutung des Rentenbegriffs ist dabei vom umgangssprachlichen Gebrauch zu unterscheiden. Man versteht unter einer 'Rente' eine Zahlung an den Eigner einer produktiven Ressource, die über das hinausgeht, was diese Ressource in einer anderen, alternativen Verwendung auf einem Konkurrenzmarkt erzielen würde.

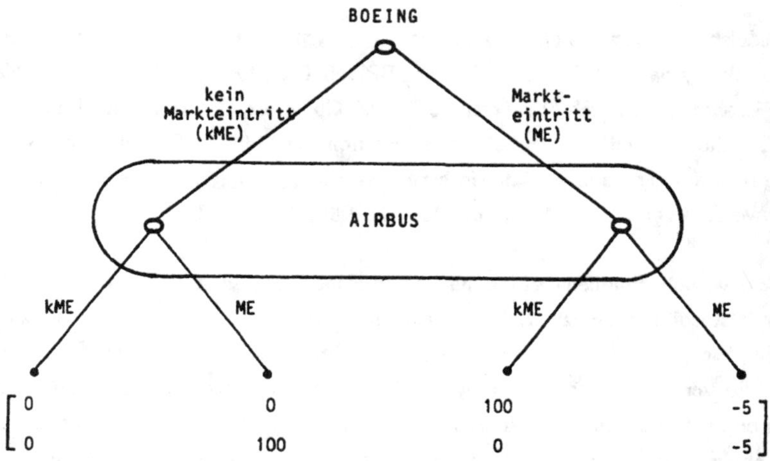

Abb.: III.2: Markteintrittsentscheidungen

Angenommen, BOEING signalisiert dem Markt in glaubwürdiger Weise, dass sie in den Markt eintritt. Das Ergebnis lautet: BOEING realisiert 100 Geldeinheiten, während AIRBUS dem Markt fern bleibt und damit keine Gewinne und keine Verluste eingeht.

Das Problem besteht offensichtlich darin, dass die Unternehmung, die zuerst auf den Markt geht, einen Wettbewerbsvorteil besitzt. Die Marktposition hat eine strategische Bedeutung. Diesen strategischen Handlungsspielraum kann eine Regierung nutzen. Dies führt zum BRANDER/SPENCER-Argument. Angeommen, die Regierungen in Europa (die am AIRBUS Projekt beteiligt sind) verpflichten sich, falls AIRBUS produziert, eine Subvention in Höhe von 25 Geldeinheiten zu leisten.[4] Die neue Situation auf dem Markt wird in Tabelle III.5 wiedergeben.

[4]Die Airbus Industrie ist ein Konsortium mit eigener Rechtspersönlichkeit das sich wie folgt zusammensetzt: Französche Aerospitale 37,9% (97% staatlich), Deutsche Airbus 37,9% (100% privat), Britisch Aerospace 20% (48% staatlich), Spanische Casa 4,2% (100% staatlich).Das Airbus-Konsortium wurde 1970 gegründet und beteiligt circa (d.h. direkt und indirekt als Zulieferer) 67 Unternehmen mit 180,000 Beschäftigten (Stand 1981).

Tabelle III.5:
Markteintrittsentscheidung und Handelspolitik

		AIRBUS Markteintritt	AIRBUS kein Markteintritt
BOEING	Markteintritt	[-5 ; 20]	[100 ; 0]
BOEING	kein Markteintritt	[0 ; 125]	[0 ; 0]

Für AIRBUS ist ein Markteintritt profitabel, ganz unabhängig davon, wie sich BOEING entscheidet. BOEING wird aber, um einen drohenden Verlust in Höhe von 5 zu vermeiden, dem Markt fernbleiben und nicht produzieren. Das Marktgleichgewicht hat sich also entscheidend verändert; AIRBUS stellt den neuen Flugzeugtyp her, während BOEING nicht in diesen Markt eintritt.

Die Subventionierung des europäischen Herstellers führte zu einer Umlenkung der Monopolgewinne zu Lasten des amerikanischen Herstellers. Die Marktinterdependenzen wurde von den europäischen Regierungen strategisch genutzt, um den Markteintritt des Konkurrenten zu verhindern. Der wirtschaftliche Erfolg (der Gewinn ist grösser als die gezahlte Subvention) ist durch staatliches Handeln herbeigeführt worden.

Kritikpunkte zum BRANDER/SPENCER-Argument. Das o.g. fiktive Zahlenbeispiel zur Darstellung des Phänomens einer erfolgreichen strategischen Handelspolitik könnte nun dahingehend interpretiert werden, dass der Staat aktiv in den Marktprozess eingreifen sollte, damit die heimische Industrie (die unter dem Druck der Auslandskonkurrenz steht) wirtschaftlich erfolgreich operieren kann. Wie ja gezeigt wurde, kann eine Subvention zu einer Umlenkung der Extragewinne führen, die ihrerseits das Volkseinkommen im Inland erhöhen. Der praktischen Verwirklichung dieser Industriepolitik sind Grenzen gesetzt. Es fehlen verlässliche Informationen darüber, wie die Technologien, die Kostenbedingungen und Marktsituationen tatsächlich aussehen. Unvollkommene Information auf Seiten der Regierung im Verbund mit einer Subventionierung analog zum o.g. Markteintrittsspiel, kann auch zu extremen Fehlentscheidungen führen, wie das folgende Beispiel demonstriert. In Tabelle III.6 wird folgende Konstellation unterstellt. Die Unternehmung BOEING habe einen technologisch bedingten Vorteil, so dass BOEING im Markt verbleibt, selbst dann, wenn AIRBUS in den Markt eintritt.

Tabelle III.6:
Markteintrittsentscheidung ohne Subvention

		AIRBUS produziert	AIRBUS produziert nicht
BOEING	produziert	[5 ; -20]	[125 ; 0]
	produziert nicht	[0 ; 100]	[0 ; 0]

Das Marktergebnis lautet in diesem Fall [125 ; 0] ; BOEING produziert und AIRBUS wird dem Markt fernbleiben, um entstehende Verluste in Höhe von 20 Geldeinheiten zu vermeiden.

Angenommen, die Europäische Regierung entscheide sich, AIRBUS mit 25 Geldeinheiten zu subventionieren, wenn AIRBUS produziert. Diese Subvention reicht nicht aus, um das Marktergebnis entscheidend zu verändern. Die neue Situation wird in der Tabelle III.7 dargestellt.

Tabelle III.7:
Markteintrittsentscheidung mit Subvention

		AIRBUS produziert	AIRBUS produziert nicht
BOEING	produziert	[5 ; 5]	[100 ; 0]
	produziert nicht	[0 ; 100]	[0 ; 0]

Das Marktergebnis, das sich nun einstellt, lautet, dass beide Unternehmen produzieren werden; die Lösung lautet [5;5]. Bezogen auf das europäische, subventionierte Unternehmen gilt, dass AIRBUS 25 Geldeinheiten als Subvention erhält, aber nur 5 Geldeinheiten an Gewinnen realisieren kann. Der Grund besteht darin, dass die Subvention den Markteintritt des Mitkonkurrenten nicht verhindern konnte. Obwohl die hypothetischen Werte über die möglichen Gewinne nur wenig geändert wurden, hat sich das Marktergebnis geändert. Die strategische Handelspolitik der Europäer ist in diesem Fall nicht erfolgreich. Dieses Beispiel sollte lediglich aufzeigen, wie sensitiv die Ergebnisse auf Kosten- bzw. auf Gewinnunterschiede reagieren. Eine erfolgreiche strategische Handelspolitik setzt offenbar voraus, dass die Regierung sehr genau die Kosten- und Gewinngrössen kennt (vgl. KRUGMAN (ed.) [1986]; KRUGMAN/OBSTFELD [1988]; Kapitel 11).

III.1.3 Multinationale Unternehmen und Handelspolitik

Wir verwenden wiederum die ökonomischen Rahmenbedingungen, die in **TEIL II**, Abschnitt 2 'Export oder Direktinvestition' aufgestellt wurden. Wir betrachten einen Gütermarkt im Ausland, dessen Nachfrageseite durch eine Erlösfunktion p(X)X beschrieben werden kann. Auf diesem Markt sind möglicherweise nur eine Unternehmung (die inländische Multinationale Unternehmung) oder zwei Unternehmen (die Multinationale Unternehmung und der ausländische, potentielle Konkurrenzanbieter) auf dem Markt. Die (inländische) Multinationale Unternehmung steht vor dem Entscheidungsproblem zu exportieren oder im Ausland direkt zu investieren; die ausländische Unternehmung steht vor einem Markteintrittsproblem. Die Multinationale Unternehmung besitzt einen Kostenvorteil, da sie die unternehmensspezifischen Fixkosten in Höhe von F in der Vergangenheit bereits getätigt hat. Bei einer Direktinvestition im Ausland fallen produktionsstättenspezifische Fixkosten in Höhe von G an. Für den ausländischen Anbieter entstehen bei einem Markteintritt fixe Kosten in Höhe von F und G. Die Ausgangssituation für das interdependete Entscheidungsproblem beider Akteure ist in der Tabelle III.8 zusammengefasst.

Tabelle III.8:

Strategische Handelspolitik gegen Multis

		AUSLÄNDISCHE UNTERNEHMUNG	
		Markteintritt	kein Markteintritt
MULTINATIONALE UNTERNEHMUNG	Markteintritt	$[\pi_E ; 0]$	$[\pi_e ; \pi_e^* \text{-F-G}]$
	kein Markteintritt	$[\pi_M \text{-G}; 0]$	$[\pi_0 \text{-G};\pi_0^* \text{-F-G}]$

In der Ausgangssituation sei die Kosten- und die Gewinnsituation für die ausländische (potentielle) Konkurrenzunternehmung wie folgt gegeben:

$$F + G > \pi_e^*(\tau) > \pi_0^* \quad . \qquad \ldots . (1)$$

Analog zur früheren Darstellung des Ansatzes sind die Grössen $\pi(\cdot)$ <u>optimale</u> Werte. Die im Ausland herrschenden institutionellen Bedingungen seien derart, dass sich die ausländische Unternehmung zuerst entscheidet. Sie wird unter den Bedingungen, die in der Ausgangssituation vorliegen (vgl. (1)) <u>nicht</u> in den Markt eintreten.

Für die Multinationale Unternehmung sei die Ausgangslage wie folgt darstellbar

$$\pi_E < \pi_M - G \quad . \qquad \ldots . (2)$$

Ohne einen handelspolitischen Eingriff des Gastlandes würde sich das folgende Marktergebnis einstellen: Die Multinationale Unternehmung entscheidet sich für Auslandsinvestitionen um vor Ort zu produzieren (vgl. (2)). Die ausländische Unternehmung bleibt dem Markt fern (vgl. (1)). Die sich einstellende Marktform wäre ein Monopolmarkt.

Strategische Handelspolitik. Die ausländische Regierung antizipiert dieses Marktergebnis. Unter bestimmten Bedingungen wird sie versuchen, in die Spielregeln des Marktes einzugreifen um das Marktergebnis zu ändern, etwa in Richtung Markteintritt der 'eigenen' Unternehmung. Angenommen, die ausländische Regierung betreibe eine tarifäre Handelspolitik ($\Delta\tau > 0$) derart, dass sich die Beziehung (1) ändert damit die heimische Unternehmung in den Markt eintritt. Es gilt

$$\pi^*_e(\tau) > F + G > \pi^*_0 \quad .$$

Für die Unternehmung im Ausland würde sich also ein Markteintritt lohnen, wenn die Multinationale Unternehmung nicht direkt investiert.

Gleichzeitig führt die Zollpolitik dazu, dass die Multinationale Unternehmung nicht direkt investiert, sondern die Export-Strategie (also die externe Leistungsverwertung) wählt, wenn

$$\pi_e(\tau) > (\pi_0 - G) \quad . \qquad \ldots.(3)$$

Der Zollsatz τ darf nicht zu hoch angesetzt werden, damit sich die Relation (3) nicht umkehrt, und die Multinationale Unternehmung die Direktinvestition vornimmt. Das Ergebnis der strategischen Handelspolitik besteht somit darin, dass der Markteintritt der heimischen Unternehmung erreicht wird; Direktinvestitionen einer Multinationalen Unternehmung konnten abgewehrt werden. Die Marktform des Monopols wurde durch die strategische Handelspolitik verändert; nun existiert ein Dyopol, mit den entsprechenden Vorteilen für die Konsumenten, da der Produktpreis gegenüber dem Monopolfall niedriger ausfällt (vgl. SMITH [1987]).

III.2 Politische Ökonomie der Protektion

III.2.1 Protektionismus in der Demokratie

Eine der wichtigsten Aussagen der Aussenwirtschaftstheorie wird im Freihandelstheorem erfasst. Das Freihandelstheorem (Gains from Trade) besagt, dass die gesellschaftliche Wohlfahrt durch Freihandel erhöht wird. Die Einführung des freien Güteraustauschs muss dabei nicht bilateral erfolgen, das eigene Interesse einer Volkswirtschaft gebietet es, dass es Zölle aufhebt, selbst wenn die übrigen Länder nicht nachziehen (vgl. FREY [1985]).

In der EINFÜHRUNG wurde argumentiert, dass eine hinreichende Bedingung für Freihandel durch $p \cdot x \geq p \cdot x^a$ gegeben wird. Über die Bedingung des Handelsbilanzausgleichs $p \cdot x = p \cdot c$ und der Bedingung, dass bei Autarkie Konsum- und Produktionsmengen übereinstimmen müssen, $c_i^a = x_i^a$ (i=1,2,..,n), ergibt sich $p \cdot c \geq p \cdot c^a$. Über die Ausgabenfunktion e(·) gilt dann unmittelbar: $e(p,u) \geq e(p.u^a)$ und damit $u \geq u^a$ (wobei p den Freihandelspreisvektor und 'u' den Nutzen bei Freihandel darstellt). Das Freihandelstheorem wird üblicherweise mit dem unten angegebenen Diagramm (vgl. Abb.: III.3) verdeutlicht.

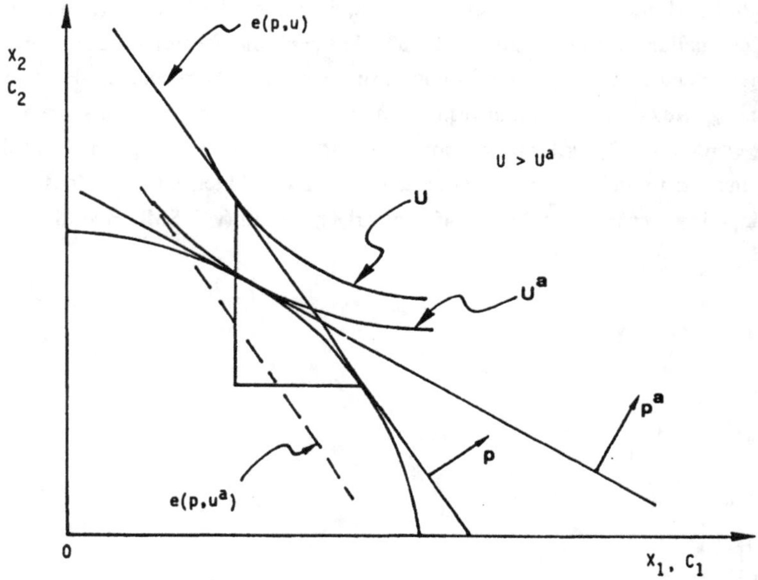

Abb.: III.3 Freihandel ist effizient

Vergleicht man die analytisch formulierten Bedingungen für das Freihandelstheorem mit der graphischen Darstellung in Abb.: III.3 so ergibt sich folgender Zusammenhang. Sind wenigstens einige Preise bei Freihandel gegenüber Autarkie unterschiedlich ($p \neq p^a$) und gibt es in der Produktion und im Konsum Substitutionsmöglichkeiten, so ist Freihandel Parteo-optimal.

Konfrontiert man das oben dargestellte Freihandelstheorem mit der Wirklichkeit, so fällt auf, dass Zölle und den Handel regulierende Massnahmen von Seiten der Volkswirtschaften eher die Regel als die Ausnahme sind. *Warum werden Zölle und Handelsbeschränkungen nicht abgebaut, wenn Freihandel Pareto-opitmal ist?* Die Aussenwirtschaftslehre hat sich mit dem Warum bislang nicht beschäftigt. Die Ausarbeitung einer positiven Theorie über das Zustandekommen von Protektionismus ist von der Wirtschaftstheorie bewusst oder unbewusst dem Gebiet der Politik zugeordnet worden. In der jüngsten Vergangenheit hat sich diese Sichtweise entscheidend verändert. Eine Politische Ökonomie des Protektionismus hat sich entwickelt (vgl. etwa FREY [1985]; HILLMAN [1989]). In der Politischen Ökonomie des Protektionismus werden Zusammenhänge zwischen wirtschaftlichen und politischen Einflüssen mit Hilfe des Instrumentariums der modernen Wirtschaftstheorie und der Politischen Ökonomie analysiert. Ganz allgemein besteht der Ansatz darin, das ökonomische Modell und die Analysetechnik, die sich in der Volkswirtschaftslehre als tragfähig erwiesen haben, auf die politische Ebene zu übertragen. Den Politikern, den Wähler und den Interessenvertreten in der Demokratie wird das ökonomische Verhaltensmodell (der sogenannte *homo oeconomicus*) zugeordnet. Die bekannten neoklassischen Hypothesen werden von den Vertretern der Neuen Politischen Ökonomie um den politischen Sektor ergänzt (BUCHANAN [1975]). Im folgenden Kapitel geht es darum, einen Einblick in die Vorgehensweise und in die Ergebnisse dieser Theorie zu vermitteln.

Das einfache ökonomische Modell des politischen Prozesses kann wie folgt wiedergegeben werden. Unter bestimmten Bedingungen kann das Handeln der Politiker auf die Präferenzen der Wähler zurückgeführt werden. In einer Konkurrenzdemokratie kann ein Kandidat für ein politisches Amt sich nur dann durchsetzen, wenn sein politisches Programm den Wünschen einer Wählermehrheit entspricht. Ein rational handelnder Politiker wird sein politisches Programm entsprechend ausgestalten, so dass es dieser Maxime genügt. Ein an den Präferenzen des Medianwählers orientiertes politisches Programm ist jedem anderen Programm insofern überlegen, als es seinem Vertreter den politischen Erfolg garantiert. (Im Mittelpunkt der politischen Analyse zur endogenen Bestimmung eines Zollsatzes benutzt MAYER [1984] ebenfalls die Medianwählerhypothese, so dass es sinnvoll ist, kurz auf dieses Konzept einzugehen, vgl. Abschnitt III.2.3).

Angenommen, die Wähler einer HECKSCHER-OHLIN-Wirtschaft seien aufgerufen, über die Höhe des Zollsatzes t für das Importgut M abzustimmen. Jeder Wähler präferiert ein ganz bestimmtes Zollsatzniveau $\tilde{t}^i$; die Präferenzen seien eingipflig. Wird ein anderes Zollsatzniveau als $\tilde{t}^i$ gewählt, so bedeutet dies für das i-te Wirtschaftssubjekt eine Schlechterstellung im Vergleich zum optimalen Zollsatz. Die Präferenzen aller Wähler der Ökonomie im Hinblick auf den Zollsatz t für das Importgut können in einer Dichtefunktion h zusammengefasst werden (vgl. Abb.: III.4). Die Verteilung sei symmetrisch; auf der Abszisse ist der präferierte Zollsatz t und auf der Ordinate die Zahl der Wähler abgetragen.

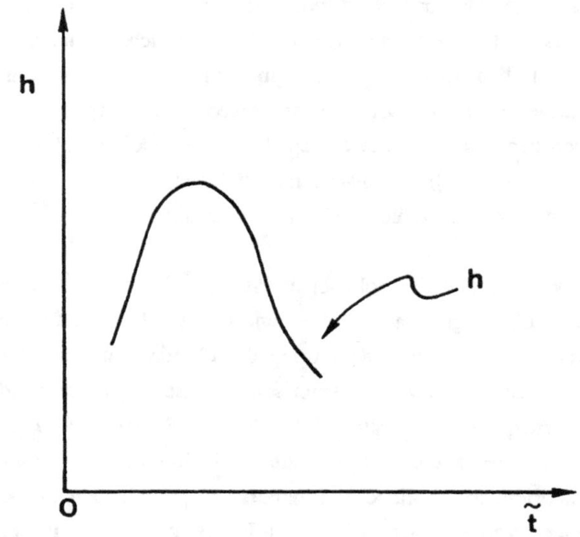

Abb.: III.4: Dichtefunktion für einen optimalen Importzoll

Zur Wahl stellen sich zwei Kandidaten. Jeder Kandidat trifft eine Aussage über die von ihm vorgesehene tarifäre Protektion. Zum Wahlerfolg einer der beiden Kandidaten sei die einfache Mehrheit erforderlich, wobei die Wähler sich allein über die Programmaussagen der Kandidaten entscheiden können. Der Kandidat A spreche sich für eine tarifäre Protektion in Höhe von t_A aus; der Kandidat B für den Zollsatz t_B (vgl. Abb.: III.5).

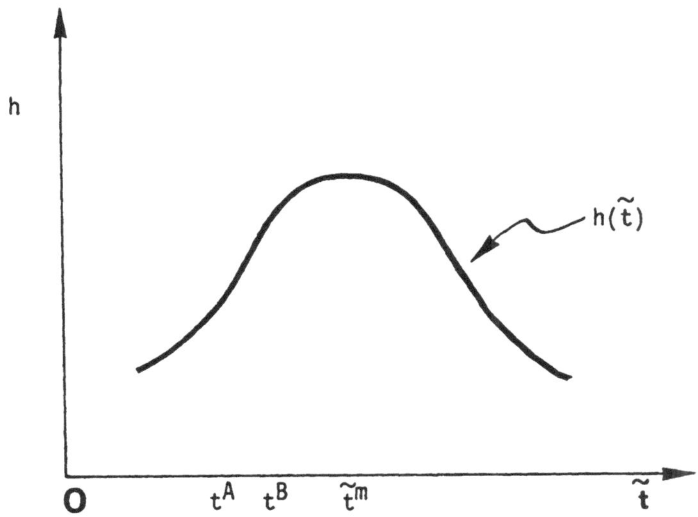

Abb.: III.5: Medianwähler

Alle Wähler, deren präferierte Zollsätze rechts von t_B liegen, werden das für sie günstigere politische Programm t_B unterstützen. Das Programm des Kandidaten B wird letztlich realisiert. Hätte der Kandidat A anstelle von t_A einen Zollsatz in Höhe von $\tilde{t}^m$ zum politischen Programm erhoben, so wäre ihm der Wahlsieg zugefallen. Der Zollsatz $\tilde{t}^m$ hat die besondere Eigenschaft, dass er der Präferenz des Medianwählers entspricht. In einem politischen System der direkten Mehrheitsabstimmung entscheidet der Medianwähler über die Zollprotektion. Der Medianwähler ist jener, der aus einer Minderheit eine Mehrheit macht. Der Politiker kann kein besseres Programm finden das $\tilde{t}^m$ überlegen wäre. Der rationale Politiker zielt also darauf ab, jenen Zollsatz zu propagieren, der vom Medianwähler gewünscht wird.

III.2.2: Protektion eines schrumpfenden Wirtschaftszweiges.

Die Politische Ökonomie des Protektionismus im sogenannten Interessengruppenansatz geht von einem politischen System aus, das der Vorstellung einer repräsentativen Demokratie entspricht. Dies bedeutet, dass die Präferenzen der Wähler die Abgeordneten nur sehr lose binden. Es besteht somit die Möglichkeit, dass Abgeordnete dem Druck von Interessengruppen ausgesetzt sind und dass Abgeordnete systematisch auf Anreize (insbesondere auf materielle Unterstützung) reagieren. Der Interessengruppenansatz geht also davon aus, dass Interessengruppen im politischen Entscheidungsprozess dominieren.[5]

Im folgenden wollen wir ein einfaches Beispiel dafür angeben, wie eine tarifäre Protektion für eine schrumpfende Branche erklärt werden kann. Der Ansatz von HILLMAN [1982] lässt sich wie folgt darstellen.

Ausgangspunkt ist eine RICARDO-VINER Ökonomie.[6] Es geht um die Erklärung einer tarifären Protektion. Die Einführung eines Importzolls T für importierte Produkte der betrachteten Industrie erhöht zunächst die Gewinne $\pi(\cdot)$ der Unternehmen der geschützten Industrie. Zunehmende Gewinne wirken sich positiv auf die Popularität der Regierung aus. Auf der anderen Seite hat die Preiserhöhung von p durch die tarifäre Protektion einen negativen

[5] Vgl. die ausführlichere Arbeit von URSPRUNG [1987].

[6] Man bezeichnet üblicherweise eine Ökonomie als RICARDO-VINER Ökonomie, wenn ein Produktionsfaktor (z.B. Arbeit) zwischen den alternative Verwendungen mobil ist und ein Produktionsfaktor pro Industrie (regelmässig Kapital) sektorspezifisch ist. Angenommen, die Industrie X beschäftigt den mobilen Faktor Arbeit (L) und den sektorspezifischen (immobilen) Faktor Kapital K_x. Der Ertragssatz für Kapital $r_x(p)$ ist eine zunehmende Funktion im Relativpreis p für das Gut X. Steigt der Relativpreis p in Folge (beispielsweise) einer tarifären Protektion, so steigt auch das Faktoreinkommen der spezifischen Produktionsfaktoren (vgl. ausführlich JONES [1979], S. 85-101).

Popularitätseffekt, der von Seiten derjenigen Wähler kommt, die Konsumenten sind. Die Konsumenten sehen den Welthandelspreis p* und den zu hohen inländischen Preis; sie entziehen der Regierung ihre Unterstützung. Die Regierung muss also bei ihrer Zollpolitik auf beide Effekte achten; sie muss beide Wirkungen gegeneinander abwägen. Die Regierung maximiert eine politische Unterstützungsfunktion $\tilde{M}(\cdot)$ derart, dass sich die marginalen positiven Wirkungen einer Preiserhöhung mit den negativen marginalen Effekten gerade ausgleichen.

Die zentrale Überlegung des Ansatzes von HILLMAN [1982] besteht darin, dass die Berücksichtigung der verschiedenen Interessen durch die Regierung nicht aufgrund einer sozialen Wohlfahrtsfunktion entsteht, sondern allein aufgrund der egoistischen Überlegungen, eine möglichst grosse Popularität zu erlangen, um das eigentliche Ziel, die Wiederwahl, zu erreichen.

Die politische Unterstützungsfunktion, in Abhängigkeit des inländischen Preises p, lautet:

$$\tilde{M}(p) = M[\pi(p); p] \quad . \qquad \ldots.(1)$$

Der Gewinn der Unternehmen wird durch $\pi(p)$ angezeigt; der Gewinn nimmt in Preis p zu ($\pi_p > 0$). Je grösser der Gewinn der betrachteten Industrie ist, desto grösser ist die politische Unterstützung von Seiten der Unternehmen, d.h. $M_\pi > 0$. Andererseits gilt, je grösser der inländische Preis p ist, umso enttäuschter sind die Konsumenten, d.h. sie entziehen ihre Unterstützung (somit $M_p < 0$). Der Staat sucht nun einen Preis, der seinen Interessen gerecht wird. Dies wird durch folgende erste Ableitung, die man gleich Null setzt, erreicht

$$\tilde{M}_p = M_\pi \cdot \pi_p + M_p = 0 \quad . \qquad \ldots.(2)$$

Der 'politische Markt' ist über p im Optimum, wenn sich die (marginale) Unterstützung und der (marginale) Popularitätsverlust gerade ausgleichen,

$$\tilde{M}_\pi \cdot \pi_p = - M_p \quad . \qquad \ldots.(2')$$

Im politischen Marktgleichgewicht gilt somit ein Inlandspreis, der grösser ist als der Marktpreis (aber zugleich auch kleiner ist als der Monopolpreis).[7]

---

[7]Der Monopolpreis für die Industrie würde verlangen, dass π_p gleich Null ist. Wie aus der Beziehung (2') ersichtlich, ist die Ableitung $\pi_p = - M_p/M_\pi > 0$. Der Preis entspricht andererseits nicht dem Marktpreis, da es für die Verbraucher zu schwierig ist, sich zu organisieren um sich für ihre Ziele politisch einzusetzen.

Der Marktpreis (der Weltmarktpreis p_1^*), der regulierte Inlandspreis $\tilde{p}_1$ und der Zoll T_1 lassen sich graphisch verdeutlichen (vgl. Abb.: III.6). Die Differenz zwischen dem politisch bestimmten Preis $\tilde{p}_1$ und dem gegebenen Weltmarktpreis p_1^* ist der Zoll T_1, somit gilt

$$\tilde{p}_1 = p_1^* + T_1 \quad . \qquad \qquad .... (3)$$

Der Inlandspreis $\tilde{p}$ maximiert die politische Unterstützungsfunktion $\tilde{M}(\cdot)$ und ist eine Funktion vom Weltmarktpreis p* und T. Durch die Zollerhebung wird der Inlandspreis erhöht; die Importmenge des betrachteten Gutes geht zurück. Gewinner dieser Zollprotektion sind die sektorspezifischen Faktoreigner in der Industrie X; von dieser Seite kommt auch die Unterstützung für den politischen Entscheidungsträger. Die Konsumenten werden durch den Preisanstieg über den herrschenden Weltmarktpreis enttäuscht. Die Regierung berücksichtigt die gegensätzlichen Interessen und bestimmt die Kompromislösung $\tilde{p}$. Diese Preisregulierung maximiert die politische Unterstützung (vgl. Abb.: III.7 die Indifferenzkurve der Regierung $\tilde{M}(\cdot)$ und die Gewinnfunktion der Industrie $\pi(\cdot)$ sind eingetragen; der Tangentialpunkt zwischen beiden Kurven legt den politisch optimalen Preis $\tilde{p}_1$ fest).

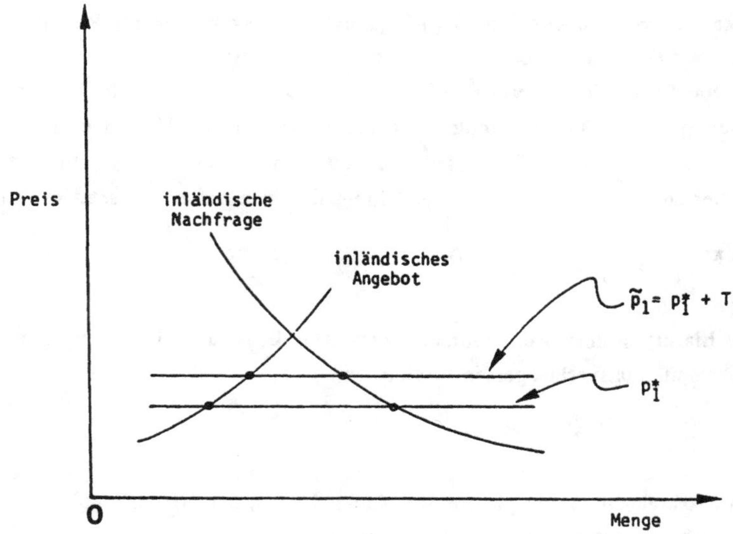

Abb.: III.6: Regulierter Preis $\tilde{p}_1$ in Abhängigkeit des Weltmarktpreis p_1^*

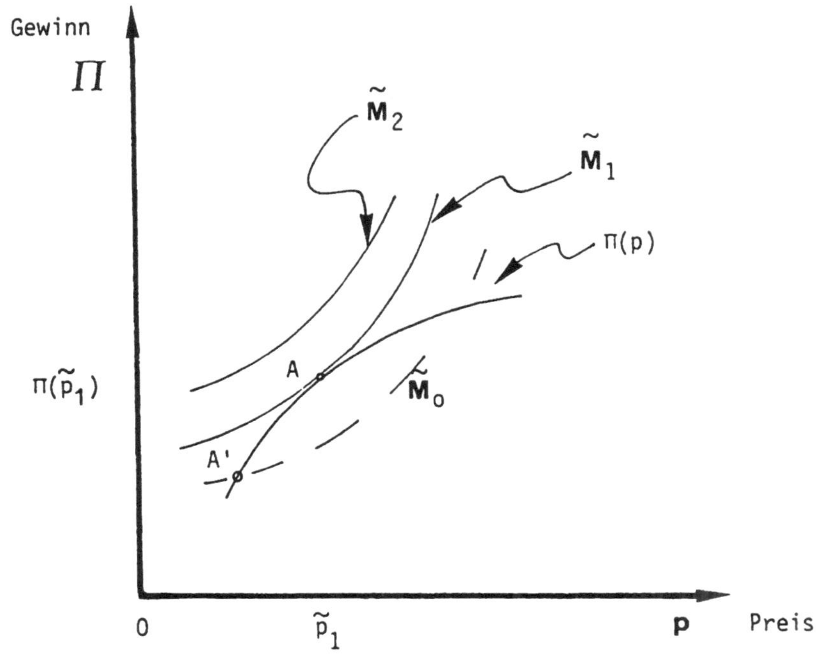

Abb.: III.7: Politisches Marktgleichgewicht

Veränderung des Welthandelspreises p* (komparativ-statische Fragestellung). Angenommen der Weltmarktpreis p* unterliege nun einem Preisverfall ($\Delta p^* < 0$). Wie reagiert der Inlandspreis bzw. der politische Mechanismus, der die Zollprotektion bestimmt? Fällt der Weltmarktpreis, so fällt zunächst der Inlandspreis. Fällt der Inlandspreis, so wird das politische Marktgleichgewicht (bislang in Punkt A; vgl. Abb.: III.7) gestört. Die Regierung verliert an Unterstützung, sie kann nur noch eine relativ niedrige Nutzenniveaulinie (vgl. Abb.: III.7, Punkt A') realisieren. Die Politiker reagieren auf diese Änderung, in dem sie im Zuge des Preisverfalls die Zollprotektion anheben. Ein Rückgang des Welthandelspreises bedeutet also, dass die Protektion zunimmt.

In einer komparativ-statischen Analyse lässt sich qualitativ zeigen, wie der endogen bestimmte Zoll T auf eine Änderung des Weltmarktpreises p* reagiert. Aus der Beziehung (2) ergibt sich (über $p = p^* + T$)

$$g(p^*, T) \equiv M_\pi(p) \cdot \pi_p(p) + M_p(p) = 0 \quad .$$

Wird g(p*,T) implizit abgeleitet ($dT/dp^* = -g_{p^*}/g_T$), so ergibt sich die Änderung des bestimmten Zollsatzes

$$\frac{dT}{dp^*} = -1 \quad \rightarrow dT = -dp^* \quad . \qquad ....(4)$$

Die Anpassungsregel (4) sieht also vor, dass bei einem Preisverfall des Weltmarktpreises um eine Einheit der Zollsatz um genau eine Einheit erhöht wird, so dass der inländische Preis keinen Schwankungen mehr unterworfen ist; der regulierte Preis ist konstant.

Ein möglicher Preisverfall auf dem Weltmarkt führt im o.g. politisch-ökonomischen Ansatz zu einer Erhöhung der Protektion. Der Erklärungsansatz macht deutlich, dass die Regierung den unter wirtschaftlichen Schwierigkeiten geratenen Sektor X deshalb unterstützt, weil dies seinem politischen Eigeninteresse nützt. Somit stellt diese Hypothese von HILLMAN [1982] eine Alternative zum sogenannten *Versicherungsansatz* dar.Der Versicherungsansatz argumentiert, dass Versicherungsmärkte für Einkommensverluste durch Aussenhandel nicht existieren, so dass handelspolitische Interventionen notwendig werden, um schrumpfende Industrien zu schützen, um dadurch die gesellschaftliche Wohlfahrt zu erhöhen.

III.2.3 Protektion in einer HECKSCHER-OHLIN-Wirtschaft

HECKSCHER-OHLIN-Wirtschaft und direkte Demokratie. Die Analyse des politischen Prozesses, der das Zustandekommen der Protektion erklärt, ist dann besonders einfach, wenn man die Wähler in einer direkten Demokratie in die Faktoreigner Arbeiter und Kapitalisten unterteilen kann. Eine Abstimmung zur Mehrheitsfindung führt dann immer zu Autarkie oder zu Freihandel. Ist beispielsweise die Produktion des Importgutes relativ kapitalintensiv, so wird Freihandel immer dann zustandekommen, wenn die Arbeiter in der Mehrheit sind; es kommt andererseits zu probitiven Zöllen, wenn die Kapitalisten die Mehrheit besitzen. Dieses Ergebnis folgt direkt aus dem STOLPER-SAMUELSON-Theorem.

Die Prognose des Modells führt also immer zu extremen Lösungen. Der politische Entscheidungsprozess führt zu vollkommen prohibitiven Zöllen oder zu vollkommenem Freihandel. In

Wirklichkeit sind aber diese Extremfälle die Ausnahme. In den handeltreibenden Volkswirtschaften gibt es einen bestimmten Grad an Protektion, d.h. die Handelsströme werden zwar reguliert, aber in der Regel nicht unterbunden. Verantwortlich für diese unrealistische Modellimplikation ist die strikte Trennung in nur Arbeiter und nur Kapitalisten. Diese strikte Trennung hebt MAYER [1984] in seiner berühmten Arbeit über die endogene Bestimmung einer tarifären Protektion, auf. Jeder Wähler kann einen Anspruch auf den Kapitalbestand der Volkswirtschaft haben, d.h. man geht davon aus, dass der Wähler i über einen positiven Kapitalbestand K^i verfügen kann. Somit kann in der Analyse die Verteilung des Faktorbestandes K^i berücksichtigt werden. Im Mittelpunkt der Analyse von MAYER [1984] steht folgende Überlegung. Die unterschiedliche Kapitalausstattung der Wähler führt zu unterschiedlichen Wohlfahrtswirkungen einer tarifären Protektion. Einige Wähler werden durch Zölle begünstigt, andere haben einen Vorteil aus der Zollprotektion. Jeder Wähler besitzt seinen optimalen Zollsatz, den er mit dem politischen Programm der Regierung bzw. eines Kandidaten vergleicht und sich entsprechend politisch entscheidet. Die Verteilung des relativen Kapitalbestandes K^i/L^i und die Faktorintensität des Importgutes bzw. des Exportgutes bestimmen das Ausmass der Protektion. Autarkie und Freihandel sind zwei Spezialfälle.

a) HECKSCHER-OHLIN Ökonomie, direkte Demokratie und Kapitalverteilung

Annahmen. Wir betrachten eine kleine, offene Volkswirtschaft. Bei vollkommen kompetitiven Märkten werden in zwei Sektoren die Güter X_1 und X_2, unter Einsatz der Produktionsfaktoren Arbeit (L) und Kapital (K), hergestellt. Die Produktionsfunktionen der Unternehmen sind linear homogen. Alle Märkte sind stets geräumt; die Preise sind vollkommen flexibel.

Eine weitere Standardannahme der Aussenhandelstheorie lautet, die Konsumenten haben identische,homothetische Präferenzen. Die Präferenzen werden durch die sogenannte indirekte Nutzenfunktion $V^i(\cdot)$ dargestellt. Der Index V^i gibt den maximal möglichen Nutzen für das i-te Wirtschaftssubjekt an, der bei gegebenem Relativpreis $p \equiv p_1/p_2$ und dem Realeinkommen $y^i \equiv Y^i/p_2$ möglich ist. Die indirekte Nutzenfunktion lautet

$$V^i = v(p, y^i) \quad . \qquad \ldots.(1)$$

Über die Verteilung der Produktionsfaktoren wird folgende Annahmen getroffen. Jedes Wirtschaftssubjekt verfügt über eine Einheit an Arbeit, $L^i \equiv 1$ und über einen Kapitalbestand von K^i mit $K^i \geq 0$ (i = 1,2,..,I). Die individuelle relative Kapitalintensität lautet demnach $k^i = K^i/L^i = K^i \geq 0$.

Der Realeinkommen y^i setzt sich zusammen aus dem Faktoreinkommen aus Arbeit (w) und Kapital ($r \cdot K^i$); darüberhinaus erhält das einzelne Wirtschaftssubjekt Einkommen in Höhe von T^i, die sich aus der Umverteilung der Zolleinnahmen T ergeben.

Setzt man die Beziehung $y^i = s^i \cdot Y$ in die indirekte Nutzenfunktion $V^i(\cdot)$ ein, so ergibt sich

$$V^i = V(p, s^i \cdot Y) \qquad . \qquad \ldots .(1')$$

Man erkennt aus (1'), dass eine Änderung von p und Y (dem Gesamteinkommen), alle Wirtschaftssubjekte (und damit die potentiellen Wähler) gleichermassen betrifft. Die Wirtschaftssubjekte unterscheiden sich aber im Faktoreinkommensanteil s^i ; s^i wird aber durch eine Zollsatzänderung unterschiedlich verändert. Dies soll im folgenden gezeigt werden, denn diese Änderung von s^i bestimmt letztlich den optimalen Zollsatz $\tilde{t}^i$ und damit den Wählerwillen.

Zollsatzänderung und individueller Nutzen. Der Relativpreis des Importgutes beträgt $p = p^*(1+t)$. Die komparativ-statische Frage lautet, wie ändert sich der Nutzenindex $V^i(\cdot)$, wenn der Importzoll erhöht wird? Wir differenzieren (1') nach t,

$$\frac{dV^i}{dt} = \frac{dV}{dp} \cdot \frac{dp}{dt} + \frac{dV}{dy_i} \cdot \frac{dy^i}{dt} \qquad . \qquad \ldots .(2)$$

Man versucht, nach Möglichkeit die Ausdrücke in (2) durch konkrete Terme zu ersetzen, wobei insbesondere die Dualität hilfreich ist. Zunächst lässt sich der Ausdruck dp/dt durch p* ersetzen. Der Term dy^i/dt lautet $(Y \cdot \partial s^i/\partial t + s^i \cdot \partial Y/\partial t)$ und $dV(\cdot)/dp$ lässt sich durch folgende Identität (Roy's Identität)[8]

$$D_1^i = s^i \cdot D_1 = \frac{(\partial V/\partial p)}{(\partial V/\partial y^i)} \qquad . \qquad \ldots .(2')$$

ersetzen. Nach $\partial V/\partial p$ aufgelöst und in (2) eingesetzt ergibt folgenden Ausdruck (einschliesslich der soeben genannten Ableitungen)

---

[8]Die homothetische Präferenzstruktur hat die Eigenschaft, daß die individuelle Güternachfrage immer gleich der gesamtwirtschaftlichen Güternachfrage, multipliziert mit dem Faktoranteil s^i, ist.Somit gilt für die Nachfrage nach Gut 1 für den Nachfrager i

$$D_1^i = s^i \cdot D_1 \quad .$$

$$\frac{\partial v^i}{\partial t} = \frac{\partial v}{\partial y_i} \cdot \left[Y \cdot \partial s^i / \partial t + s^i \cdot \partial Y / \partial t - s^i p^* D_1 \right]. \qquad \ldots (3)$$

Das Realeinkommen lautet demnach

$$y^i = w + r \cdot K^i + T^i \qquad i = 1, 2, \ldots, I. \qquad \ldots (4)$$

Die Verteilung der gesamtwirtschaftlichen Zolleinnahmen T auf die Wirtschaftssubjekte erfolgt nach einer neutralen Regel. Je nach dem Anteil am Faktoreinkommen erfolgt die Verteilung der Zolleinnahmen, d.h.

$$T^i = s^i \cdot T \quad , \qquad \ldots (4')$$

wobei für den Einkommensanteil s^i gilt

$$s^i = (w + r \cdot K^i) \; / (wL + rK) \quad . \qquad \ldots (5)$$

Wird nun T^i in (4) durch die Beziehungen (4') und (5) ersetzt, so ergibt sich,

$$y^i = s^i \cdot \left[wL + rK + T \right] = s^i \cdot Y \quad . \qquad \ldots (6)$$

Das individuelle Realeinkommen ist ein Anteil am Gesamteinkommen Y. Das Volkswirtschaftliche Einkommen wird mit $Y = wL + rK + T$ abgekürzt. Die Zolleinnahmen der betrachteten Volkswirtschaft ergeben sich durch den mit dem Zollsatz t bewerteten Importen (wobei p^* der Weltmarktpreis und M die Importmenge von Gut X_1 darstellt)

$$T = t\,p^* M \quad . \qquad \ldots (7)$$

b) Der individuelle, optimale Zollsatz.

Wichtig ist im folgenden der eindeutige Zusammenhang zwischen der indivudelle Faktorausstattung k^i und dem herrschenden Zollsatz t. Aus der Tatsache, dass die Verteilung der Faktorausstattung ungleich ist, ergibt sich, dass auch die Wirtschaftssubjekte, unterschiedlich von einer Zollsatzänderung betroffen werden. Eine Zollsatzerhöhung kann einige Wirtschaftssubjekte besser stellen, anderen aber Verluste zufügen.

Um die Nutzenänderung $\partial V^i(\cdot)/\partial t$ in (3) zu konkretisieren, müssen nur noch die partiellen Ableitungen $\partial s^i/\partial t$ und $\partial Y/\partial t$ ermittelt werden. Den Faktoreinkommensanteil s^i nach t abgeleitet ergibt[9]

$$\frac{\partial s^i}{\partial t} = \frac{wL\{r(k - k^i)(\hat{w} - \hat{r})/\hat{p}\}}{(1 + t)(wL + rK)^2} \quad . \qquad \ldots .(8)$$

Das Vorzeichen von (8) lässt sich nun in Abhängigkeit der individuellen relativen Faktorausstattung k^i (im Vergleich zur gesamtwirtschaftlichen relativen Kapitalintensität $k = K/L$) und der Faktorintensität des Importgutes angeben (die Faktorpreisänderung in Folge einer Preisänderung gibt uns ja das bekannte STOLPER-SAMUELSON-Theorem an; ist das Importgut kapitalintensiv, so ist der Ausdruck $[(\hat{w} - \hat{r})/\hat{p}] < 0$ negativ). Besitzt das Wirt-schaftssubjekt i relativ mehr Kapital als der Durchschnitt ($k^i > k$), so nimmt der Faktoreinkommensanteil s^i in t zu. Ist der Faktoreigner relativ knapp mit Kapital ausgestattet, $k^i < k$, so verliert dieser Wähler aus der Zollsatzerhöhung. Decken sich relative, individuelle Faktorintensität k^i mit der gesamtwirtschaftlichen Faktorintensität k ($k^i = k$), so kommt es zu keiner Einkommensanteilsänderung in Folge einer Zollsatzerhöhung.

Die Ableitung des Volkseinkommens Y nach t ergibt sich wie folgt. Das Volkseinkommen ist von der der Verteilungsseite und der Entstehungsseite her wie folgt gegeben

$$Y = wL + rK + T = pX_1 + X_2 + tp^*M \quad . \qquad \ldots .(9)$$

Totales Differential der rechten Seite der Gleichung (9) ergibt folgenden Ausdruck $dY = dpX_1 + (pdX_1 + dX_2) + d(tp^*M) = dpX_1 + d(tp^*M)$, da die Tangentialbedingung $dX_2/dX_1 = -p$ erfüllt ist. Die Ableitung dp/dt ist p^* und ($X_1 + M = D_1$), so dass für die Änderung des Volkseinkommens

$$\frac{\partial Y}{\partial t} = p^*D_1 + tp^*(\partial M/\partial t) \quad . \qquad \ldots .(9')$$

mit $\partial M/\partial t < 0$.

[9]Unter Verwendung von w(p), r(p), $p = (1+t)p^*$ und $dp/dt = p^*$ bzw. $p^* = p/(1 + t)$ ergibt den Ausdruck in (8).

<u>Der optimale Zollsatz</u>. Wir ersetzen in (3) zunächst nur die Änderung des Volkseinkommens in Folge einer Zolländerung (∂Y/∂t). Es ergibt sich für die Nutzenänderung

$$\frac{\partial V^i}{\partial t} = \frac{\partial V^i}{\partial y_i} \cdot \left[Y \cdot (\partial s^i / \partial t) + s^i t\, p^* (\partial M / \partial t) \right] \quad . \qquad \ldots . (3')$$

Man erkennt aus dieser Beziehung, dass die Nutzenänderung von zwei Grössen bestimmt wird, Veränderung des Importwertes und Veränderung des Faktoranteils. Man verwendet nun die Beziehung (3') um den optimalen Zollsatz $\tilde{t}^i$ zu errechnen. Ein Zollsatz ist optimal, wenn die partielle Ableitung $\partial V^i(\cdot)/\partial t$ gleich Null ist. Aufgrund der Präferenzstruktur sei der optimale Zollsatz $\tilde{t}^i$ eindeutig, man spricht auch davon, die Nachfrager haben eingipflige Präferenzen in Bezug auf den Zollsatz t. Wir setzen die partielle Ableitung $\partial V^i/\partial t$ gleich null und lösen $\tilde{t}^i$ auf,

$$\tilde{t}^i = \left[(\partial s^i / \partial t) / s^i \right] \cdot \left[- Y / p^* (\partial M / \partial t) \right] \quad . \qquad \ldots . (10)$$

Das Vorzeichen von $\tilde{t}^i$ wird bestimmt durch die Ableitung $\partial s^i/\partial t$. Nimmt der Anteilswert s^i in t zu, so ist der Zollsatz positiv. Nimmt s^i in t ab, so ist der Zollsatz negativ (Subvention); findet keine Veränderung in s^i statt, so ist Freihandel gerade optimal. Der optimale Zollsatz wird durch die Veränderung des Faktoreinkommensanteils s^i bestimmt; wir wissen aber über (8) wie s^i auf t reagiert und zwar in Abhängigkeit der relativen Kapitalausstattung (k^i) und der Importstruktur i.S. der Faktorintensität der importierten Güter.

(Zur Beweisführung). Wir betrachten zunächst ein Wirtschaftssubjekt j, mit der relativen Kapitalausstattung $\tilde{k}^j$ für die der zur Zeit herrschende Zollsatz t gerade optimal ist. Wir verwenden also die Optimalitätsbedingung (10). In Verbindung mit (8), muss die individuelle relative Kapitalausstattung $\tilde{k}^j$ folgende Optimalitätsbedingung erfüllen,

$$t = - \frac{Y}{p^* \cdot \frac{\partial M}{\partial t}} \cdot \frac{wL(\hat{w} - \hat{r})}{(wL + rK) + 1 + t)\hat{p}} \cdot \frac{r(k - \tilde{k}^j)}{(w + r\tilde{k}^j)} \quad . \qquad \ldots . (11)$$

Die Einkommensänderung $\partial y^i(\cdot)/\partial t$, abgekürzt mit $B^i(k^i,t)$, lässt sich auch schreiben (vgl. (6))

$$B^i(k^i, t) = \frac{\partial u(\cdot)/\partial t}{\partial u(\cdot)/\partial y^i} = s^i \left\{ t p^* \left[\frac{\partial M}{\partial t} \right] + Y \cdot \frac{\partial s^i}{\partial t} / s^i \right\} \quad \ldots.(12)$$

Die Beziehung (12), die die Einkommensänderung in Folge einer Zollsatzerhöhung angibt, ersetzt man nun t durch den Ausdruck in (10), die Änderung des Einkommensanteils $\partial s^i/\partial t$ durch die Beziehung (8) und den Einkommensanteil s^i durch die Definitionsgleichung (5). Durch Einsetzen ergibt sich (13)

$$B^i(k^i, t) = - \frac{w \cdot r Y}{(w + r\bar{k}^j)(wL + rK)} \left\{ \frac{(\hat{w} - \hat{r})/p}{(1 + t)} \right\} \cdot (k^i - \bar{k}^j), \quad \ldots.(13)$$

wobei $\{-(\hat{w} - \hat{r})/(p(1+t))\} > 0$, wenn das Importgut M kapital intensiv in der Produktion ist.

Damit gilt, die Einkommensänderung für ein Wirtschaftssubjekt k^i ist positiv, wenn seine relative Kapitalausstattung k^i grösser als die Kapitalausstattung von Wirtschaftssubjekt j ($\bar{k}^j$) ist. Die Einkommensänderung ist negativ, wenn i einen geringeren Kapitalanteil k^i hält als das Wirtschaftssubjekt j mit $\bar{k}^j$. Die Einkommensänderung $\partial y^i(\cdot)/\partial t$, abgekürzt mit $B^i(k^i,t)$ ist zunehmend in k^i und (vgl. (13)) abnehmend in t. ||

Die formale Analyse von MAYER [1984] wird durch eine graphische Darstellung ergänzt. In der Abb.: III.8 sind auf der Abszisse mögliche, individuelle Faktoranteile k^i abgetragen, während auf der Ordinate die Einkommensänderung $B^i(\cdot)$ eingezeichnet wird. Aus der Beziehung (13) kann man unmittelbar entnehmen, für den Wähler j, mit der relativen Kapitalausstattung $\bar{k}^j$ und bei einem gegebenen Zollsatz t, ist die Einkommensänderung Null (vgl. den Punkt $\bar{k}^j$ in Abb.: III.8). Für ein anderes Wirtschaftssubjekt i , mit einer relativen Kapitalausstattung $k^i > \bar{k}^j$ gilt, dass die Einkommensänderung $B^i(\cdot)$ positiv ist; für eine individuelle Faktorausstattung $k^i < \bar{k}^j$ ist die Einkommensänderung $B^i(\cdot) = \partial y^i/\partial t$ negativ. Die Kurve $B(k^i,t)$, für gegebenen Zollsatz t, gibt an, wer durch eine Zollsatzerhöhung verliert (alle Faktoreigner für die $k^i < \bar{k}^j$ gilt) und wer durch die handelspolitische Massnahme gewinnt (alle jene, für die $k^i > \bar{k}^j$ gilt).

Angenommen, der Importzoll wird von t auf auf t_1 erhöht. Die Kurve $B(\cdot)$ verschiebt sich parallel nach rechts (vgl. Abb.: III.9). Der Bereich derjenigen Wirtschaftssubjekte bzw. Wähler, die die durch die Zollerhöhung gewinnen, wird kleiner; der Bereich, der die Menge aller

Verlierer angibt, wird grösser. Eine Zollsatzänderung hat also unterschiedliche Wirkungen; einige Wirtschaftssubjekte können ihre Einkommensposition verbessern, andere verlieren durch die handelspolitische Massnahmen. In einem politischen System einer direkten Demokratie, mit (einfacher) Mehrheitsabstimmung, muss dies notwendigerweise Konsequenzen haben.

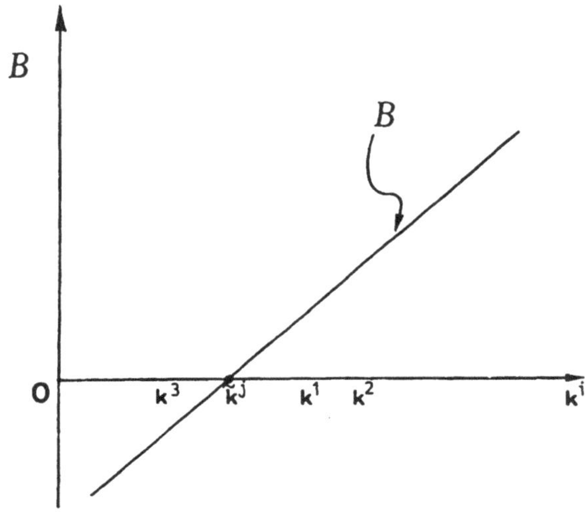

Abb.: III.8: Einkommensänderung durch einen Importzoll

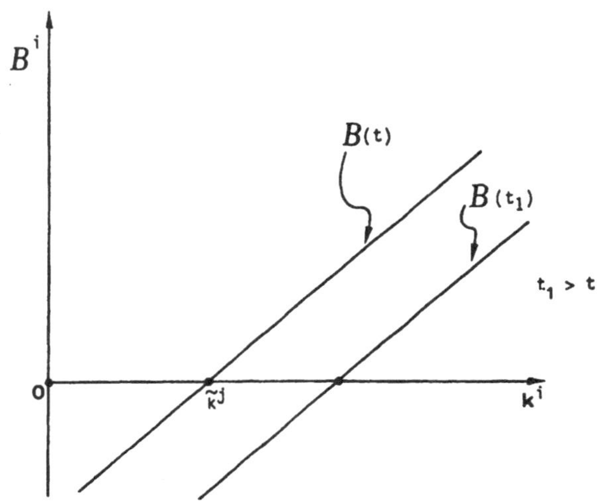

Abb.: III.9 Zollerhöhung

c) Wie sieht nun der optimale Zollschutz aus bzw. wie stellt sich der Optimalzoll t^* im politischen Entscheidungsprozess ein? Über das Zustandekommen von gleichgewichtigen Lösungen in Direktdemokratien bei Mehrheitsabstimmungen gibt das sogenannte Medianwählerkonzept Auskunft. Fallen keine Abstimmungskosten an, sind darüberhinaus alle Wähler vollkommen informiert und haben die Wähler eingipflige Präferenzen, so entspricht der Optimalzoll für die Volkswirtschaft dem optimalen Zollsatz des Medianwählers ($t^* \equiv \tilde{t}^m$). In einer direkten Demokratie wird somit der optimale Zollsatz des Medianwählers institutionalisiert.

Welchen Wert nimmt der Zollsatz $\tilde{t}^m$ des Medianwählers an? Über die Beziehungen (8) und (10) wurde hergeleitet, der optimale Zollsatz $\tilde{t}^i$ für das Wirtschaftssubjekt i (und bezogen auf das kapitalintensive Importgut) ist positiv, wenn der Wähler i einen relativen Kapitalbestand k^i besitzt, der grösser ist als der gesamtwirtschaftliche, durchschnittliche Kapitalbestand k ($k^i > k$). Der Optimalzoll $\tilde{t}^i$ ist negativ (Subvention), wenn k^i kleiner ist als k. Der Zollsatz $\tilde{t}^i$ ist genau dann null, wenn das relative Faktorausstattungsverhältnis k^i der gesamtwirtschaftlichen Kapitalintensität entspricht.

In den meisten Volkswirtschaften ist der Median der Verteilung des Kapitals (k^m) kleiner als der Mittelwert (k) (vgl. Abb.: III.10 mit einem links steilen (rechts schiefen) Verlauf der Dichtefunktion $f(k^i)$). Ist der Median der Kapitalverteilung kleiner als der Mittelwert, so lautet die Aussage des Modells von MAYER [1984], dass das kapitalintensive Importgut subventioniert wird ($\tilde{t}^m$ ist negativ) und das arbeitsintensive Importgut mit einem Zollsatz ($\tilde{t}^m$ ist positiv) belegt wird.

Gibt es unter diesen Bedingungen eine Chance für Freihandel? Freihandel tritt ein, wenn der Optimalzoll des Medianwählers Null ist. Dies ist genau dann möglich, wenn die Kapitalverteilung in der Volkswirtschaft symmetrisch ist (eine symmetrische Kapitalverteilung ist aber ein sehr unwahrscheinlicher Spezialfall einer relativen Kapitalverteilung).

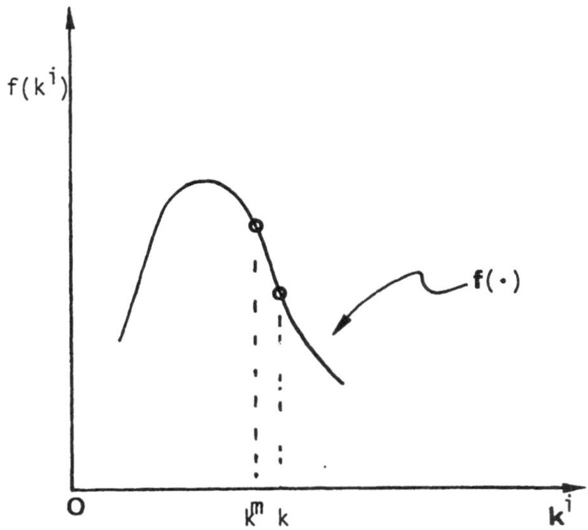

Abb.: III.10: Kapitalverteilung als Dichtefunktion (mit k dem Durchschnittswert und k^m dem Median)

III.2.4 Ausländische Interessen und inländische Handelspolitik - HILLMAN/URSPRUNG Ansatz

Auf die wichtigen Beziehungen zwischen ausländischen Interessen und inländischer Handelspolitik wird im folgenden eingegangen. Grundlage ist die Arbeit von HILLMAN/URSPRUNG [1988]. Die Grundüberlegung lässt sich folgendermassen skizzieren. Eine inländische Branche X ersuche auf dem politischen Markt für Protektion Schutz vor der ausländischen Konkurrenz, d.h. Schutz in Form von Importzöllen (tarifäre Protektion) oder in Form von Exportrestriktionen (sogenannte Selbstbeschränkungsabkommen: Export Voluntary Restraint's (VER's)) gegenüber ausländischen Produkten derselben Branche X*. Das Modell berücksichtigt allein die Interessen und Anreizstruktur der betroffenen Unternehmen. Betroffen sind vorallem die ausländischen Exporteure. Die ausländischen Hersteller werden versuchen (soweit möglich), in den politischen Willensbildungsprozess im Inland einzuwirken, mit dem Ziel, eine liberale Handelspolitik zu unterstützen und wenn möglich, zum Erfolg zu verhelfen. Wir haben es mit zwei Interessengruppen zu tun, die je nach dem politischen und ökonomischen Umfeld die Entscheidung für 'mehr Protektion oder mehr liberale Handelspolitik' (bzw. auch die Extremlösungen keine Importe oder Freihandel sind möglich) in einem Wahlkampf zu ihren Gunsten beeinflussen.

Ausgangspunkt ist ein partielles Aussenhandelsmodell, das den politischen Prozess (den Wahlkampf zwischen zwei Kandidaten) mit einschliesst. Die zur Wahl stehenden Politiker werden durch ihre Wahlkampfplattformen beschrieben, die von den direkt betroffenen (in- und ausländischen) Unternehmen beobachtet wird. Die Interessengruppen (ausländische Unternehmen und inländische Unternehmen) versuchen, ihren präferierten Kandidaten durch Wahlkampbeiträge zu unterstützen. Die Summe der realisierten Wahlkampfbeiträge eines Kandidaten legt seine Erfolgsaussichten fest; je grösser die Summe der materiellen Unterstützung ist, desto grösser ist (ceterius paribus) die Chance, dass der betreffende Kandidat die Wahl gewinnt. Aus der Sicht der einzelnen Unternehmung (entweder aus der Gruppe der protektionistisch eingestellten inländischen Unternehmergruppe oder der freihändlerisch eingestellten ausländischen Exporteure) ist die Bereitstellung von Wahlkampfbeiträgen für ein 'Öffentliches Gut' Protektion bzw. Freihandel ein Anreizproblem. Das Problem einer privaten Bereitstellung eines Öffentlichen Gutes besteht im Trittbrettfahrerverhalten. Der Anreiz einen Beitrag zu leisten ist im vorliegenden Beispiel invers zu Anzahl der um Protektion bzw. Freihandel ersuchenden Interessengruppe. Das Ergebnis auf dem politischen Markt wird somit entscheidend davon abhängig sein, die gross die Anzahl der Anbieter ist bzw. wie die Marktstruktur der beiden Sektoren aussieht. Je kompetitiver ein Markt ist, umso geringer sind die Anreize sich privat an der Bereitstellung eines Öffentlichen Gutes zu beteiligen; damit steigen die Chancen für mehr Freihandel.

a) Unternehmensverhalten.

Es wird ein inländischer Markt für ein differenziertes Produkt X betrachtet, der in Konkurrenz zu Importen steht.[10] Auf dem betrachteten Markt sind n inländische Unternehmen aktiv, die

alle identisch sind. Die Zielfunktion der Unternehmen ist die Gewinnmaximierung über den optimalen Einsatz der Instrumentvariablen Angebotsmenge x_i und einem Wahlkampfbeitrag L_i

[10]Die Produktdifferenzierung erfolgt dabei in dem Sinne, dass es sich um inländische bzw ausländische Produkte handelt.

für einen politischen Kandidaten, der eine protektionistische Politik verfolgt. Die Zielfunktion lautet demnach (mit konstanten Produktionskosten c pro Outputeinheit)

$$\max_{[x_i, L_i]} \pi_i(\cdot) = [p - c] \cdot x_i - L_i \qquad i = 1, 2, \ldots, n \quad \ldots\ldots (1.1)$$

Die ausländischen Unternehmen (die Exporteure im Ausland) bieten das differenzierte Produkt im Inland zu einem Preis p* an; die Produktionskosten sind gleich den der inländischen Unternehmen, wobei aber ein Zollsatz die Grenzkosten der Exporte erhöhen kann. Die n* identischen ausländischen Unternehmen versuchen ebenfalls, die Handelspolitik des Inlands über die Wahlkampfbeiträge (L_i^*) nach ihren Zielvorstellung zu beeinflussen. Sie unterstützen eine Handelspolitik die ihren Zielen, unbehinderte Exporte, dient. Die Zielfunktion der Exporteure lautet

$$\max_{[x_i^*, L_i^*]} \pi^*(\cdot) = [p^* - c - \tau] - L_i^* \qquad i = 1, 2, \ldots, n^* \quad \ldots\ldots (1.2)$$

Die Nachfrage des Inlandsmarktes für heimische Produkte (D(p,p*)) und für ausländische Produkte (D*(p,p*)) lautet

$$x = D(p, p^*) = \frac{1}{b} \cdot \left[a - p + \phi p^*\right] \qquad \ldots . (2.1)$$

$$x^* = D^*(p, p^*) = \frac{1}{b} \cdot \left[a - p^* + \phi p\right] \qquad \ldots . (2.2)$$

Der Parameter $0 \leq \phi < 1$ bringt zum Ausdruck, wie gut inländische gegen ausländische Produkte substituierbar sind. Aus den Nachfragefunktionen ist ersichtlich, dass bei Preisgleichheit $p = p^*$ Mengengleichheit $x = x^*$ gilt; für die Situation $p > p^*$ soll anderseits gelten $x > 0$, d.h. die inländischen Anbieter verlieren nicht ihren gesamten Markt, wenn ihr Preis höher ist als der der ausländischen Konkurrenz.

Im übrigen gilt wiederum die COURNOT-Konjektur $\gamma = 1$, d.h. der einzelne Anbieter erwartet, dass die übrigen Unternehmen nicht auf seine Mengenentscheidung reagieren werden. Im weiteren gilt für $x \equiv n \cdot x_i$ und $x^* \equiv n^* \cdot x_i^*$. Da die politischen Wahlplattformen der beiden Kandidaten aus einem Importzoll ($\tau > 0$) oder einer mengenmässigen Restriktion der ausländischen Exporte bestehen können (die sogenannte 'voluntary export restraint' VER), müssen freiwillige Exportbeschränkungen in die Analyse eingeführt werden. Die einzelne ausländische

Unternehmung kann nicht mehr im Inland absetzen als $x_i^* \leq V/n^*$ (die gesamtwirtschaftliche Exportbeschränkung ist $x_i^* n^* \leq V$; ein V identisch Null bedeutet, dass keine Importe möglich sind; anderseits existiert ein V^F das gerade mit den Freihandelsmengen kompatibel ist). Je grösser V ist, desto weniger restriktiv bindet das Exportbeschränkungs-abkommen.

Die beiden politischen Kandidaten verfolgen das Ziel, die Wahl zu gewinnen. Die Wiederwahlchancen erhöhen sich, wenn die monetären Beiträge zu den Wahlkampfkosten steigen. Der einzelne Kandidat versucht, die Wahrscheinlichkeit, dass er gewählt wird, dadurch zu erhöhen, dass er einen möglichst grossen Anteil von den gesamten Wahlkampfbeiträgen auf sich vereinigen kann.[11] Die Zielfunktion des protektionistischen Kandidaten lautet, Maximierung der Wiederwahlchancen $W(L,L^*) = L/(L+L^*)$. Der Kandidat, der eine liberale Handelspolitik verfolgt, maximiert seine Wiederwahlchancen, wenn er $W(L,L^*)$ minimiert (seine Wiederwahlchancen werden durch $[1 - W(L,L^*)]$ angezeigt). Damit ist der Modellrahmen beschrieben.

Es wird also davon ausgegangen, dass die von handelspolitischen Massnahmen betroffenen (inländischen und ausländischen) Unternehmen den Wahlkampf beobachten und den jeweils präferierten Kandidaten mit Beiträgen zu den Wahlkampfkosten unterstützen. Die Summe der Wahlkampfbeiträge, die ein Kandidat auf sich vereinigen kann, bestimmt cet. paribus, seine Wiederwahlchancen. Die Summe der einzelnen Wahlkampfbeiträge stellen somit ein Öffentliches Gut bereit; dies ist ein wichtiger Aspekt des Ansatzes von HILLMAN/URSPRUNG [1988]. Wir haben es mit der privaten Bereitstellung eines Öffentlichen Gutes zu tun, das unmittelbar mit dem Phänomen des Trittbrettfahrerverhaltens in Verbindung steht.

Handelspolitiken. Im folgenden soll gezeigt werden, dass das handelspolitische Instrument *Importzoll* τ zu divergenten und sogenannte *freiwillige Exportbeschränkungen* V zu konvergenten politischen Wahlkampfplattformen führen. Entscheidend ist die Marktstruktur, unter der Aussenhandel in Verbindung mit dem politischen Wettkampf stattfindet.

---

[11]Die Summe der Wahlkampfbeiträge lautet:

$$L + L^* \equiv \sum_i^n L_i + \sum_i^{n^*} L_i^* \quad .$$

Importzoll. Angenommen, der politische Wettkampf drehe sich um das Niveau eines Importzollsatzes τ. Die Unternehmen maximieren ihre Zielfunktionen über die Mengenvariable x_i und x_i^*. Bei der unterstellen COURNOT-Konjektur ergibt sich, dass die Angebotsmengen der inländischen Unternehmen $x_i(\tau)$ eine (linear) zunehmende Funktion im Zollsatz sind. Für die ausländischen Exporteure gilt, dass die optimalen Angebotsmengen $x_i^*(\tau)$ eine (linear) fallende Funktion im Zollsatz sind. Ein prohibitiv hoher Zollsatz führt dazu, dass die Angebotsmengen der ausländischen Unternehmen gleich Null sind ($x_i^*(\tau^a) = 0$; τ^a bezeichnet den Zollsatz, der Handel verhindert). Über die optimalen Angebotsmengen sind auch die Gewinne der Unternehmen vom Zollsatz abhängig (vgl. Abb.: III.11; τ^a ist der Zollsatz, der Aussenhandel in dem betrachteten Sektor verhindert).

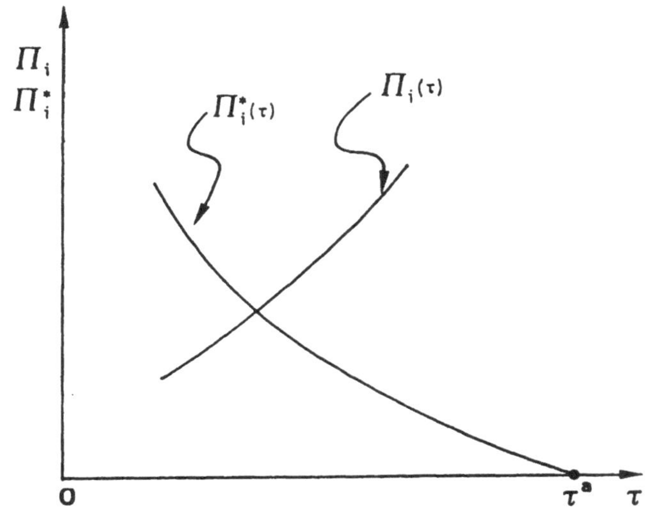

Abb.: III.11: Unternehmensgewinne in Abhängigkeit des Importzollsatzes τ

Die optimale Höhe des Wahlkampfbeitrags (L_i,L_i^*). Die einzelnen Unternehmen treffen vor der Wahl (ex ante) eine Entscheidung über die Höhe des Wahlkampfbeitrages, den sie zugunsten ihres präferierten Kandidaten leisten. Der Gewinn einer Unternehmung ist somit abhängig vom Ausgang der Wahl. Für eine repräsentative ausländische Unternehmung lautet der erwartete Gewinn

$$E[\pi_i^*] \equiv W(L, L^*) \cdot [\pi_i^*(\tau_1) - L_i^*] + (1 - W(L, L^*)) \cdot [\pi_i^*(\tau_0) - L_i^*]$$

$$= W \cdot \pi^*(\tau_1) + (1 - W) \cdot \pi^*(\tau_0) - L_i^* \quad . \qquad \ldots.(3)$$

mit $\tau_1 \geq \tau_0$. Die Unternehmen maximieren den Erwartungsgewinn $E[\cdot]$ über die Instrumentvariable L_i^* bzw. L_i. Die Bedingung für ein Maximum des Erwartungsgewinns lautet

$$\frac{\partial E[\pi_i^*]}{\partial L_i^*} = 0 \; : \qquad \frac{L}{(L + L^*)^2} \cdot \Delta\pi_i^* = 1 \;\; \forall\, i, \qquad \ldots.(4.1)$$

mit der Abkürzung $\Delta\pi_i^* \equiv \pi_i^*(\tau_0) - \pi_i^*(\tau_1)$.

Eine analoge Bedingung ergibt sich aus der Maximierung des erwarteten Gewinns für die inländischen Unternehmen,

$$\frac{\partial E[\pi_i]}{\partial L_i} = 0 \; ; \qquad \frac{L^*}{(L + L^*)^2} \cdot \Delta\pi_i = 1 \;\; \forall\, i, \qquad \ldots(4.2)$$

mit $\Delta\pi_i \equiv \pi_i(\tau_1) - \pi_i(\tau_0)$.

Man setzt (4.1) und (4.2) gleich und erhält die Beziehung (5), die eine Verbindung zwischen den Zielen der Unternehmung (Gewinnmaximierung) und dem politischen Wettkampf (Erhöhung der Wiederwahlchancen) anzeigt

$$\frac{L}{L^*} = \frac{\Delta\pi_i}{\Delta\pi_i^*} \equiv R(\tau_0, \tau_1). \qquad \ldots.(5)$$

Zur Verdeutlichung: Der Kandidat mit der protektionistischen Zielsetzung versucht, die Erfolgswahrscheinlichkeit $W(L,L^*) = L/(L + L^*)$ zu erhöhen, in dem er den für ihm optimalen Importzoll wählt. Die Maximierung von $L/(L + L^*)$ ist gleichbedeutend mit der Maximierung von L/L^*; d.h. die optimale Wahlkampfplattform für den protektionistisch eingestellten Kandidaten besteht darin, $R(\tau_0,\tau_1)$ zu maximieren. Der Kandidat, der eine freihändlerische Position verfolgt erhöht seine eigenen Erfolgsaussichten, wenn er $R(\cdot)$ so niedrig wie möglich hält. Offensichtlich führt der politische Wettbewerb um Wahlkampfunterstützung über die Wahl der Importzölle zu politisch divergerten Wahlkampfplattformen.

Betrachtet man die Funktion $R(\tau_0,\tau_1) = \Delta\pi_i/\Delta\pi_i^*$, so lässt sich zeigen, dass durch eine Zollerhöhung nicht nur die Gewinndifferenz, sondern auch $\Delta\pi_i^*$, zunehmen kann. Trotzdem lässt sich nachweisen, dass der Kandidat mit der protektionistischen Politik seinen voraussichtlichen Erfolg begünstigt, wenn er einen prohibitiv hohen Zollsatz (τ^a) im Wahlkampf propagiert. Der freihändlerische Kandidat steigert seinerseits seine Erfolgsaussichten, in dem er Freihandel ($\tau = 0$) als politisches Programm im Wahlkampf einsetzt.

Angenommen, die beiden Kandidaten propagieren ein und denselben Importzollsatz τ (wobei $0 < \tau < \tau^a$). Verfolgen beide Kandidaten dieselbe Politik, so ist die Erfolgswahrscheinlichkeit für einen Wahlerfolg gerade gleich, d.h. $W(L,L^*) = [1 - W(L,L^*)] = 1/2$. Mit $L/L^* = R(\cdot)$ und $W(\cdot) = L/(L + L^*)$ folgt, dass $R(\tau,\tau) = 1$. Der protektionistisch eingestellte Kandidat kann aber seine Wahlchancen dadurch erhöhen, dass er einen höheren Importzoll setzt, mit $R(\tau,\tau^a) > R(\tau,\tau) = 1$. Andererseits erhöht der freihändlerisch eingestellte Kandidat seine Wahlchancen, wenn der $R(\cdot)$ senkt; dies ist möglich, wenn er vom Importzoll τ Abstand nimmt und Freihandel propagiert, mit $R(0,\tau) < R(\tau,\tau) = 1$.

Fassen wir kurz zusammen. Beschränkt sich die Handelspolitik auf die Festlegung eines Importzollsatzes, so führt der politische Wettbewerb zu divergenten Wahlkampfprogrammen. Ein Kandidat verkündet einen prohibitiv hohen Zoll; der andere propagiert Freihandel. Wer nun die Wahl gewinnt ist abhängig vom (i) Grad der Substituierbarkeit zwischen inländischen und ausländischen Produkten und (ii) von der Wettbewerbsstruktur unter der die inländischen und ausländischen Unternehmen agieren. Je intensiver der Wettbewerb zwischen den inländischen Unternehmen ist bzw. je konzentrierter die ausländische Branche ist, umso grösser ist die Wahrscheinlichkeit, dass sich Freihandel über eine Wahl durchsetzt.

In einem (n,n^*)-Diagramm wird (für ϕ gegeben) eine Gerade eingezeichnet, die die gleiche Erfolgswahrscheinlichkeit für beide Kandidaten anzeigt ($R(0,\tau^a) = 1$) (vgl. Abb.: III.12). Ist die Substituierbarkeit zwischen den inländischen und den ausländischen Produkten gering (der Wert von ϕ ist relativ klein), so sind die Chancen für Freihandel relativ gross. Mit zunehmendem Wert von ϕ, d.h. verbesserter Substituierbarkeit zwischen den in- und ausländischen Produkten, nimmt die Wahrscheinlichkeit für Protektionismus zu. Die Gerade dreht sich im Ursprung in Richtung n -Achse (vgl. Abb.: III.12).

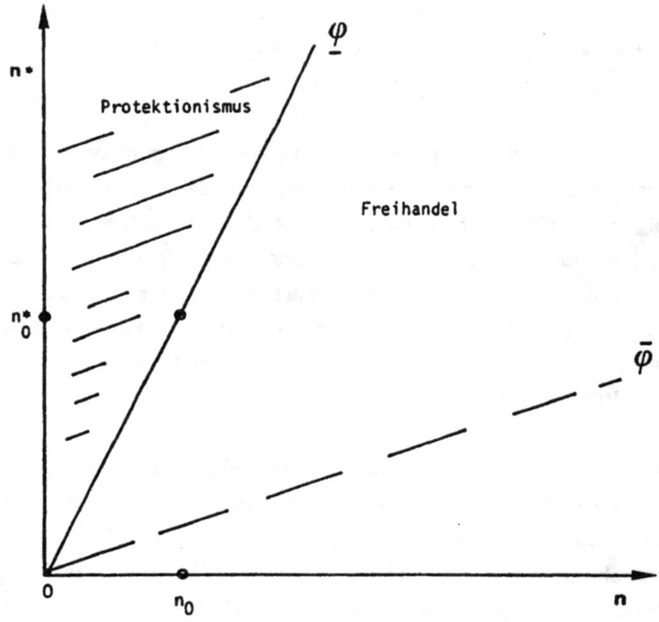

Abb.: III.12 Zollprotektion

Andererseits wird aus der Abbildung III.12 deutlich, dass (bei konstanter Anzahl n_0^*) die Chancen für Freihandel zunehmen, wenn die inländische Industrie stärker wettbewerbsmässig organisiert ist, d.h. wenn mehr inländischen Unternehmen am Markt sind. Andererseits gilt für festgehaltene Zahl n_0, dass die Wahrscheinlichkeit für Freihandel zunimmt, wenn die ausländische Industrie sehr konzentriert ist. Eine konzentrierte ausländische Branche setzt sich stärker für Freihandel ein als eine grosse Gruppe von Anbietern (das Trittbrettfahrerproblem gewinnt in der grossen Gruppe an Bedeutung). Die weniger konzentrierten Branchen haben aufgrund des Trittbrettfahrerphänomens weniger politischen Einfluss als eine Branche, in der nur eine überschaubare kleine Anzahl von Anbietern am Markt sind (vgl. FREY [1985], Kapitel 3).

b) Freiwillige Exportbeschränkungen (VER's).

Im folgenden werden die Wirkungen des handelspolitischen Instruments der sogenannten Exportselbstbeschränkungsabkommen oder kurz Exportrestriktionen untersucht.[12] Stehen den beiden politischen Kandidaten nur Exportrestriktionen als handelspolitisches Instrument zur Verfügung, so konvergieren die handelspolitischen Aussagen; beide Kandidaten verfolgen die gleichen handelspolitischen Ziele. Im folgenden geben wir nur einen Hinweis, wie HILLMAN/-URSPRUNG [1988] zu diesem Ergebnis gelangen.

Die Exportrestriktionen (VER's) werden wie folgt wirksam. Den n* ausländischen Exporteuren wird nur noch ein Exportvolumen gestattet, das die folgende Bedingung erfüllt

$$n^* \cdot x_i^* \leq V \quad . \qquad \ldots . (6)$$

Der einzelne ausländische Exporteure wird auf die Menge $x_i^* \leq V/n^*$ beschränkt. Die Gewinnfunktion einer inländischen Unternehmung $\pi_i(V)$ ist eine fallende Funktion in V; je stärker die Restriktion V die ausländischen Exporteure bindet, umso grösser ist der Gewinn einer inländischen Unternehmung (vgl. Abb.: III.13); $\pi_i(V)$ ist am grössten, wenn keine Importe erlaubt sind (V = 0).

Durch die Exportrestriktion ist der Gewinn $\pi_i^*(V)$ einer ausländischen Unternehmung von V abhängig (vgl. Abb.: III.14). Dabei gilt für eine Lockerung der Exportrestriktion (zunehmendes V):

$$\frac{\partial \pi_i^*(\cdot)}{\partial V} \gtreqless 0 \quad ,$$

d.h. es gibt Konstellationen, in denen eine verschärfte Exportrestriktionen dazu führen kann, dass sowohl die ausländischen Gewinne als auch die Gewinne der inländischen Hersteller zunehmen. Beide Herstellergruppen haben unter Umständen also ein Interesse an einer Reduktion von V (vgl. Abb.:III.14 den Bereich zwischen V^0 und V^F; V^F ist eine Exportrestriktion, die gerade dem Exportvolumen bei Freihandel entspricht). Die sogenannte Freiwilligkeit von Exportbeschränkungen hat etwas mit dem Bereich zwischen V^o und V^F zu tun, in dem auch die im Markt befindlichen ausländischen Hersteller von einer stärkeren Bindung der

[12] Für eine empirische Analyse von VER's vgl. MELO/MESSERLIN [1988].

Restriktion profitieren. Die Exportrestriktion ist freiwillig, wenn die Gewinne der ausländischer Hersteller durch eine Exportrestriktion zunehmen, d.h. Freiwilligkeit liegt vor, wenn gilt (($-\partial\pi_i^*/\partial V) > 0$)

$$n^* > (n + 1)/(n(1 - \phi^2) + 1) \quad . \qquad ....(7)$$

Da die rechte Seite der Ungleichung in (7) für $\phi > 0$ stets grösser eins ist, kann z.B. für einen ausländischen Exportmonopolisten ($n^* = 1$) eine Exportbeschränkung nie freiwillig sein. Ein Anstieg in der Zahl der ausländischen Anbieter kann eine unfreiwillige Exportrestriktion in eine freiwillige Exportrestriktion transformieren.

Der politische Wettkampf wird wie folgt modelliert. Der einzelne Kandidat kann seine Wahlchancen dadurch erhöhen, dass er eine politische Wahlkampfplattform wählt, die ihm die höchsten Wahlkampfbeiträge sichert. Je höher die Wahlkampfbeiträge sind, desto grösser ist, cet. paribus, die Wahrscheinlichkeit, dass der einzelne Kandidat die Wahl gewinnt. Die protektionistisch eingestellte Kandidat verkünde die Exportrestriktion V_1; der eher freihändlerisch eingestellte Kandidat propagiere als Exportrestriktion V_0 (mit $V_1 \leq V_0$). Der protektionistisch eingestellte Kandidat versucht wiederum die Funktion $R(\cdot)$ zu maximieren,

$$\frac{L}{L^*} = \frac{\Delta\pi_i}{\Delta\pi_i^*} \equiv R(V_0, V_1) \quad . \qquad ....(8)$$

Der freihändlerisch eingestellte Kandidat versucht $R(\cdot)$ zu minimieren. Angeommen, die politischen Wahlkampfaussagen unterscheiden sich wie folgt $V_0 > V_1$. Da $R(V_0,V_1)$ an der Stelle ($V_0 > V_1$) in V_0, V_1 zunimmt ergibt sich die Konvergenz der politischen Wahlkampfblattformen. Der freihändlerisch eingestellte Kandidat kann seine Wahlchancen erhöhen (d.h. $R(\cdot)$ reduzieren), wenn er V_0 etwas reduziert; der protektionistisch eingestellte Kandidat kann seine Erfolgsaussichten verbessern, wenn er V_1 etwas erhöht (dadurch nimmt $R(\cdot)$ zu).

Im politischen Gleichgewicht vertreten die beiden Kandidaten dieselbe Handelspolitik. Diese Handelspolitik kann dabei (i) Freihandel implizieren, d.h. die gleichgewichtigen Exportrestriktionen V^* entsprechen gerade V^F (ii) ein völliges Einfuhrverbot ist ebenfalls möglich (d.h. $V^* = 0$) und (iii) eine Kompromisslösung zwischen den ausländischen und den inländischen Interessen ist ebenso möglich. Welche Handelspolitik tatsächlich implementiert wird hängt wiederum davon ab, wie die Wettbewerbsstruktur auf Seiten der inländischen Branche bzw. auf Seiten der ausländischen Branche aussieht. Je stärker der inländische Sektor wettbewerbsmässig (d.h. je grösser die Zahl der Anbieter n ist) organisiert ist, je konzentrierter andererseits die ausländische Branche ist (d.h. n* ist relativ gering), desto grösser sind die Chancen, dass die Handelspolitik relativ freihändlerisch ausfällt.

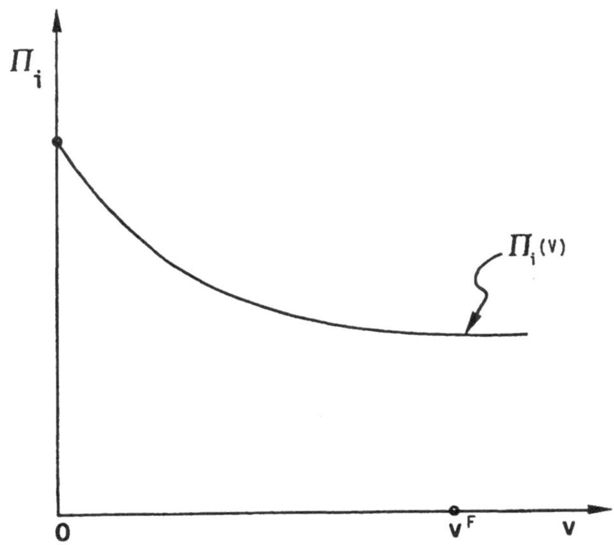

Abb.: III.13: Inländische Gewinnfunktion und Exportrestriktion

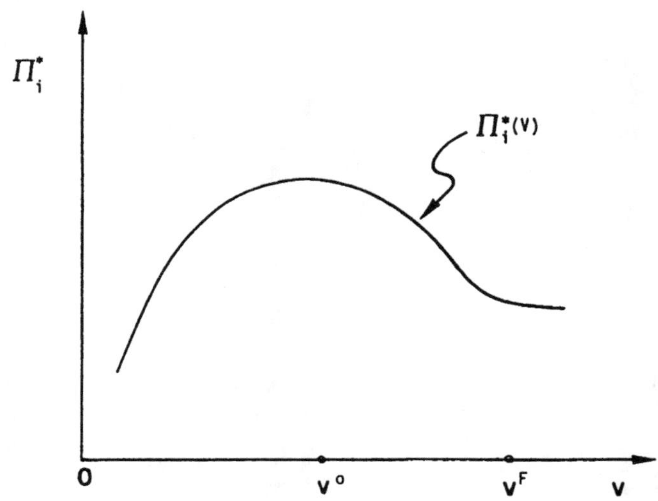

Abb.: III.14: Ausländische Gewinnfunktion und Exportrestriktion

c) Fazit.

Werden nun beide handelspolitischen Instrumente, der Importzoll τ und die Exportrestriktionen V, in einem politischen Wettbewerb zur Auswahl gestellt, so entscheiden sich die politischen Kandidaten stets für Exportrestriktionen. Exportbeschränkungen sind der Zollpolitik überlegen;

dies erklärt, warum Zölle ein historisch niedriges Niveau erreicht haben (vgl. Abb.: III.1), andererseits aber Exportbeschränkungsabkommen zwischen Export- und Importländern ständig zunehmen (vgl. etwa DONGES/ SCHMIDT et al [1988], MELO/MESSERLIN [1988]).

Die Überlegenheit der Exportbeschränkungsabkommen gegenüber Zöllen lässt sich in einem politisch-ökonomischen Ansatz (der in den Abschnitten (a-c) dargestellt wurde) wie folgt zusammenfassen: Die Einnahmen aus Zöllen gehen direkt in die allgemeinen Staatseinnahmen und sind deshalb für den einzelnen politischen Kandidaten von geringem Interesse. Andererseits transferien Exportrestriktionen Renten an die ausländischen Produzenten und begünstigen dort jene, die am inländischen, politischen Willensbildungsprozess (über Wahlkampfbeiträge) beteiligt sind. HILLMAN/URSPRUNG zeigen, zu jedem Zollsatz τ gibt es eine Exportrestriktion V, die die inländischen Unternehmen ebenso schützen wie ein Importzoll, wobei aber die Exportrestriktion von den ausländischen Akteuren vorgezogen wird. Der handelspolitisch liberal eingestellte Kandidat versucht, den ausländischen Interessen gerecht zu werden bzw. der protektionistische Kandidat ist bemüht, die ausländischen Interessen nicht gegen sich zu mobilisieren; beide politische Kandidaten haben einen direkten Anreiz, ihre politischen Wahlkampfaussagen unter Verwendung einer Exportrestriktion zu gestalten.

Als Fazit des politisch-ökonomischen Modells lässt sich festhalten: die freiwilligen Exportrestriktionen werden immer wichtiger, weil der politische Einfluss der ausländischen Interessen auf den inländischen politischen Prozess zunehmend an Bedeutung gewinnt (vgl. URSPRUNG [1987], Kapitel IV).

Literatur zum TEIL III

Bernholz, B., F. Breyer [1984], Grundlagen der Politischen Ökonomie., Tübingen.

Borchardt, K. [1987], Warum geht wissenschaftlicher Rat ins Leere? Das Beispiel des Protektionismus., Forschungs-Mitteilung der DFG,3/87, S. 1-8.

Brander, J., B. Spencer [1983], International R&D Rivalry and Industrial Strategy., Review of Economic Studies, Vol. 50, S. 707-722.

Brander, J., B. Spencer [1985], Export Subsidies and International Market Share Rivalry., Journal of International Economics, Vol. 18, S. 83-100.

Buchanan, J.M. [1975],The Limits of Liberty: Between Leviathan and Liberty.,Chicago.

Cassing, J.H., A.L. Hillman, N.V. Long [1986], Risk Aversion, Terms of Trade Uncertainty and Social-Consensus Trade Policy., Oxford Economic Papers, Vol. 38, S. 234-242.

Dixit, A., V. Norman [1982], Aussenhandelstheorie., München, Wien.

Donges, J.B., K.D. Schmidt et al. [1988], Mehr Strukturwandel für Wachstum und Beschäftigung., Tübingen.

Fischer, S., R. Dornbusch, S. Schmalensee [1988], Economics., New York.

Frey, B.S. [1985], International Politische Ökonomie., München.

Hillman, A. [1982], Declining Industries and Political-Support Protectionist Motives., American Economic Review, Vol. 72, S. 1180-1187.

Hillman, A. [1989], The Political Economy of Protection., London.

Hillman, A., H. Ursprung [1988], Domestic Policies, Foreign Interests, and International Trade Policy., American Economic Review, Vol. 78, S.729-746.

Jacquemin, A. [1987], The New Industrial Organization: Market Forces and Strategic Behavior., Oxford.

Jones, R.W. [1979], International Trade: Essays in Theory., Amsterdam, New York, Oxford.

Krugman, P.R. [1984], Import Protection As Export Promotion: International Competition In The Presence Of Oligopoly And Economies Of Scale., in: Kierzkowski, H. (ed.), Monopolistic Competition and International Trade.,Oxford, S.180-193.

Krugman, P.R. (ed.) [1986], Strategic Trade Policy and the New International Economics., Cambridge, Mass..

Krugman, P.R. [1987], Is Free Trade Passé?, Economic Perspectives, Vol. 1, S. 131-144.

Krugman, P., M. Obstfeld [1988], International Economics: Theory and Policy., Glenview, Boston, London.

Magee, S.P. [1980], Three Simple Tests of the Stolper-Samuelson Theorem., in: Oppenheimer, P. (ed.), Issues in International Trade., Stocksfeld, S. 138-153.

Literatur zum TEIL III

Mayer, W. [1984],Endogeneous Tariff Formation., American Economic Review, Vol. 74, S. 970-985.

Melo, J., P.A. Messerlin [1988], Price, Quality and Welfare Effects of European VER's On Japanese Autos., European Economic Review, Vol. 32, S. 1527-1546.

Siebert, H. [1988], Strategische Handelspolitik: Theoretische Ansätze und wirtschaftspolitische Empfehlungen., Aussenwirtschaft, Vol. 43, S. 549-584.

Smith, A. [1987], Strategic Investment, Multinational Corporations and Trade Policy., European Economic Review, Vol. 31, S. 89-96.

Ursprung, H. [1987], Die Einführung politischer Elemente in die Theorie der internationalen Handelspolitik: Einige neuere Ergebnisse., Geld und Währung, Vol. 3, S. 28-44.

Young, L., S. Magee [1986], Endogeneous Protection, Factor Returns and Resource Allocation., Review of Economic Studies, Vol. LIII, S. 407-420.

Übungsaufgaben zum Teil III

Übungsaufgabe 1:

In allen vorangegangenen Kapiteln wurde die Bedeutung der Fixkosten für die Marktstruktur, unter der Handel stattfindet, hervorgehoben. Anhand eines Beispiels soll die Beziehung zwischen den Fixkosten (F) und der Marktstruktur (Monopol, Oligopol bzw. Dyopol) herausgearbeitet werden.

Drei Unternehmen stehen vor dem Entscheidungsproblem, in einen neuen homogenen Produktmarkt eintreten oder dem Markt fernzubleiben (1.Stufe). Nach dem Markteintritt folgt das Entscheidungsproblem über die optimale Angebotsmenge (2.Stufe). Da es um die Analyse von Fixkosten und der Marktstruktur geht, wird der intertemporale Charakter vernachlässt. Die Marktnachfrage lautet $p(x) = a - b \cdot x$. Die Produktionskosten der Unternehmen sind gegeben durch $C_i(x_i) = F_i + c \cdot x_i$ $(i = 1,2,3)$.

Es soll gezeigt werden, wie die Grösse F (die Fixkosten) die Marktstruktur (Monopol, Oligopol bzw. Dyopol) beeinflusst.

Lösungsvorschlag:

Das Markteintrittspiels lässt (1. Stufe) sich als sogenanntes statisches Simultanspiel graphisch wie folgt verdeutlichen (wobei die Reihenfolge bezüglich der Unternehmen im Spielbaum unerheblich ist). (Vgl. Abb.: III.15).

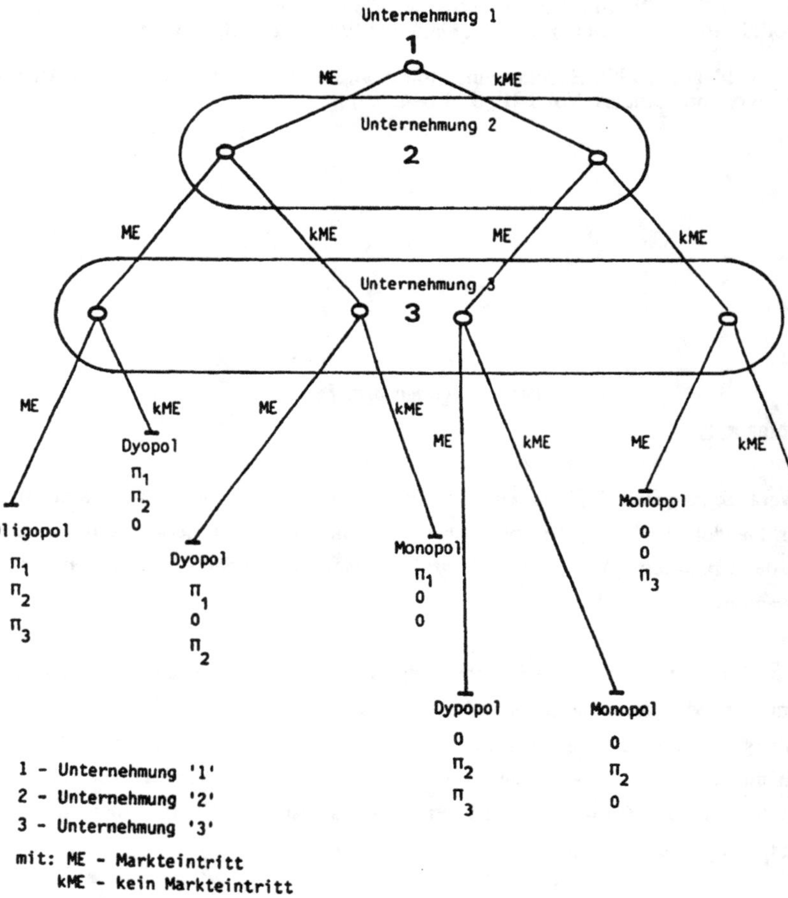

[1.Stufe: Markteintrittsspiel]

Abb.: III.15

Übungsaufgaben zum Teil III

2. Stufe: Konkurrenzspiel unter der Annahme, dass sich die Unternehmen gemäss der COURNOT-Konjektur verhalten. Vereinfachende Annahmen a = b = 1 und c=0.

(1) Monopol. Die Zielfunktion eines Monopolisten lautet

$$\max_{x_i} \pi_i = (1 - x_i) \cdot x_i - F_i \quad .$$

Die optimale Angebotsmenge lautet $x_i^M = 1/2$. Daraus ergibt sich ein Gewinn von $[1/4 - F_i]$.

(2) Dyopol. Die Zielfunktion eines Dyopolisten lautet in diesem Fall

$$\max_{x_i} \pi_i = [1 - (x_i + x_j)] \cdot x_i - F_i \quad .$$

Aus der Optimierungsbedingung (1.Ableitung gleich Null gesetzt) ergibt sich die Reaktionsfunktion $x_i = R(x_j) = (1 - x_j)/2$. Analog für die Unternehmung j. Die Lösung der beiden Reaktionsfunktionen (2 Gleichungen in zwei Unbekannten x_i, x_j ergibt $x_i^D = x_j^D = 1/3$. Die Gewinnfunktionen für die optimalen Dypopolmengen x_i^D und x_j^D lauten dann $[1/9 - F_i]$ und $[1/9 - F_j]$.

(3) Oligopol (drei Anbieter). Die Zielfunktion des i-ten Oligopolisten lautet

$$\max_{x_i} \pi_i = [1 - (x_i + x_j + x_k)] \cdot x_i - F_i \, .$$

Aus der Optimierungsbedingung ergibt sich die Reaktionsfunktion in Abhängigkeit der Angebotsmengen x_j, x_k. Werden die Reaktionsfunktionen (wir unterstellen immer eine innere-Lösung) nach den drei Unbekannten x_i, x_j, x_k aufgelöst, so ergibt sich die optimale Angebotsmenge $x_i^0 = 1/10$. In die Gewinnfunktion eingesetzt ergibt $[1/10 - F_i]$, $[1/10 - F_j]$ und $[1/10 - F_k]$.

Man überführt nun dieses Drei-Personenspiel in die sogenannte Normalformdarstellung. Je nach Grösse der Fixkosten F liegt ein Monopol, ein Dyopol oder ein Oligopol (mit drei Anbietern) vor. Für den Fall, dass für die fixen Kosten $1/9 > F_i > 1/16$ $(i = 1,2,3)$, sind die drei Dyopolfälle a,b,c die Marktgleichgewichte.

Übungsaufgaben zum Teil III

Das Drei-Personen-Spiel in der Normalformdarstellung:

Unternehmung 1: Markteintritt

2\3	Markteintritt	kein Markteintritt
Markteintritt	1/16 - F_1 (<0) 1/16 - F_2 (<0) 1/16 - F_3 (<0)	1/9 - F_1 1/9 - F_2 0 (b)
kein Markteintritt	1/9 - F_1 0 1/9 - F_3 (a)	1/4 - F_1 0 0

Unternehmung 1: kein Markteintritt

2\3	Markteintritt	kein Markteintritt
Markteintritt	0 1/9 - F_2 1/9 - F_3 (c)	0 1/4 - F_2 0
kein Markteintritt	0 0 1/4 - F_3	0 0 0

Übungsaufgaben zum Teil III

Übungsgsaufgabe 2:
Gehen Sie von einer HECKSCHER-OHLIN Ökonomie aus und formulieren Sie das inländische Produktionsgleichgewicht (über die Stückkostenfunktionen und die langfristig wirksame Nullgewinnbedingung) und leiten Sie hieraus das STOLPER-SAMUELSON-Theorem her. Verwenden Sie dabei für die Faktoreigner das Konzept der indirekten Nutzenfunktion, um die Wirkungen von Preisänderungen aufzuzeigen.

Lösungsvorschlag:
Wir unterstellen eine HECKSCHER-OHLIN-Wirtschaft mit zwei Gütern (X und Y), zwei Produktionsfaktoren (Arbeit und Kapital), die vollkommen mobil in den beiden Verwendungen sind. Die Technologien in beiden Sektoren seien jeweils durch Cobb-Douglas Produktionsfunktionen (mit konstanten Skalenerträgen) darstellbar. Die Stückkostenfunktionen in beiden Sektoren lauten (mit (w,r) als den Faktorpreisen für Arbeit und Kapital):

$$c^x(w, r) = w^{1-\alpha} \cdot r^{\alpha} \qquad \ldots . (1.1)$$

$$c^y(w, r) = w^{1-\beta} \cdot r^{\beta} \quad , \qquad \ldots . (1.2)$$

wobei für die Technologieparameter gilt $1 > \alpha > \beta > 0$. Das Numaire Gut sei X, das relativ kapitalintensiv produzierte Produkt ($p_x \equiv 1$). Die betrachtete (relativ kleine) Volkswirtschaft sieht sich dem Produktpreis p* für Gut Y auf dem Weltmarkt gegenüber. Das Gut Y wird importiert. Protektionistische Massnahmen die direkt auf den Preis wirken führen dann dazu, dass im Inland der Preis p (mit $p \neq p^*$) herrscht.

Die Null-Gewinnbedingungen für die Unternehmen führen im langfristigen Gleichgewicht zu

$$1 = w^{1-\alpha} \cdot r^{\alpha} \qquad \ldots . (2.1)$$

$$p = w^{1-\beta} \cdot r^{\beta} \qquad \ldots . (2.2)$$

Das Gleichungssystem (2) lässt sich für die Unbekannten (w,r) lösen. Es ergibt sich

$$w(p) = p^{N} \qquad \ldots . (3.1)$$

$$r(p) = p^{-M} \qquad \ldots . (3.2)$$

Übungsaufgaben zum Teil III

mit $N \equiv \alpha / (\alpha - \beta)$ und $M \equiv (1 - \alpha)/(\alpha - \beta)$.

Die Faktoreigner, die Arbeiter (L) und die Kapitalisten (K), haben folgende indirekte Nutzenfunktionen

$$V_L(p, m_L) = p^{-\delta} \cdot m_L \qquad \text{....(4.1)}$$

$$V_K(p, m_K) = p^{-\gamma} \cdot m_K \quad , \qquad \text{....(4.2)}$$

wobei die Faktoreinkommen der Faktorbesitzer m_L und m_K bezeichnet (und δ, γ positive Konstante) sind. Das Faktoreinkommen eines Arbeiters in der Branche X beträgt (unter Verwendung der Beziehung (3.1)) $m_L = w(p) \cdot L^x = p^N \cdot L^x$. Der bei gegebenem Produktpreis p maximal mögliche Nutzen eines Arbeiters beträgt dann

$$V_L(p) = p^{-\delta} p^N \cdot L^x = p^n \cdot L^x \quad , \qquad \text{....(5.1)}$$

mit $n \equiv N - \delta$. Analog gilt für die Faktoreigner von Kapital die indirekte Nutzenfunktion

$$V_K(p) = p^{-g} \cdot K^x \quad , \qquad \text{....(5.2)}$$

mit $g \equiv M + \gamma$. Da $1 > \alpha > \beta > 0$, gilt $g > 0$ und $n > 0$.

Über diese einfachen Beziehungen aus dem Modell einer HECKSCHER-OHLIN-Wirtschaft lässt sich die Aussage von STOLPER-SAMUELSON nachvollziehen. Steigt der Relativpreis p für das Importgut Y, so verbessert sich die Nutzenposition der Faktoreigner von Arbeit und verschlechtert sich die Wohlfahrtsposition der Besitzer von Kapital (vgl. (5.1) und (5.2)). Diese Aussage des STOLPER-SAMUELSON-Theorems führt zu der bereits erwähnten *Polarisierung der handelspolitischen Interessen* entlang der Faktorlinien. (Dieses Beispiel für eine HECKSCHER-OHLIN-Wirtschaft ist Ausgangspunkt der Arbeit von YOUNG/MAGEE [1986]).

Übungsaufgaben zum Teil III

Übungsaufgabe 3:
Gegeben sei eine RICARDO-VINER-Wirtschaft. Die Produktionsfaktoren sind Arbeit (L) und Kapital (K_x und K_y) (vgl. Abb.: III.16)

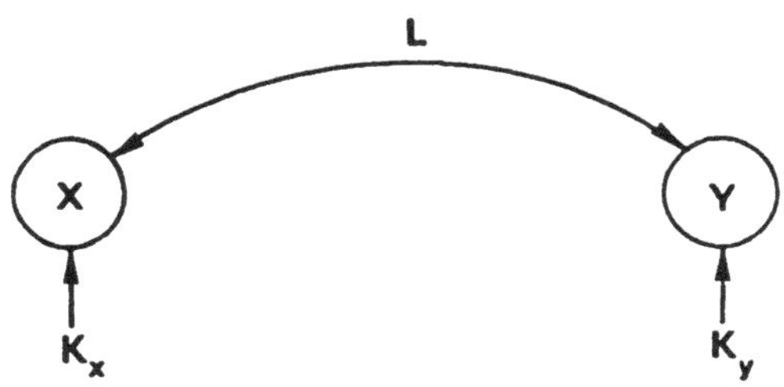

Abb.: III.16: RICARDO-VINER Ökonomie

Arbeit (L) ist in seinen Verwendungen mobil; die spezifischen immobilen Faktoren sind K_x und K_y. Die Faktoreigner besitzen jeweils nur eine Einheit eines Faktors (das Nominaleinkommen M entspricht dann dem Lohnsatz w, bzw. dem Ertragssatz r_x oder r_y). Die Faktoreigner haben Präferenzen, die sich durch eine Nutzenfunktion u = G[U(x,y)] in den Konsummengen x,y darstellen lassen (G'(·) > 0; U(x,y) ist linear-homogen). Es werden mit $\bar{e}(p_x,p_y)$ diejenigen minimalen Konsumausgaben definiert, die ein Nutzenniveau von U = 1 garantieren. Zu der U(·)-Funktion existiert eine indirekte Nutzenfunktion $V(p_x,p_y,M)$.

Zeigen Sie wie eine Preiserhöhung von p_y im RICARDO-VINER-Ansatz auf die individuelle Wohlfahrt der Faktoreigner von Arbeit und spezifischem Kapital wirkt. Die Preiserhöhung könnte beispielsweise durch einen Zollsatz verursacht worden sein. Wer gewinnt und wer

Übungsaufgaben zum Teil III

verliert aus der Preiserhöhung? Besteht eine Möglichkeit, dass es zu einem Konsens zwischen Faktoreignern kommt um eine Preiserhöhung (etwa über eine Protektion) gemeinsam durchzusetzen?

Lösungsvorschlag:

Ausgehend von der im Gleichgewicht geltenden Identität "Ausgaben entsprechen dem Einkommen $\bar{e}(p_x, p_y) \cdot U \equiv M$ ", umgeschrieben zu $U = M / \bar{e}(p_x, p_y)$ und in $G[U(\cdot)]$ (mit der Identität $V(p, e(p,u)) \equiv u$) einsetzt, ergibt $G[M / \bar{e}(p_x, p_y)]$ und damit für den repräsentativen Faktoreigner von Arbeit $G[w(p_x, p_y) / \bar{e}(p_x, p_y)]$ bzw. für einen Faktoreigner eines sektorspezifischen Kapitals ($K_x = 1$) $G[r_x(p_x, p_y) / \bar{e}(p_x, p_y)]$. Üblicherweise werden die minimalen Konsumausgaben $\bar{e}(p_x, p_y)$ auf eins normiert. Mit $\bar{e}(p_x, p_y) = 1$ und damit $p_x = p_x(p_y)$, gilt das folgende System, das nun im Sinne der oben gestellten Frage relativ einfach zu analysieren ist: Der Faktoreigner von Arbeit sieht sich mit folgender Situation konfrontiert $V = V(w(p_y))$; für die Faktoreigner von sektorspezifischem Kapital gilt $V = V(r_x(p_y))$ bzw. $V = V(r_y(p_y))$.

Eine Preiserhöhung von p_y bewirkt: $dV/dp_y = G'[r_x(p_y)] \cdot dr_x/dp_y < 0$ da $dr_x(p_y)/dp_y < 0$; $dV/dp_x = G'[r_x(p_x)] dr_y/dp_y > 0$, mit $dr_y/dp_y > 0$. Der Ausdruck $dV/dp_y = G'[w(p_y)] dw/dp_y$ bleibt im Vorzeichen unbestimmt. Für bestimmte Annahmen an die minimalen Konsumausgaben $\bar{e}(p_x, p_y)$ kann aber auch der mobile Faktor Arbeit durch eine Preiserhöhung von p_y gewinnen. Im RICARDO-VINER Ansatz gibt es also Möglichkeiten, dass es zu gleichgerichteten Interessen der Faktoreigner in einer Branche kommt (vgl. CASSING/HILLMAN/LONG [1986], vgl. zu den Faktorpreisänderungen auch DIXIT/NORMAN [1982] Kapitel 2, Gleichung (22)).).

Übungsaufgabe 4:

In der u.g. Abbildung III.17 sind für einen bestimmten inländischen Markt die inländische Angebotskurve S, die inländische Nachfragekurve D und die Weltmarktangebotskurve S* eingetragen. Bei dem herrschenden Weltmarktpreis p* werden x_s Einheiten von inländischen Unternehmen bereitgestellt und x_d Einheiten von den Inländern nachgefragt. Die überschüssige Nachfrage $(x_d - x_s)$ wird durch Importe gedeckt.

Der Inlandspreis weiche nun vom Weltmarktpreis dadurch ab, dass von der Regierung ein Zollsatz auf das betrachtete Gut erhoben wird. Zeigen Sie graphisch, welche Wohlfahrtsverluste infolge der Zollerhebung enstehen.

Übungsaufgaben zum Teil III

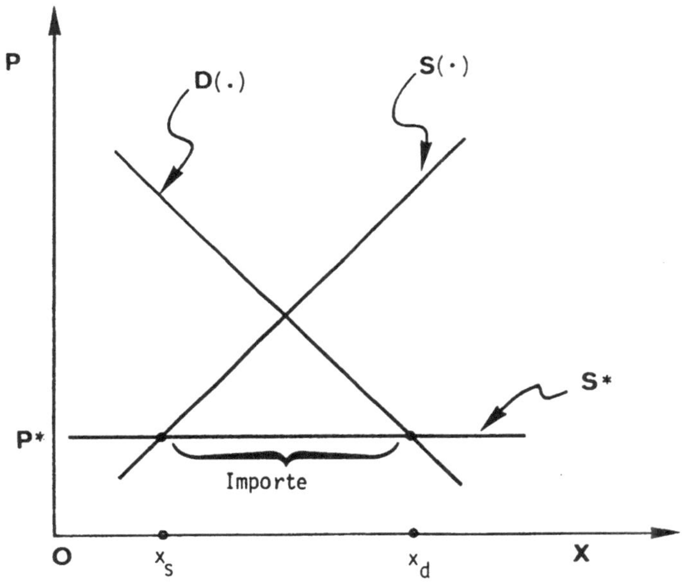

Abb.: III.17 Wirkungen eines Importzolls

Lösungshinweise:
Durch die Einführung eines Zolls ergeben sich folgende Wohlfahrtsverluste (vgl. die u.g. Abbildung III.18).

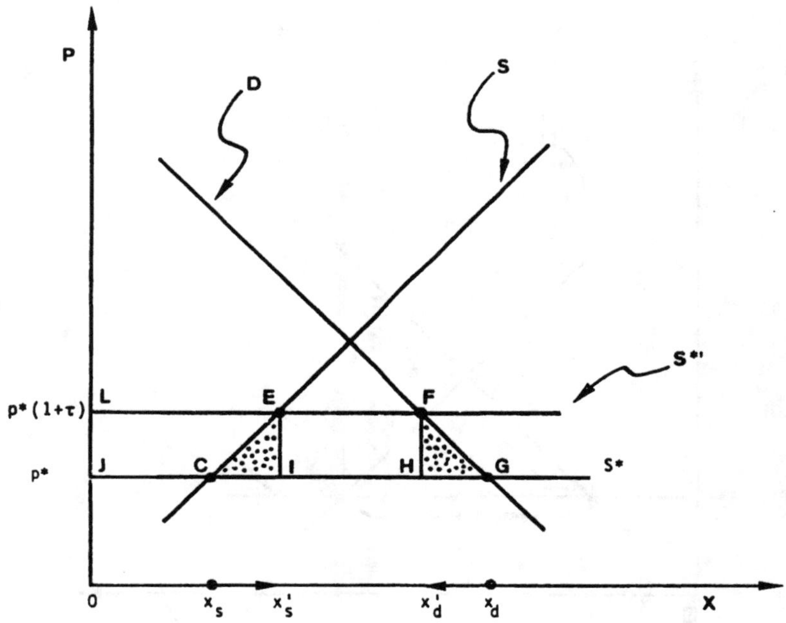

Abb.: III.18 Wohlfahrtseffekte

Übungsaufgaben zum Teil III

Der gesamte Nutzen der Konsumenten reduziert sich durch die Zollerhöhung um LFGJ. Die Zolleinnahmen der Regierung (in Höhe von EFHI) und die Enstehung von Renten bei den Herstellern (in Höhe von LECJ) stellen Einkommensübertragungen innerhalb der betrachteten Volkswirtschaft dar. Die wirklichen gesellschaftlichen Verluste durch Zölle werden durch die Dreiecke EIC (erhöhte Produktionskosten) und FGH (Verlust an Konsumentenrente) widergegeben (vgl FREY [1985], Kapitel 2, FISCHER/DORNBUSCH/SCHMALENSEE [1988], Kapitel 37).

TEIL IV

Zusammenfassung

TEIL IV: ZUSAMMENFASSUNG

1. Intra-industrielle Arbeitsteilung.

Die güterwirtschaftliche Aussenhandelstheorie beschäftigt sich im wesentlichen mit drei Problemfeldern. Zwei Fragestellungen sind dabei explikativer Natur; eine Fragestellung hat normativen Charakter. (i) Warum kommt es zu einem internationalen Güteraustausch und welche Bestimmungsgründe sprechen für die beobachtbaren Export- und Importstrukturen? (ii) Wie bestimmt sich zwischen den handeltreibenden Volkswirtschaften das internationale Austauschverhältnis? (iii) Welche Vorteile ergeben sich für die Beteiligten aus einer funktionsfähigen Internationalen Arbeitsteilung?

Im Kontext der Fragen (i) und (ii und rudimentär mit der Fragestellung (ii)) wurde in den vorangegangenen Kapiteln des TEILS I das Phänomen eines internationalen Handels innerhalb von Industrien erörtert (intra-industrieller Handel). Ausgangspunkt der Überlegung war die empirische Beobachtung, daß der Warenaustausch zwischen hochentwickelten Volkswirtschaften umso intensiver ist, je ähnlicher diese Ökonomien sind, und daß ein intensiver Austausch zwischen sehr ähnlichen Produkten des gleichen Wirtschaftszweiges stattfindet. Wichtige Exportbranchen eines Industrielandes sind oft zugleich wichtige Importbranchen.

Die Marktform des Oligopols, horizontale und vertikale Produktdifferenzierung bei Monopolistischer Konkurrenz können den intra-industriellen Güteraustausch erklären (I.1-3). Da sich die Konsummöglichkeiten der Nachfrager mit zunehmenden Einkommen vergrößern, ist zu erwarten, daß die Nachfrage nach differenzierten Produkten mit steigendem Realeinkommen zunehmen wird. Es ist zu erwarten, daß die Tendenz zunehmender intra-industrieller Arbeitsteilung anhalten wird; es kommt verstärkt zu einer Produktionsspezialisierung auf die Subsektoren einer Branche. Eine Marktintegration (etwa in Form des Binnenmarktes 1992) begünstigt den intra-industriellen Handel.

Die Theorie des intra-industriellen Güteraustauschs ist ein wichtiger Versuch, die unternehmens- und nachfragetheoretisch fundierte Außenhandelstheorie weiterzuentwickeln (Mikrofundierung). Die Analyse der einzelwirtschaftlichen Phänomene, die durch die Internationalisierung der Wirtschaften entstehen, führt zu dem Ergebnis, daß der intra-industrielle Handel besonders wahrscheinlich ist. Die wirtschaftlichen Aktionen der Unternehmen spielen sich auf Märkten für Wirtschaftszweige und Branchen ab, deren Wachstum und Entwicklung durch typische Marktentwicklungsphasen gekennzeichnet ist. Der internationale Gleichklang von Marktprozessen in einer wachsenden Branche führt dazu, daß Exporte eines Produktes (das auf dem Binnenmarkt an seine Expansionsgrenze gestoßen ist) in ein Land erfolgen, in dem dieses Produkt in dieser Form noch nicht vorhanden ist, aber in dem die betrachtete Industrie ebenfalls wächst. Aus der einzelwirtschaftlichen Analyse läßt sich ableiten, daß der gesamtwirtschaftliche intra-industrielle Aussenhandel zunehmen wird.

Als Ergebnis lassen sich folgende Aussagen festhalten. (i) Die Internationale Arbeitsteilung äußert sich in einer Außenhandelsstruktur, die auf eine bestimmte Produktionsstruktur zurückgeführt werden kann. Der Güteraustausch zwischen den Industrie- und Entwicklungsländern ist primär inter-industrieller Natur; der Güteraustausch zwischen den hochentwickelten Volkswirtschaften hat intra-industriellen Charakter. Für die Zeit nach 1945 läßt sich feststellen, daß der Export und Import von industriellen Erzeugnissen stärker expandierte als die industrielle Produktion. Zwischen den Industrieländern kam es zu einer starken Internationalisierung der Gütermärkte; dadurch hat sich das Muster der Arbeitsteilung gewandelt; von einer komplementären kam es im Zuge des Entwicklungsprozesses zu einer substitutiven internationalen Arbeitsteilung.

Einige Bestimmungsgründe für eine stärker substitutive internationale Arbeitsteilung sind: die Nachfrage nach hochwertigen, industriell gefertigten Produkten ist einkommenselastisch (etwa im Vergleich zu landwirtschaftlichen und bergbaulichen Erzeugnissen die vergleichsweise wenig einkommenselastisch sind); Substitutionskonkurrenz auf Seiten der rohstoffintensiven Produktionsverfahren; der Abbau von Handelshemmnissen im Rahmen des GATT.

(ii) Die Existenz eines differenzierten Angebots, einer differenzierten Güternachfrage und die Existenz von Marktzugangsbeschränkungen (etwa in Form von zunehmenden Skalenerträgen) können intra-industrielle Handelsströme erklären (vgl. I.1-2). Cet.par. führen ähnliche Faktorausstattungsverhältnisse, ähnliche Präferenzen der Nachfrage nach differenzierten Produkten zu einer Intensivierung des intra-industriellen Handels. Qualitätsunterschiede in den Produkten können ebenfalls intra-industriellen Handel begründen. Ein Land spezialisiert sich in folge von Kostenunterschiede bzw. von Unterschieden in der verfügbaren Technologie auf die Bereitstellung hoher oder niedriger Qualitäten. Ist die personelle Einkommensverteilung zwischen den Ländern nicht zu divergent, kommt es zum intra-industriellen Handel (I.3).

(iii) Intra-industrielle Arbeitsteilung kann zurückgeführt werden auf Marktstrukturen, die vom Konzept der vollkommenen Konkurrenz abweichen. Die Marktstruktur selbst kann Bestimmungsgrund eines internationalen Handels sein (I.4). Ursache des Handels (beispielsweise im Oligopol) ist die Marktmacht der Unternehmen auf jeweils segmentierten Märkten. Die Unternehmen versuchen in den jeweils anderen Markt einzudringen, um einen Anteil der dort entstehenden Monopolgewinne zu realisieren. Dazu bieten sie auf dem jeweils anderen Markt ihr Produkt bis zu einer Menge an, bei der die Grenzkosten des Exports den Grenzerlösen des Exports gerade entsprechen.

2. Multinationale Unternehmen. Multinationale Unternehmen sind Unternehmen, die in mehreren Ländern über Tochtergesellschaften bzw. Zweigniederlassungen verfügen. Zur Gründung ausländischer von Unternehmen im Ausland sind in der Regel Zweigniederlassungen notwendig. Dies begründet den engen Zusammenhang zwischen Direktinvestitionen und Multinationalen Unternehmen.

Das rasche Wachstum Multinationaler Unternehmen verdeutlicht, daß internationale Faktorbewegungen in der Form von Direktinvestitionen (Transfer von Realkapital) sich neue rechtliche und organisatorische Formen Schaffen, die den Umfang und die Struktur der internationalen Handelsströme beeinflussen. Die Analyse zu diesem Problem, die Interaktion zwischen der Existenz von Multinationalen Unternehmen und den Handelsbeziehungen, war Gegenstand des TEILS II.

Theoretische und empirische Arbeiten zum Phänomen der Multinationalisierung von international tätigen Unternehmen basieren im wesentlichen auf der Vorstellung, daß diese Unternehmen über spezifische Wettbewerbsvorteile verfügen müssen, die sie effizienter unternehmens<u>intern</u> als über (externe) <u>Märkte</u> international verwerten. In dieser Darstellung sind Märkte und Unternehmen zwei alternative Organisationsformen zur Leistungserstellung und Leistungsverwertung. Während sich das Marktsystem des Preissystems bedient, nutzt die Multinationale Unternehmung die Hierarchien innerhalb des Unternehmens. Die beiden Organisationsformen stehen im Wettbewerb miteinander und die Multinationale Unternehmung wird die für sie effizienteste Alternative wählen. Direktinvestitionen im Ausland sind unter diesen Bedingungen die Voraussetzungen für eine interne Verwertung auf internationalen Märkten (II.1-4).

Die oben genannten unternehmensspezifisichen Wettbewerbsvorteile entstehen beispielsweise durch getätigte Ausgaben für Forschung & Entwicklung, Marketingfähigkeiten, Produktqualitäten usw. Bestehen für den Güterexport Handelshemmnisse bzw. gibt es hohe Transportkosten, dann begünstigen unternehmensspezifische Wettbewerbsvorteile und Transportkosten bzw. Handelsschranken Auslandsinvestitionen. Andererseits verursacht der Aufbau von Produktionsstätten im Ausland Kosten. Diese Kosten führen tendenziell dazu, daß eine zentrale Produktion (etwa im Inland) und Belieferung ausländischer Märkte durch Exporte kostengünstiger ist. Der

Zusammenhang zwischen Kostengrößen, die gegenläufige Wirkungen auf die Zielfunktion der international tätigen Unternehmen haben, erlaubt eine entscheidungstheoretische Fundierung der Wahl zwischen einer Exportstrategie und einer Auslandsinvestition (vgl. II.2).

Der Transfer von Realkapital bzw. die Verlagerung der Produktion durch Direktinvestitionen ins Ausland ist Ausdruck einer immer stärker werdenden Internationalisierung der Produktion. Die vorherrschende Erscheinungsform dieser Vorgänge ist primär die eigentumsorientierte Anlageverflechtung. Es gibt aber auch neue wichtige Formen der Internationalisierung der Produktion. Die neuen Formen der kontraktorientierte internationale Unternehmensverflechtungen, beispielsweise in der Form von Lizenzverträgen, Joint Ventures usw. (vgl. II.3).

Das Problem des Lizenzvertrages als Alternative zu Direktinvestitionen besteht in einer *principal-agent* Beziehung. Das Grundproblem stellt sich wie folgt, wie kann der Eigentümer einer produktiven Ressource (die Multinationale Unternehmung die über ein unternehmensspezifisches asset verfügt) den Verwalter (den Agenten, d.h. den Lizenznehmer) dazu bringen, in seinem Interesse zu handeln? Eine Möglichkeit besteht in der Ausgestaltung eines anreizkompatiblen Lizenzvertrages.

Neuere Beiträge, die sich mit der Mikrofundierung von Multinationalen Unternehmen auseinandersetzen, behandeln das Entscheidungsproblem Exportieren oder Direktinvestieren spieltheoretisch (vgl. II.2 und III.1.3.). Die Spieltheorie liefert einen wichtigen Beitrag zur Analyse von Marktsituationen mit nur wenigen Marktteilnehmern und interdependenten Marktergebnissen. Geht man davon aus, daß Multinationale Unternehmen auf monopolistischen bzw. oligopolistischen Märkten operieren, so ergeben sich auch strategische Möglichkeiten dieser Unternehmen durch den Einsatz von Direktinvestitionen, den Marktzutritt ausländischer Anbieter zu verhindern.

Für die empirische Analyse Multinationaler Unternehmen gelten die folgenden drei Motive, die zu einem Auslandsengegment führen. Die Auslandsinvestitionen Multinationaler Unternehmen werden durch folgende Motive gesteuert: (i) Beschaffungsorientierte Auslandsinvestitionen; der Bezug von Rohstoffen und Zwischenprodukten soll langfristig gesichert werden (II.1.1). (ii) Absatzorientierte Auslandsinvestitionen; diese Investitionen dienen der Absatzsicherung auf ausländischen Märkten. Diesen Direktinvestitionen liegt die Erfahrung der Unternehmen zugrunde, daß Marktanteile im Ausland nur zu halten bzw. auszubauen sind, wenn ein eigenes Vertriebssystem im Ausland aufgebaut wird. Dies zeigt sich auch in der stabilen Beziehung zwiscnen Regionalstruktur der Exportmärkte und der Regionalstruktur für Direktinvestitionen. Die bevorzugten Absatzmärkte sind die Industrieländer. (iii) Kostenorientierte Auslandsinvestitionen. Hierunter fallen jene Direktinvestitionen, die vorgenommen werden, um bei einer Verschlechterung der inländischen Standortbedingungen relativ günstige Standortbedingungen im Ausland zu nutzen. [In diesen Fällen wird inländische Produktion durch Importe ersetzt (II.4). Exporte und Direktinvestitionen stehen dann unter sind unter diesen Bedingungen komplementärer Natur.]

3. Handelspolitik. Der Ausgangspunkt der neueren Entwicklungen zur Handelspolitik war (i) die strategische Handelspolitik und (ii) die Politische Ökonomie der Protektion. Grundlage der strategischen Handelspolitik ist eine Entwicklungslinie der neueren Außenhandelstheorie, die davon ausgeht, daß eine Analyse oligopolistischer internationaler Märkte einen wichtigen Beitrag zu aktuellen Problemen des Protektionimus, insbesondere zwischen den Industrieländern, leisten kann. Ein möglicher Bestimmungsgrund für eine oligopolistische Marktstruktur ist in den begrenzten Markteintrittsbedingungen zu sehen. Hohe Fixkosten in der Produktion, hohe Aufwendungen für Forschung und Entwicklung geben den bereits im Markt befindlichen Unternehmen einen strategischen Marktvorteil, die den Zugang neuer Anbieter erschweren können. Nach dem Konzept der strategischen Handelspolitik kann eine Regierung den strategischen Handlungsspielraum nutzen, um der heimischen Industrie bzw. Unternehmung bei der Entstehung einer monopolistischen Marktposition zu 'helfen'. (vgl. III.1.1). So können beispielsweise gezielte Subventionen den Markteintritt einer ausländischen Konkurrenzunternehmung verhindern. Es kommt zur Realisierung von Monopolgewinnen im Inland und zwar auf Kosten der Unternehmung im Ausland. Man spricht von Rentenumlenkung (*rent shifting*). (vgl. III.1.2). Kritisch gegenüber der strategischen Handelspolitik ist anzumerken, daß es sich in den diskutierten Fällen um ganz spezielle, ausgewählte Momentaufnahmen bestimmter Marktkonstelltionen handelte. Die strategische Handelspolitik kann unter nur leicht veränderten Rahmenbedingungen auch zu schwerwiegenden Fehlentscheidungen der Protektionismus betreibenden Ökonomie führen. Bislang wurde regelmässig betont, dass Multinationale Unternehmen durch Direktinvestitionen Handelsbarrieren überwinden können; die strategische Handelspolitik läßt sich auch zur Abwehr von Direktinvestitionen Multinationaler Unternehmen einsetzen (vgl. III.1.3).

Im Kapitel III.2 der Handelspolitik wurde der Versuch unternommen, einen Einblick in die Theorie der Politischen Ökonomie des Protektionismus zu geben. Als Ergebnis läßt sich festhalten. Ausgangspunkt ist die Existenz eines politischen Marktes für Protektion. Es existiert eine Nachfrage nach Protektion und ein Angebot an Protektion und aus dem Zusammenwirken beider Elemente bildet sich ein 'Preis'. Schutz vor importierten Gütern wird von bestimmten Interessengruppen nachgefragt; Protektionimus wird von den Politikern angeboten. Die Interessengruppen versuchen sich Einfluß zu verschaffen , um ihre Positionen zu verbessern; dazu bedienen sie sich des politischen Systems. Sie wenden Mittel auf, um die politische Entscheidungsfindung zu ihren Gunsten zu beeinflußen (vgl. III.2.4).

Ob die Befürworter oder die Gegner von Protektionismus im politischen Wettbewerb Erfolg haben, hängt u.a. von der Intensität ab, mit der sie ihre Ziele verfolgen und vom politischen Gewicht, das die einzelnen Gruppen im politischen System besitzen. Die Bedingungen sich zu Organisieren um eine starke Interessengruppe im politischen Entscheidungsprozeß zu bilden, sind tendenziell auf der Produzentenseite eher erfüllt als auf der Konsumentenseite. Protektionismus wird von starken Interessengruppen vertreten; die Freihandelsinteressen werden politisch relativ schwach vertreten (die Nachteile aus Freihandel konzentrieren sich eben direkt auf die Betroffenen; die Vorteile diffundieren auf viele Akteure).

Ein wichtiges Ergebnis besteht in der Feststellung, daß sich die Interessen nicht entlang der Faktoren herausbilden. Die handelspolitische Front verläuft nicht primär zwischen Kapital und Arbeit (wie das durch das STOLPER-SAMUELSON-Theorem sugeriert wird), sondern verlaufen vielmehr branchenmäßig. Im Gegensatz zur reinen Außenwirtschaftstheorie betont der politische Ansatz die Renten, die sich die Faktoreigner einer Branche (gemeinsam) aneignen können, wenn sie ihren politischen Standpunkt gemeinsam vertreten. Der politische Ansatz unterscheidet direkte und repräsentative Demokratien. Die direktdemokratische HECKSCHER-OHLIN-Wirtschaft wird in Abschnitt III.2.3 analysiert.

Am Beispiel von Protektion einer schrumpfenden Branche wurde gezeigt, daß die Berücksichtigung der verschiedenen Interessen durch eine Regierung nicht aufgrund der sozialen Wohlfahrtsüberlegung beruht, sondern allein aufgrund der egoistischen überlegungen der Regierung (d.h. eine möglichst großere Popularität zu erlangen, um wiedergewählt zu werden) begründet ist (III.2.2). Der Ansatz von HILLMAN [1982] macht deutlich, daß die Regierung auch deshalb Protektion anbietet, weil dies dem politischen Eigeninteresse der Regierung entspricht.

Auf die wichtigen Beziehungen zwischen ausländischen Interessen und inländischer Handelspolitik wird im HILLMAN/URSPRUNG-Ansatz (Abschnitt III.2.4) hingewiesen. Den Gewinnern aus der Protektion (den inländischen Herstellern) stehen die Verlierer aus protektionistischen Maßnahmen (die ausländischen Exporteure) in einem politischen Wettbewerb gegenüber; die ausländischen Interessen wirken auf den inländischen, politischen Entscheidungsprozeß. Der Ansatz zeigt die Überlegenheit der sogenannten freiwilligen Exportrestriktionen gegenüber einer tarifären Protektion.

Die Theorie der Politischen Ökonomie der Protektion (wie sie in einigen Ansätzen kurz dargestellt wurde) bietet eine positive Theorie der international praktizierten Handelspolitiken. Die politische Ökonomie kann erklären, warum es zu protektionistischen Maßnahmen einer Regierung kommt. Sie kann weiterhin auch die Wahl des Instruments zur Protektion erklären. Dabei beruhen diese Ergebnisse nicht auf ad hoc Annahmen, sondern werden durch das politisch, ökonomische Verhaltensmodell erklärt.

Teil V

Anhang

1. Zu den Grundlagen der Aussenhandelstheorie

1.1 HECKSCHER-OHLIN-Wirtschaft

<u>(a) Basisgleichungen (Theorie der Faktorproportion).</u> Man geht davon aus, dass eine Ökonomie mit zwei Sektoren X und Y, zwei Produkte in den Mengen x,y unter Einsatz von zwei Faktoren (Arbeit und Kapital) L und K herstellt. Es wird unterstellt, dass das Produkt x kapitalintensiv und y arbeitsintensiv in der Produktion ist.

Im langfristigen Konkurrenzgleichgewicht auf vollkommenen Märkten gilt dann Preis gleich Stückkosten; es sind auch die Faktormärkte geräumt. D.h. es gilt für die Gütermärkte

$$a_{Ly}(w,r)\cdot w + a_{Ky}(w,r)\cdot r = p_y \qquad \text{....(A 1)}$$

$$a_{Lx}(w,r)\cdot w + a_{Kx}(w,r)\cdot r = p_x \quad , \qquad \text{....(A 2)}$$

wobei die $a_{Ly}(\cdot)$, $a_{Ky}(\cdot)$, $a_{Lx}(\cdot)$, und $a_{Kx}(\cdot)$ kostenminimirende Faktoreinsätze, für gegebene Faktorpreise w und r, repräsentieren.

Für die Faktormärkte gilt

$$a_{Ly}(w,r)\cdot y + a_{Lx}(w,r)\cdot x = L \qquad \text{....(A 3)}$$

$$a_{Ky}(w,r)\cdot y + a_{Kx}(w,r)\cdot x = K \quad , \qquad \text{....(A 4)}$$

wobei L und K die Bestände an den Faktoren Arbeit und Kapital der betrachteten Volkswirtschaft angeben.

Im Kostenminimum gilt, ausgedrückt in relativen Änderungen (d.h. $dx/x \equiv \hat{x}$ usw.)

$$\Theta_{Ly}\cdot \hat{w} + \Theta_{Ky}\cdot \hat{r} = \hat{p}_y \qquad \text{....(A 5)}$$

$$\Theta_{Lx}\cdot \hat{w} + \Theta_{Kx}\cdot \hat{r} = \hat{p}_x \quad , \qquad \text{....(A 6)}$$

wobei $\Theta_{Lx} \equiv a_{Ly}\cdot w/p_y$ den Kostenanteil des Faktors Arbeit für eine Outputeinheit von Gut y angibt.

Analog sind Θ_{Ky}, Θ_{Lx} und Θ_{Kx} definiert. Da der Sektor X kapitalintensiv produziert, gilt $\Theta_{Kx} > \Theta_{Ky}$ und $\Theta_{Lx} < \Theta_{Ly}$.

Die Faktormarktgleichgewichtsbedingungen lassen sich ebenfalls in relativen Änderungen schreiben (vorausgesetzt, daß die Produktpreise p_x und p_y <u>konstant</u> gehalten werden):

$$\lambda_{Ly} \cdot \hat{y} + \lambda_{Lx} \cdot \hat{x} = \hat{L} \qquad \text{....(A 7)}$$

$$\lambda_{Ky} \cdot y + \lambda_{Kx} \cdot x = \hat{K} \quad , \qquad \text{....(A 8)}$$

mit λ_{Ly} als dem Faktoranteil Arbeit in der Produktion von Gut y (analog sind die Faktoranteile λ_{Lx}, λ_{Ky} und λ_{Kx} definiert). Die Faktorintensitätsannahme impliziert wiederum folgende Beziehungen $\lambda_{Kx} > \lambda_{Lx}$ und $\lambda_{Ky} < \lambda_{Ly}$.

<u>**b) Beziehung zwischen Faktor und Produktpreisen.**</u> Das Gleichungssystem (A.5)-(A.6) läßt sich als System in zwei Unbekannten ($\hat{w}$, $\hat{r}$) behandeln und nach $\hat{w}$ und $\hat{r}$ lösen (wobei die Beziehungen $\Theta_{Lx} = (1 - \Theta_{Kx})$ und $\Theta_{Ly} = (1 - \Theta_{Ky})$ verwendet wird, da sich die Kostenanteile zu Eins addieren müssen)

$$\hat{r} = [(1 - \Theta_{Ky})\hat{p}_x - \Theta_{Lx}\hat{p}_y] / \Delta \qquad \text{....(A 9)}$$

$$\hat{w} = [\Theta_{Kx}\hat{p}_x - \Theta_{Ky}\hat{p}_y] / \Delta \qquad \text{....(A 10)}$$

mit $\Theta \equiv (\Theta_{Kx} - \Theta_{Ky}) > 0$. Die Änderung der Produktpreise p_x und p_y erfolgt exogen. Die Änderung der Faktororeise w und r ist endogen. Angenommen, der Produktpreis p_x steigt stärker als p_y ($\hat{p} > \hat{p}_y > 0$). Gibt es eine systematische Beziehung zwischen der Produktpreisänderung und der Faktorpreisänderung? In der Lösung zu dieser Fragestellung ist zugleich auch die Aussage des STOLPER-SAMUELSON-Theorems enthalten. Zunächst wird (A.9)-(A.10) umgeschrieben zu

$$\hat{w} = \hat{p}_y - \frac{\Theta_{Ky}}{\Delta}(\hat{p}_x - \hat{p}_y) \qquad \text{....(A 9')}$$

$$\hat{r} = \hat{p}_x + \frac{\Theta_{Lx}}{\Delta}(\hat{p}_x - \hat{p}_y) \qquad \text{....(A 10')}$$

Mit unserer Annahme, daß der Produktpreis p_x stärker wächst als p_y ergibt sich zunächst aus (A.9') $\hat{w} < \hat{p}_y$; aus (A.10) folgt $\hat{r} > \hat{p}_x$. Damit gilt folgende Ungleichungskette

$$\hat{r} > \hat{p}_x > \hat{p}_y > \hat{w} \qquad \ldots .(A.11)$$

Der reale Faktorpreis für Kapital (r) steigt, unabhängig davon, ob er x- oder in y-Gutseinheiten gemessen wird; der reale Faktorpreis für Arbeit (w) fällt, gemessen in x oder in y Einheiten. Das STOLPER-SAMUELSON Theorem ergibt sich als Spezialfall. Sei $\hat{p}_x > \hat{p}_y \equiv 0$, dann folgt, über (A.11)

$$\hat{r} > \hat{p}_x > \hat{p}_y = 0 > \hat{w}. \qquad \ldots .(A.11')$$

Eine Zunahme des Relativpreises von Gut X läßt den realen Preis des (bei der Produktion dieses Gutes) intensiv genutzten Faktors Kapital steigen und des nicht intensiv genutzten Faktors (Arbeit) sinken.

<u>c) Beziehung zwischen Güter- und Faktormengen.</u> Solange die Produktpreise konstant bleiben ($\hat{p}_x = \hat{p}_y = 0$), können (A.7) und (A.8) nach den (endogenen) Güterangebotsmengen bzw. nach deren Veränderungsraten $\hat{x}$ und $\hat{y}$ aufgelöst werden (mit $\lambda_{Ky} = (1-\lambda_{Kx})$ und $\lambda_{Ly} = (1-\lambda_{Ky})$, da sich die Faktoranteile zu Eins addieren müssen):

$$\hat{x} = (\lambda_{Ly} \cdot \hat{K} - \lambda_{Ky} \cdot \hat{L}) / \Delta \qquad \ldots .(A.12)$$

$$\hat{y} = (\lambda_{Kx} \cdot \hat{L} - \lambda_{Lx} \cdot \hat{K}) / \Delta \qquad \ldots .(A.13)$$

mit der Systemdeterminante $\Delta \equiv (\lambda_{Kx} - \lambda_{Lx}) > 0$.

Der systematische Zusammenhang zwischen den Güterangebotsmengen und den Faktorausstattungsmengen bzw. deren Veränderungsraten, läßt sich am besten zeigen, wenn wir (A.12)-(A.13) umschreiben zu

$$\hat{x} = \hat{K} + \lambda_{Ky} \cdot (\hat{K} - \hat{L}) / \Delta \qquad \ldots .(A.12')$$

$$\hat{y} = \hat{L} - \lambda_{Ly} \cdot (\hat{K} - \hat{L}) / \Delta \qquad \ldots .(A.13')$$

Wächst Beispielsweise der Bestand an Kapital stärker als der Bestand an Arbeit ($\hat{K} > \hat{L}$), dann folgt aus (A.12') und (A.13') unmittelbar $\hat{x} > \hat{K}$ und $\hat{y} < \hat{L}$, somit ergibt sich die folgende Ungleichungskette

$$\hat{x} > \hat{K} > \hat{L} > \hat{y} \quad . \qquad \ldots.(A.14)$$

Die Beziehung (A.14) beantwortet die Frage, wie sich eine exogene Zunahme der Faktorbestände von Arbeit und Kapital auf das Güterangebot auswirkt. Es wird unterstellt, dass die Güterpreise konstant sind.

Das RYBCZINSKY-Theorem ist ein Spezialfall der Beziehung (A.14). Bei konstanten Güterpreisen und bei Zunahme des Faktors Kapital (als Beispiel; mit $\hat{L} = 0$) nimmt das Güterangebot des Gutes X zu, das den Faktor Kapital relativ intensiv nutzt; das Güterangebot von Y nimmt ab, denn

$$\hat{x} > \hat{K} > \hat{L} = 0 > \hat{y} \quad . \qquad \ldots.(A.14')$$

1.2 Gleichgewicht

<u>a) Weltmarktgleichgewicht.</u> Das Weltmarktgleichgewicht ist dadurch gekennzeichnet, daß die international angebotenen Gütermengen den international nachgefragten Gütermengen entsprechen. Dabei genügt es, sich auf das Gleichgewicht eines Marktes zu beschränken. Im Welthandelsgleichgewicht müssen der Wert der Weltproduktion dem Wert der Weltkonsumausgaben entsprechen

$$p \cdot (x + x^*) + (y + y^*) = p \cdot (D_x + D_x^*) + (D_y + D_y^*) \quad , \qquad \ldots.(A.1)$$

wobei x, x*, y und y* die in- und ausländischen Güterangebote und D_x, D_x^*, D_y und D_y^* die in- und ausländischen Nachfragemengen angeben; mit p wird der Relativpreis des Gutes X bezeichnet ($p \equiv p_x / p_y$).

Ist beispielsweise der internationale Markt für das Gut Y im Gleichgewicht, d.h.

$$y + y^* = D_y + D_y^* \quad , \qquad \ldots.(A.2)$$

dann folgt aus (A.1), dass auch der Markt für das Gut X im Gleichgewicht ist

$$x + X^* = D_x + D_x^* \quad . \qquad \ldots.(A.3)$$

b) Produktion und Einkommen. Vollständige Konkurrenz auf allen Märkten führt zu einer pareto-optimalen Allokation der Ressourcen. Dies garantiert, dass die Volkswirtschaft den Wert der Produktion bzw. das Volkseinkommen maximiert (vgl. Abb.: A.1 Punkt E).

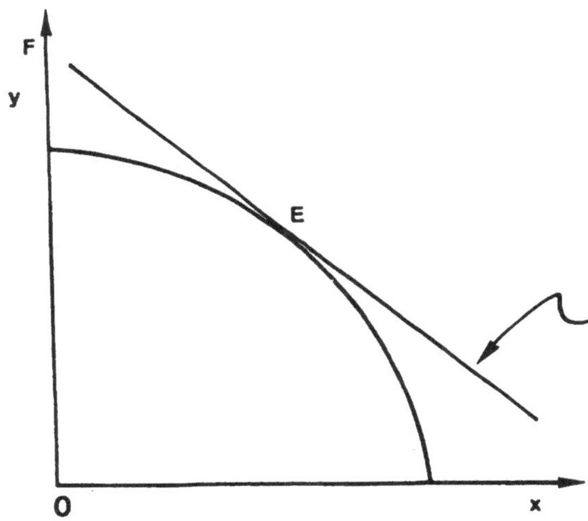

Abb.: A.1: Der optimale Produktionspunkt E;
der maximale Wert des Einkommens in Einheiten von Gut Y ist OF

In Punkt E gilt die Tangentialbedingung: Grenzrate der Transformation entspricht dem Preisverhältnis. Anders ausgedrückt, im Optimum gilt

$$p \cdot dx + dy = 0 \quad . \qquad \ldots . (A.4)$$

Angenommen, der Relativpreis p ändert sich um dp. Wie verändert sich dann der Wert der Produktion, der durch

$$V = p \cdot x + y \qquad \ldots . (A.5)$$

definiert ist? Das totale Differential von (A.5) ergibt $dV = dp \cdot x + p \cdot dx + dy$. Mit (A.4) gilt deshalb für die Wertänderung

$$dV = x \cdot dp \quad .$$

Analog gilt im Ausland

$$dV^* = x^* \cdot dp \quad . \qquad \ldots . (A.6')$$

<u>c) Preise, Einkommen und Nutzen</u>. Der Nutzen der Wirtschaftssubjekte einer Volkswirtschaft wird über die Nutzenfunktion $U = u(D_x, D_y)$ in den Konsummengen D_x und D_y abgebildet. Der Nutzen wird unter Einhaltung der Einkommensrestriktion maximiert. Das totale Differential der Nutzenfunktion u(·) ergibt

$$dU = u_x(\cdot) \cdot dD_x + u_y(\cdot) \cdot dD_y \ .$$

Dividiert man diese Gleichung durch den Grenznutzen von Gut y ($u_y(\cdot)$) und verwendet dabei die Eigenschaft, dass im Nutzenmaximum das Grenznutzenverhältnis dem Preisverhältnis entspricht, so ergibt sich

$$\frac{dU}{u_y} = p \cdot dD_x + dD_y \quad , \qquad \ldots . (A.7)$$

wobei $dU/u_y \equiv d\upsilon$ als reale Einkommensänderung bezeichnet y wird (vgl. CAVES/JONES [1985], S.485). Die reale Einkommensänderung entspricht somit einer mit dem Relativpreis gewichteten Änderung der Nachfragemengen.

Die Einkommensrestriktion der Konsumenten lautet: Wert der Konsumausgaben muß dem Wert des Einkommens entsprechen, $p \cdot D_x + D_y = p \cdot x + y$. Das totale Differential dieser Restriktion lautet

$$p \cdot dD_x + dD_y = -(D_x - x) \cdot dp + (p \cdot dx + dy) \quad .$$

Mit (A.4) und der Definition für Importe $M \equiv (D_x - x)$ ergibt sich für eine reale Einkommensänderung

$$d\upsilon = - \; M\,dp \quad . \qquad \ldots . (A.\,8)$$

Wird beispielsweise das Gut X vom Inland exportiert (M ist negativ) und steigt der Relativpreis für dieses Gut (dp > 0), so steigt das Realeinkommen der betrachteten Volkswirtschaft. Oder, wir erweitern die rechte Seite der Gleichung (A.8) um p, d.h. $d\upsilon = -[p{\cdot}M]\hat{p}$. Der Wert in der eckigen Klammer bezeichnet den Importwert; die Preisänderung bezeichnet die prozentuale Veränderung der terms-of-trade. Angenommen, der Exportwert einer Volkswirtschaft beträgt 100 Geldeinheiten und die terms-of-trade verbessern sich um 10 %, dann gewinnt nach (A.8) die betrachtete Volkswirtschaft 10 Geldeinheiten an zusätzlichem Einkommen.

d)Güterangebot, Güternachfrage und Stabilität des Marktgleichgewichts. Wir betrachten im folgenden das Gleichgewicht für den Markt von Gut X. Eine relative Preisänderung bewirkt, daß sich das in- und ausländische Güterangebot und die Güternachfrage ändern. Ist das ökonomische System stabil?

Wenn der Relativpreis p steigt, dann werden die in- und ausländischen Unternehmen mehr Güter von X anbieten. Bezeichne s bzw. s* die aggregierte Angebotsreaktion der in- und ausländischen Unternehmen, dann ist

$$dx = s \cdot dp \qquad \ldots . (A.\,9)$$
$$dx^* = s^* \cdot dp \qquad \ldots . (A.\,10)$$

Die Reaktion der Nachfrage ist nicht ganz so einfach, da eine Preiserhöhung Substitutions- und Einkommenseffekte bewirken. In der Abb.:A.2 sind der Einkommenseffekt und der Substitutionseffekt graphisch festgehalten.

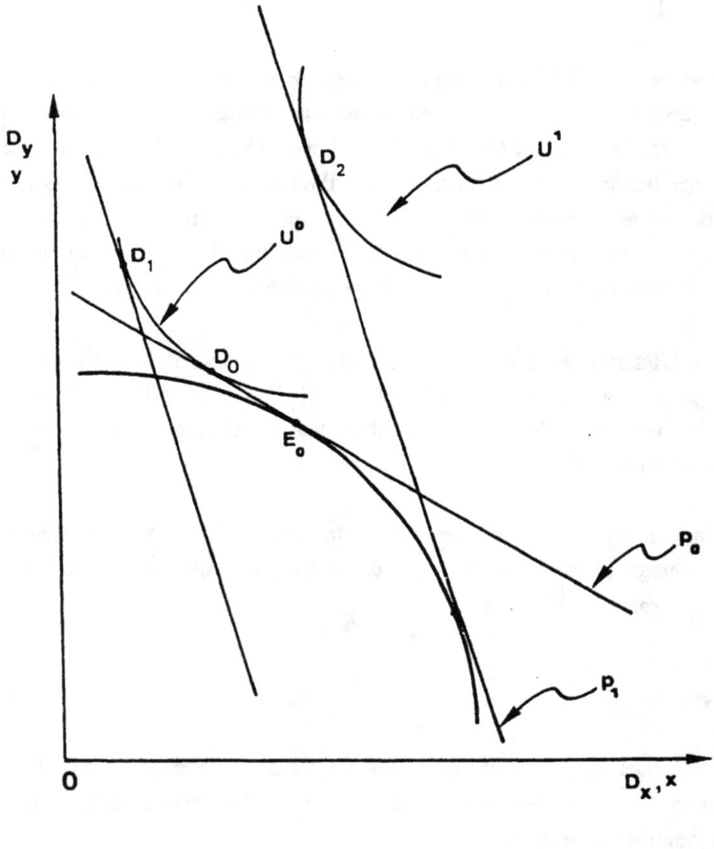

Abb. A.2: Eine Preisänderung bewirkt einen Substitionseffekt (D_0D_1) und einen Einkommenseffekt (D_1D_2)

Im Ausgangsgleichgewicht, bei einem Relativpeis p_0, werde im Punkt E_0 produziert und im Punkt D_0 konsumiert; im Ausgangsgleichgewicht exportiert die betrachtete Volkswirtschaft das Gut X. Nun nehme der Relativpreis für das Gut X zu; von p_0 auf p_1. Wenn keine Nutzenerhöhung eintreten würde, wäre der neue Konsumpunkt durch D_1 gegeben; D_1 bedeutet aber, daß die Nachfrage nach Gut X zurückgeht. Die Preisänderung bewirkt aber eine Zunahme des Realeinkommens.

Berücksichtigt man die Einkommenserhöhung, so liegt der neue Konsumpunkt in D_2. Der neue Konsumpunkt D_2 ist mit einer Nachfrageerhöhung nach Gut X verbunden. Die Analyse einer Preisänderung auf die Nachfrage bedeutet somit, dass wir beide Effekte, den Substitutionseffekt und den Einkommenseffekt berücksichtigen müssen.

Der Substitutionseffekt, der immer negativ ist, sei durch $-a \cdot dp$ wiedergegeben. Der Einkommenseffekt werde durch $b \cdot d\upsilon$ repräsentiert. Der Einkommenseffekt ist positiv, wenn das Land Gut X exportiert; der Einkommenseffekt ist in diesem Beispiel negativ, wenn das betrachtete Land Gut X importiert. Der Gesamteffekt einer Preiserhöhung auf die inländische Nachfrage besteht somit aus

$$dD_x = - a \cdot dp + b \cdot d\upsilon \quad . \qquad \ldots . (A\ 11)$$

Mit $d\upsilon = (x - D_x) \cdot dp$ ergibt sich

$$dD_x = [-a + b(x - D_x)]\, dp \quad . \qquad \ldots . (A\ 11')$$

Analog gilt für die ausländische Güternachfrage

$$dD_x = [-a + b(x - D_x)]\, dp \quad . \qquad \ldots . (A\ 12)$$

Da die ausländische Volkswirtschaft das Gut X importiert, ist der Einkommenseffekt $b^*(x^* - D_x^*)$ negativ.

Die gesamten Wirkungen einer Preisänderung (Angebots- und Nachfrageänderungen) können nun zusammengefasst werden. Zunächst wird die Überschussnachfrage nach dem Gut X definiert. Die Überschussnachfrage ED_x ist die Differenz zwischen der gewünschten Nachfrage und dem gewunschten Angebot auf dem Weltmarkt X

$$ED_x = D_x + D_x^* - x - x^* \quad . \qquad \ldots . (A\ 13)$$

Eine Preiserhöhung $dp > 0$ wirkt nun auf die Überschußnachfrage ED_x wie folgt:
$dED_x = dD_x + dD_x^* + dx - dx^*$.

Mit (A.9)-(A.12) ergibt sich

$$dED_x = [b(x - D_x) + b^*(x^* - D_x^*) - a - a^* - s - s^*]dp \quad .$$

Ein Markt ist stabil, wenn eine Überschussnachfrage durch eine Preiserhöhung reduziert wird, d.h. der Markt X ist stabil, genau dann

$$\frac{dED_x}{dp} > 0 \quad . \qquad \text{....(A. 15)}$$

Ist die Überschußnachfrage ED_x stabil? Im Ausgangsgleichgewicht gilt, der Exportwert der inländischen Ökonomie entspricht dem Importwert des Auslands, d.h. $(x^* - D_x^*) = -(x - D_x)$. Damit wird aus (A.14)

$$dED_x = [(b - b^*)(x - D_x) - a - a^* - s - s^*]dp \; . \qquad \text{....(A. 14')}$$

Man erkennt aus (A.14'), dass die Angebotswirkungen der Unternehmen und die Substitutionseffekte der Nachfrage immer zugunsten der Marktstabilität wirken. Instabilität (d.h. keine Konvergenz zum gleichgewichtigen Relativpreis) kann sich durch die Einkommenseffekte einstellen. Der hier betrachtete Markt X ist dann stabil, wenn die marginale Konsumneigung des Inlands kleiner ist als der ausländischen Ökonomie, $b < b^*$ (vgl. (A.11): eine Einkommenserhöhung $d\upsilon$ wirkt auf die Nachfrage (für $dp = 0$) in Höhe von $b > 0$). Im folgenden wird Stabilität des Marktes unterstellt.

2. Zu den Grundlagen der intra-industriellen Arbeitsteilung

2.0 Intra-Industrielle Handelskoeffizienten: (nach GRUBEL/LLOYD, BALASSA, AQUINO und MICHAELY)

Anhand eines Zahlenbeispiels wird auf mögliche Unterschiede in der Berechnung und in der Interpretation von Kennziffern zur Erfassung der intra-industriellen Arbeitsteilung hingewiesen.

Für eine Volkswirtschaft seien folgenden Export und Importwerte für zwei Industrien gegeben:

INDUSTRIE i	EX_i	IM_i
1	1	100
2	1	0

Werden die intra-industrieelen Handelskoeffizienten nach GRUBEL/LLOYD und BALASSA errechnet, so ergeben sich sehr geringe intra-industrielle Anteilswerte.

$$GRUBEL/LLOYD = 1 - \frac{\sum_i^n |EX_i - IM_i|}{\sum_i^n (EX_i + IM_i)} = 0,02 \quad .$$

$$\text{BALASSA} = \frac{1}{n}\sum_{i=1}^{n}\frac{|EX_i - IM_i|}{(EX_i + IM_i)} = 0,99 \quad .$$

Verwendet man die Berechnungsarten nach AQUINO und MICHAELY, so ergeben sich jeweils Werte von 0,50.

$$\text{AQUINO} = \frac{\sum_i^n |EX_i^e - IM_i^e|}{\sum_i^n (EX_i + IM_i)} = 0,50 \quad ,$$

mit

$$EX_i^e = EX_i \sum_i^n (EX_i + IM_i) \; / \; 2 \cdot EX_i \sum_i^n EX_i \quad ,$$

analog für IM_i^e.

$$\text{MICHAELY} = 1 - \frac{1}{2} \cdot \sum_{i=1}^{n} \left| \frac{EX_i}{\sum_i^n EX_i} - \frac{IM_i}{\sum_i^n IM_i} \right| = 0,50.$$

Für die Interpretation der unterschiedlichen Ergebnisse ist es wichtig zu wissen, dass die Kennziffern nach AQUINO und MICHAELY nicht die sich überlappenden Handelsströme (wie etwa in Abb.: I.9 dargestellt) messen, sondern die Ähnlichkeit in der Aussenhandelsstruktur (vgl. dazu ausführlich KOL/MENNES [1986]).

2.1 Ableitungseigenschaft.

Man kann zwar den üblichen Weg einschlagen, indem man das Gewinnmaximierungsproblem der Unternehmung löst und die sich dabei ergebenden Faktornachfragefunktionen mit Hilfe der Inputpreise $w \equiv [w_1,...,w_m]$ und der gegebenen Angebotsmenge x ausdrückt. Es gibt aber auch einen einfacheren Weg, die konditionale Faktornachfragefunktion $x_i(w,x)\ \forall\ i$ zu finden, in dem man das Envelope-Theorem verwendet und die Faktornachfrage unmittelbar aus der Kostenfunktion der Unternehmung ableitet (vgl. etwa DIXIT/NORMAN [1980], S. 44-59; CHIPMAN [1987], S. 4-18).

Die konditionale Faktornachfrage-SHEPHARDS- Lemma.

Es sei $v_i(w,v)$ die konditionale Faktornachfrage nach dem Faktor i einer Unternehmung. Ist die Kostenfunktion der Unternehmung bei (w,x) differenzierbar und sind die Faktorpreise strikt positiv, dann ist

$$\frac{\partial C(w, x)}{\partial w_i} = v_i(w, x) \quad \forall\ i \quad .$$

(Zur Beweisführung). Das Minimierungsproblem der Kostensumme $w_1v_1 + w_2v_2$ (für m = 2) unter der Nebenbedingung eines gegebenen Angebots $x \equiv x_0$ lautet:

$$\begin{gathered} \text{Min } w_1v_1 + w_2v_2 \\ \text{u.d.NB.: } x_0 = f(v_1,v_2) \end{gathered}$$

Die Lagrangefunktion L(·) für das Minimierungsproblem ist gegeben durch

$$L(v_1,v_2,\lambda) = w_1v_1 + w_2v_2 + \lambda[x_0 - f(v_1,v_2)] \rightarrow \min_{\{v_1,v_2,\lambda\}} \quad .$$

Die Lösung des Minimierungsproblems ist die Kostenfunktion $C(w_1,w_2,x_0) \equiv w_1\tilde{v}(w_1,w_2,x_0) + w_2\tilde{v}(w_1,w_2,x_0)$ der Unternehmung. Wird diese reellwertige Funktion beispielsweise nach w_1 differenziert, so erhält man als erste Ableitung der Kostenfunktion

$$\frac{\partial C(\cdot)}{\partial w_1} = \tilde{v}_1 + w_1 \cdot \frac{\partial \tilde{v}_1}{\partial w_1} + w_2 \cdot \frac{\partial \tilde{v}_2}{\partial w_1} \quad .$$

Die Bedingungen erster Ordnung für Kostenminimum lauten: $w_1 = \lambda f_1$ und $w_2 = \lambda f_2$. Unter Verwendung dieser Ausdrück ergibt sich für die erste Ableitung der Kostenfunktion

$$\frac{\partial C(\cdot)}{\partial w_1} = \tilde{v}_1 + \lambda \left[f_1 \frac{\partial \tilde{v}_1}{\partial w_1} + f_2 \frac{\partial \tilde{v}_2}{\partial w_1} \right].$$

Die Nebenbedingung lautet im Kostenminimum $x_0 \equiv f(\tilde{v}_1, \tilde{v}_2)$. Wird diese Identität nach w_1 differenziert, so ergibt sich folgender Ausdruck

$$0 = f_1 \cdot \frac{\partial v_1}{\partial w_1} + f_2 \cdot \frac{\partial v_2}{\partial w_1} \quad .$$

wobei diese Grösse dem Klammerausdruck in der ersten Ableitung entspricht. Damit ergibt sich die Behauptung der sogenannten Ableitungseigenschaft

$$\frac{\partial C(\cdot)}{\partial w_1} = \tilde{v}_1(w_1, w_2, x_0) \quad \|$$

Analog gilt dies für die Ableitung $\partial C(\cdot)/\partial w_2 \equiv \tilde{v}_2(w_1,w_2,x_0)$ und $\partial C(\cdot)/\partial x_0 \equiv \tilde{\lambda}(w_1,w_2)$

2.2 Skalenerträge und Kostenfunktion einer Unternehmung

Zunehmende Skalenerträge können intra-industriellen Außenhandel (in Verbindung mit den Nachfragerpräferenzen) erklären. Im folgenden Abschnitt geht es darum, für eine Unternehmung ein <u>lokales</u> Maß für (zunehmende) <u>Skalenerträge</u> auf der Basis der <u>Kostenfunktion</u> abzuleiten.

Skalenerträge in der materiellen Produktion lassen sich auf der Basis der Technologie der Unternehmung darstellen (a). Da aber die Kostenfunktion einer Unternehmung alle ökonomisch relevanten Informationen über die Technologie enthält, ist es sinnvoll, Skalenerträge auf der Grundlage der Kosten zu erörtern (b). Die neuere außenhandelstheoretische Literatur konzipiert ihre Modellbildungen, sofern Skalenerträge wichtig sind, bevorzugt auf der Grundlage der Kosten einer Firma. Die Vorteile liegen vorallem in der Anwendung <u>dualer</u> Methoden (vgl. etwa DIXIT/NORMAN [1980], HELPMAN/KRUGMAN [1985], Kapitel 2).

(a) Skalenerträge in der Produktion

Der Begriff der Skalenerträge läßt sich wie folgt umschreiben. Die Skalenerträge geben an, wie sich der Output x bei proportionaler Erhöhung aller Inputfaktoren ($v_1, v_2, \ldots, v_m$) verändert. Skalenerträge sind eine Eigenschaft der Technologie der betrachteten Unternehmung (vgl. SMITH [1982], S.31-33).

Man unterscheidet drei Fälle:

(1) $f(\lambda v) > \lambda \cdot f(v)$ (= zunehmende Skalenerträge)

(2) $f(\lambda v) = \lambda \cdot f(v)$ (= konstante Skalenerträge)

(3) $f(\lambda v) < \lambda \cdot f(v)$ (= abnehmende Skalenerträge);

wobei $f(\cdot)$ die Produktionsfunktion einer Unternehmung darstellt und λ ($\lambda > 1$) eine reelle Zahl angibt.

(b) Kostenfunktion und Skalenerträge

Es wird zunächst ein lokales Mass für Skalenerträge, gelegentlich auch Skalenelastizität genannt, eingeführt. Es sei

$$S(v_1, \ldots, v_m) \equiv \frac{\partial f(\lambda v)}{\partial \lambda} \cdot \frac{\lambda}{f(\lambda v)} \Bigg|_{\lambda=1} . \qquad \ldots . (A. 1)$$

Die Produktionsfunktion der Unternehmung besitzt nun zunehmende, gleichbleibende oder abnehmende Skalenerträge, sofern S(v) größer, gleich oder kleiner Eins ist. Der Vorteil der Größe S(v) (der Skalenelastizität) besteht darin, daß die Funktion $f(\cdot)$ nicht homogen sein muß. Die oben genannte Definition der Skalenerträge genügt (als lokales Maß) jeder beliebigen reellwertigen Funktion $f(\cdot)$.

Kostenfunktion. Die Kostenfunktion der Unternehmung $C(w_1, \ldots, w_m, x)$ beinhaltet alle ökonomisch relevanten Informationen über die Technologie der Unternehmung (w repräsentieren in $C(\cdot)$ die Faktorpreise; x ist das Outputniveau). Es ist somit sinnvoll, das Maß der Skalenerträge S(v) in Abhängigkeit der Kosten einer Unternehmung darzustellen (vgl. SMITH [1981], S. 41-43); VARIAN [1984], S. 68-69).

Das Kostenminimierungsproblem der betrachteten Unternehmung lautet:

$$\min_{\{v\}} \sum_{i=1}^{m} w_i \cdot v_i$$

u.d.N.

$$f(v_1, v_2, \ldots, v_m) - x = 0 \quad .$$

Bei gegebenen Faktorpreisen $w \equiv [w_1, w_2, \ldots, w_m]$ und einem vorgegebenen Outputniveau x, ist die Lösung der Minimierungsaufgabe, die Kostenfunktion C(w,x) der Unternehmung.

Der Inputvektor $\tilde{v} \equiv [\tilde{v}_1, \ldots, \tilde{v}_m]$ sei der kostenminimierende Faktoreinsatzvektor, der das Kostenminimierungsproblem löst. Es gilt dann

$$S(w, v) \equiv \frac{C(w, x)/x}{\partial C(\cdot)/\partial x} \quad . \qquad \ldots . (A\ 2)$$

(Zur Beweisführung). Zunächst wird die in der Definition (1) angegebene Differentiation $\partial f(\cdot)/\partial\lambda$ ausgeführt, wobei die Funktion $f(\cdot)$ an der Stelle der Minimalkostenkombination ausgewertet wird ($\tilde{v}$)

$$S(w, v) = \left. \frac{\sum_{i=1}^{m} \frac{\partial f(\cdot)}{\partial v_i} \cdot \tilde{v}_i}{f(\tilde{v})} \right|_{\lambda=1} \qquad \ldots . (A\ 3)$$

Da der Inputvektor $\tilde{v}$ den kostenminimalen Faktoreinsatz darstellt, erfüllt v auch die Bedingungen erster Orndung für ein Kostenminimum, d.h.

$$w_i - \tilde{\mu}(\cdot) \cdot \frac{\partial f(v)}{\partial v_i} = 0 \qquad \forall\, i \quad . \qquad \ldots . (A\ 4)$$

Aufgrund des 'envelope'-Theorems, läßt sich der Lagrange-Multiplikator $\tilde{\mu}$ als Grenzkosten $\partial C(\cdot)/\partial x$ interpretieren. Durch Substitution von (A.4) und dem Lagrangen-Multiplikator (identisch den Grenzkosten), folgt unmittelbar die Behauptung (A.2):

$$S(w, \tilde{v}) = \frac{\sum w_i \cdot \tilde{v}_i}{\tilde{\mu} \cdot f(\cdot)} = \frac{C(\cdot)/x}{\partial C(\cdot)/\partial x} = \frac{AC(w, x)}{MC(w, x)} \quad \|$$

c) Im Hauptteil der vorliegenden Arbeit wurde gezeigt, zunehmende Skalenertäge in der Produktion werden durch Marktexpansionsmöglichkeiten im besonderen Maße virulent. Freihandel wirkt wie eine Marktvergrößerung. Unternehmungen, die unter zunehmenden Skalenerträgen produzieren, können zusätzliche Vorteile durch Outputsteigerungen international wahrnehmen.

Es existieren alternative Konzepte, unternehmensinterne Skalenerträge zu messen. Eine Möglichkeit, von der in der Außenhandelstheorie extensiv gebrauch gemacht wird, ist das Maß der inversen Kostenelastizität einer Outputänderung, wie sie in der Größe $S(\cdot) = AC(\cdot)/MC(\cdot)$ zum Ausdruck kommt.

<u>2.3 Nutzenfunktion nach DIXIT/STIGLITZ [1977].</u> Wir diskutieren die folgende Nutzenfunktion (die Notation wurde der Notation der vorliegenden Arbeit angepaßt)

$$u = U[u_x(\cdot), y] ,$$

wobei $u_x(\cdot)$ wiederum von den Mengen an differenzierten Produkten abhängig ist ($u_x(x_1, x_2, \ldots)$) und für das homogene Gut angenommen wird, so daß $u_y \equiv y$. Im folgenden wird eine explizite Nutzenfunktion unterstellt; sie lautet

$$u = u_x(\cdot)^{\beta} \cdot y^{1-\beta} \text{ ; mit } 0 < \beta < 1.$$

Das Nutzenmaximierungsproblem des Haushalts wird nun in zwei Schritte zerlegt; zuerst wird das Allokationsproblem für das Einkommen m gelöst, um dann in einem zweiten Schritt das optimale Konsumniveau der differenzierten Produkte zu bestimmen. Zunächst bietet sich an, die minimalen Konsumausgaben für <u>eine</u> Einheit des 'zusammengesetzten' Produkts zu ermitteln. Die <u>minimalen Konsumausgaben</u> sind gegeben durch (vgl. Abschnitt I.2)

$$\tilde{p} \equiv \min_{x_i} \left[\sum_{i=1}^{n} p_i \cdot x_i \;\middle|\; \tilde{x} \equiv 1 \right] .$$

Das Allokationsproblem des repräsentativen Konsumenten lässt sich dann wie folgt darstellen

$$\max_{\tilde{x}, y} \; \tilde{x}^{\beta} y^{1-\beta}$$

u.d.N.

$$\tilde{p} \cdot \tilde{x} + p_y \cdot y = m .$$

Das Allokationsproblem. Wie verteilt der Nachfrager sein verfügbares Einkommen m auf die Produkte der Sektoren (X,Y)? Das Entscheidungsproblem lautet:

$$L(\tilde{x}, y, \lambda) = \tilde{x}^{\beta} y^{1-\beta} + \lambda \left[m - \tilde{p}\tilde{x} - p_y y\right] \Rightarrow \max_{\{\tilde{x}, y, \lambda\}}$$

Die Bedingungen erster Ordnung für ein Nutzenmaximum lauten:

$$L_{\tilde{x}} = \beta \tilde{x}^{\beta-1} - \lambda \tilde{p} = 0$$

$$L_y = (1-\beta)\tilde{x}^{\beta} y^{-\beta} - \lambda p_y = 0$$

$$L_{\lambda} = m - \tilde{p}\tilde{x} - p_y y = 0 \quad .$$

Aus den ersten beiden Gleichungen ergibt sich der Expansionspfad $\tilde{x} = yp_y/\tilde{p}$; wird $\tilde{x}$ in die Nebenbedingung eingesetzt, so ergibt sich im Haushaltsoptimum

$$\tilde{p}\tilde{x} = \beta \cdot m \equiv \tilde{m}$$

$$p_y y = (1-\beta) m \quad .$$

Die Nachfrage nach differenzierten Produkten. Die Nachfrage nach differenzierten Produkten, bei einem gegebenen Einkommen für differenzierte Produkte in Höhe von $\tilde{m}$ errechnet sich wie folgt:

$$\max \left[\sum_{i=1}^{n} x_i^{\alpha}\right]^{1/\alpha}$$

u.d.N.

$$\sum_{i=1}^{n} p_i \cdot x_i = \tilde{m} \quad .$$

Die Lagrangefunktion für das Maximierungsproblem lautet:

$$L(x_1, x_2, \ldots, x_n, \lambda) = \left[\sum_{i}^{n} x_i^{\alpha}\right]^{1/\alpha} + \lambda \left[\tilde{m} - p_i x_i\right] \quad .$$

Die Bedingungen erster Ordnung lauten

$$L_{x_i}(\cdot) = u_x(\cdot)^{1-\alpha} \cdot x_i^{\alpha-1} - \lambda p_i = 0 \ \forall i \ ;$$

$$L_\lambda(\cdot) = m - \sum_{i=1}^{n} p_i x_i = 0 \ .$$

Aus der partiellen Ableitung der Lagrangefunktion nach einer Produktvariante x_i ergibt sich:

$$x_i = \left\{ \frac{\lambda}{u_x^{1-\alpha}} \right\} \cdot p_i^{\frac{1}{\alpha-1}}$$

Die Variable x_i wird nun in die Nebenbedingung ($\tilde{m} = \Sigma p_i x_i$) eingesetzt

$$\tilde{m} = \sum_{i=1}^{n} p_i x_i = \left[\frac{\lambda}{u_x^{1-\alpha}} \quad ^{1/(\alpha-1)} \right] \cdot \sum_{i=1}^{n} p_i^{\frac{\alpha}{\alpha-1}} \ .$$

Wird dieser Ausdruck nach $[\lambda/u_x^{1-\alpha}]$ aufgelöst und die notwendige Bedingung $L_{xi}(\cdot) = 0$ ebenfalls, dann läßt sich durch Gleichsetzen der gesuchte Ausdruck für die optimale Güternachfrage nach einer Produktvariante $x_i(\cdot)$ ermitteln. Es ergibt sich folgende Nachfragefunktion

$$x_i(p_1, \ldots, p_i, \ldots, p_n, \tilde{m}) \equiv \frac{p_i^{\frac{1}{\alpha-1}}}{\sum_k^n p_k^{\frac{\alpha}{\alpha-1}}} \cdot \tilde{m} \ .$$

2.4 Vertikale Produktdifferenzierung: Produktqualitäten

Die Nachfrage wird aus dem Nutzenmaximierungsansatz der Konsumenten abgeleitet. Für einen repräsentativen Konsumenten gilt als Zielfunktion $u(y,q) = \exp(\alpha q)$; diese Nutzenfunktion wird maximiert unter der Nebenbedingung $m = p(q) + y$. Die Lagrangefunktion lautet

$$\max L(y, q, \lambda) = \exp(\alpha q) \cdot y + \lambda(m - p(q) - y) \quad \ldots . (A.1)$$

Indem man die partiellen Ableitungen von (1) nach y,q und λ gleich Null setzt, erhält man die Bedingungen erster Ordnung für ein Nutzenmaximum

$$e^{\alpha q} - \lambda = 0 \qquad \text{....(A. 1. 1)}$$

$$\alpha y e^{\alpha q} - p'(q)\lambda = 0 \qquad \text{....(A. 1. 2)}$$

$$m - p(q) - y = 0 \qquad \text{....(A. 1. 3)}$$

Durch Substitution von (A.1.2) in (A.1.1) und Gleichsetzen für y, ergibt sich die Nachfragefunktion q(m) mit: $\alpha m = \alpha p(q) + p'(q)$. Angenommen, der betrachtete Haushalt habe ein Einkommen von $m > m_s$, dann wird der inländische Ast der internationalen Angebotsfunktion relevant. Für $p(q) = w \cdot \exp(\beta q)$ und $p'(q) = w \cdot \exp(\beta q)\beta$ ergibt sich dann für die Nachfraqe

$$\frac{\alpha}{(\alpha+\beta)}\, m = w \cdot e^{\beta q} \quad .$$

Wird dieser Ausdruck logarithmiert und nach q aufqelöst, so erhält man die Qualitätsnachfrage in Abhängigkeit des Einkommens m (mit der Annahme $m > m_s$)

$$q(m) = \frac{1}{\beta}\left[\log \cdot \frac{\alpha}{(\alpha+\beta)} + \log \cdot m - \log \cdot w\right] \qquad \text{....(A. 2. 1)}$$

Verfügt der Konsument über ein Einkommen, das unterhalb von m_s liegt, so werden ausländische Produktqualitäten konkurrenzfähiger und diese werden nachgefragt. Aus
$\alpha \cdot m = (\alpha + \beta^*) \cdot \exp(\beta^* q)$ ergibt

$$q(m) = \frac{1}{\beta^*}\left[\log \cdot \frac{\alpha}{(\alpha+\beta^*)} + \log \cdot m - \log \cdot w\right] \qquad \text{....(A. 2. 2)}$$

für $m < m_s$.

2.5 Oligopol und Außenhandel

Die Lösung für den gleichgewichtigen Marktanteil lautet

$$\tilde{s}* = \frac{[(c + t)(1 + \gamma) - \epsilon t]}{[(2c + t)(1 + \gamma)]} \quad . \quad \ldots . (A. 1)$$

Wie reagiert die endogene Größe $\tilde{s}$ auf Änderungen in den Transportkosten t, in den Grenzkosten c, im konjekturalen Koeffizienten γ und in der Nachfrageelastizität ϵ ? Durch Differentiation von (1) erhält man

$$\frac{\partial \tilde{s}*}{\partial t} = \frac{[c(1+\gamma)(1+\gamma-2\epsilon]}{[(1+\gamma)(2c+t)]^2} < 0$$

$$\frac{\partial \tilde{s}*}{\partial c} = \frac{[t(1+\gamma)(2\epsilon-\gamma-1)]}{[(1+\gamma)(2c+t)]^2} > 0$$

$$\frac{\partial \tilde{s}*}{\partial \gamma} = \frac{\epsilon t(2c+t)}{[(1+\gamma)(2c+t)]^2} > 0$$

$$\frac{\partial \tilde{s}*}{\partial \epsilon} = \frac{-t}{[(1+\gamma)(2c+t)]^2} < 0$$

Verzeichnis der Tabellen

Verzeichnis der Tabellen

Verzeichnis der Abbildungen

Verzeichnis der Abbildungen

Kleines Glossarium

Direktinvestitionen. Der Erwerb von Kapitalanteilen (oder die Gewährung von Krediten) an Unternehmen im Ausland, die mit einer Einflussnahme auf die Geschäftsführung verbunden ist. Sie stehen damit im Gegensatz zu den ebenfalls in der Bilanz des langfristigen Kapitalverkehr erfaßten sogen. Portfolioinvestitionen. Die hauptsächlichen Erscheinungsformen der Direktinvestitionen sind die Gründung von ausländischen Tochtergesellschaften und Zweigniederlassungen, der Erwerb von Beteiligungen und die Ausstattung dieser Unternehmen mit Anlage- und Finanzmitteln.

Joint Ventures. Bezeichnung für Zusammenschlüsse selbständiger Unternehmen zur Durchführung bestimmter Vorhaben. Gemeinschaftsunternehmen mit Beteiligung in- und ausländischer Firmen werden von den meisten Entwicklungsländern gegenüber rein ausländischen Direktinvestitionen präferiert.

Leistungsbilanz. Zusammenfassung von Handels-, Dienstleistungs und Übertragungsbilanz. Der Saldo der Leistungsbilanz ist verantwortlich für die Veränderung der Nettoauslandsposition einer Volkswirtschaft.

Lizenzvertrag. Lizenzverträge zwischen in- und ausländischen Unternehmen beziehen sich auf das Recht Patent- bzw. Urheberrechte zu benutzen, bzw. zu verwerten. In der Regel werden diese Rechte gegen Zahlung einer Lizenzgebühr abgetreten.

Multinationale Unternehmen. Unternehmen, die in verschiedenen Ländern wirtschaftlich tätig sind. Die Unternehmensziele werden optimiert durch geeignete Standortwahl und durch die Berücksichtigung von wirtschaftspolitischen, steuerlichen und rechtlichen Rahmenbedingungen. Die Vorteile bestehen in der Vermeidung von Handelsrestriktionen, im Ausnützen von Kostenvorteilen und der Beschaffungssicherheit.

Nettoauslandsposition einer Volkswirtschaft. Der Saldo zwischen Forderungen und Verbindlichkeiten eines Landes gegenüber dem Ausland wird als Nettoauslandsposition bezeichnet. Die Veränderung der Nettoauslandsposition einer Volkswirtschaft ist in der Zahlungsbilanz als Saldo der Leistungsbilanz ersichtlich.

Portfolioinvestitionen. Wertpapieranlagen Privater im Ausland, deren Motiv, im Gegensatz zu den Direktinvestitionen, vorwiegend in den Ertragserwartungen liegt.

Protektionismus. Unter Protektionismus versteht man die Summe aller protektionistischen Massnahmen eines Landes. Die protektionistischen Massnahmen stellen einen Eingriff in die internationale Arbeitsteilung dar, die vorgenommen werden, um die Höhe, die Struktur und die Richtung der Güter- und Leistungsströme zu regulieren. Der Protektionismus zielt darauf ab, den Marktzugang der ausländischen Anbieter zu erschweren bzw. die internationale Wettbewerbsfähigkeit der inländischen Hersteller auf den Märkten künstlich zu verbessern.

Terms of Trade. Kennzahl für das reale Austauschverhältnis zwischen Import- und Exportgütern einer Volkswirtschaft. Die gebräuchlichste Form der Ermittlung der terms of trade sind die commodity terms of trade, die durch den Quotienten aus Exportpreisindex und Importpreisindex eines Landes gebildet werden. Vergrößert sich dieser Quotient, spricht man von einer Verbesserung der realen Austauschverhältnisse, da für eine Einheit an Export mehr Güter importiert werden können.

Zahlungsbilanz. Systematische Aufstellung der wirtschaftlichen Transaktionen zwischen In- und Ausländern während eines Jahres. Die Aufstellung erfolgt dabei nach dem Prinzip der doppelten Buchführung. Vorgänge, die zu Zahlungseingängen führen, werden als Creditposten und Vorgänge, die zu Zahlungsausgängen führen, als Debetposten bezeichnet. Die Zahlungsbilanz wird untergliedert in (a) Leistungsbilanz, (b) Kapitalbilanz, (c) Restposten, (d) Ausgleichsposten zur Auslandsposition, (e) Veränderung der Netto-Auslandsaktiva der Bundesbank (vgl.u.g. Zahlungsbilanz der **Bundesrepublik Deutschland**; für die **Schweiz** siehe "Die Zahlungsbilanz der Schweiz", TUCHTFELDT [1988]).

ZAHLUNGSBILANZ
der Bundesrepublik Deutschland für 1985-1987 (in Mrd. DM)

	1985	1986	1987
Leistungsbilanz			
Warenausfuhr	537,2	526,4	527,0
Wareneinfuhr	463,8	413,7	409,5
Handelsbilanz	73,4	112,6	117,5
Dienstleistungsausfuhr	144,2	142,5	143,8
davon: Kapitalerträge	44,0	46,2	50,3
Dienstleistungseinfuhr	138,9	141,6	151,6
davon: Kapitalerträge	34,5	37,4	43,9
Dienstleistungsbilanz	5,3	0,9	-7,8
Übertragungen aus dem Ausland	17,7	19,4	18,1
davon: aus EG-Ländern	10,1	11,4	9,8
Übertragungen an das Ausland	46,6	46,4	46,5
davon: an EG-Ländern	18,4	19,6	20,2
Übertragungsbilanz	-28,9	-27,0	-28,4
Saldo der Leistungsbilanz	48,4	85,0	80,5
Kapitalbilanz			
Langfristiger Kapitalverkehr			
Deutsche Investitionen im Ausland	-61,7	-55,2	-62,4
davon: Direktinvestitionen	-14,1	-20,3	-16,3
Ausländische Wertpapier	-31,5	-21,6	-24,9
Ausländische Investitionen in Deutschland	48,3	88,5	39,1
davon: Direktinvestitionen	1,8	2,2	3,6
Inländische Wertpapiere	36,3	69,0	20,9
Saldo des langfristigen Kapitalverkehrs	-13,4	33,3	-23,3
Saldo des kurfristigen Kapitalverkehrs	-41,7	-113,4	-20,5
Restposten	5,5	-2,1	-4,9
Veränderung der Nettoauslandsaktiva der Bundesbank	-1,3	2,8	31,9

Quelle: Deutsche Bundesbank

Zahlungsbilanzausgleich. Hinsichtlich des Zahlungsbilanzausgleichs ist die Zahlungsbilanzfinanzierung von der Zahlungsbilanzkorrektur zu unterscheiden. Eine Zahlungsbilanzfinanzierung bedeutet eine Intervention der Währungsbehörde beispielsweise zur Stabilisierung des Wechselkurses durch Einsatz von Währungsreserven. Eine Zahlungsbilanzkorrektur erfolgt durch eine Anpassung des Realeinkommens, des Zinssatzes, des Preisniveaus, durch eine Anpassung des Wechselkurses und durch Maßnahmen der Handels- und Kapitalverkehrspolitik. Im Rahmen eines Goldstandards erfolgt ein automatischer Zahlungsbilanzausgleich durch Anpassungen von Realeinkommen, Zinssatz und Preise; im System vollständig flexibler Wechselkurse durch eine Anpassung des Wechselkurses.

Zölle. Zölle sind Eingangsabgaben (Ausfuhr- oder Durchfuhrzölle gibt es für EG-Mitgliedsländer nicht mehr). Die Zölle lassen sich nach ihrer Bemessungsgrundlage in sogenannte Wertzölle und spezifische Zollsätze unterscheiden.

Literatur

Adebahr, H. [1981], Direktinvestition (eine Problemskizze)., Berlin.

Agarwal, J.P. [1980], Determinants of Foreign Direct Investment: A Survey, Weltwirtschaftliches Archiv CXVI, S. 739-773.

Agarwahl, H. [1988],Europäische Direktinvestitionen in Ostasien - ein internationaler Vergleich., Die Weltwirtschaft, Institut für Weltwirtschaft an der Universität Kiel, S. 138-150.

Arnold, V. [1985], Vorteile der Verbundproduktion., Wirtschaftswissenschaftliches Studium (WiSt), 14. Jg., Heft 6, S. 269-273.

Balassa,B., L. Bauwens [1988], The determinants of intra-European trade in manufactured goods, European Economic Review, Vol.32, S.1421-1438.

Batra, R. [1986], A General Equilibrium Model of Multinational Corporation in Developing Economies., Oxford Economic Papers, Vol. 38, S. 342-353.

Batra, R.N., R. Ramachandran [1980], Multinational Firms and the Theory of International Trade and Investment., American Economic Review, Vol. 70, S. 278-290.

Bernholz, B., F. Breyer [1984], Grundlagen der Politischen Ökonomie., Tübingen.

Blattner,N., M. Mauer,M. Weber [1987], Voraussetzungen der schweizerischen Wettbewerbsfähigkeit., Bern.

Böhm, V. (1984], Arbeitsbuch zur Mikroökonomie, Berlin, Heidelberg, New York, Tokyo.

Borchardt, K. [1987], Warum geht wissenschaftlicher Rat ins Leere? Das Beispiel des Protektionismus., Forschungs-Mitteilung der DFG,3/87, S. 1-8.

Borner, S. [1981], Die Internationalisierung der Industrie., Kyklos, Vol. 34, S. 14-35.

Borner, S. [1986], Internationalization of Industry: An Assessment in the Light of a Small Open Economy (Switzerland)., New York.

Borner, S. [1987], Wettbewerbsfähigkeit und Internationalisierung von Unternehmen im Strukturwandel, in: Betriebliche Kooperation mit den Entwicklungsländern, König,W., J. Peters, W. Ullrich [Hrsg.], Tübingen, S. 14-26.

Borner, S. (ed.) [1988], International Finance and Trade in a Polycentric World., London.

Borner, S., Wehrle, F. [1984], Die Sechste Schweiz : Überleben auf dem Weltmarkt., Zürich.

Brander, J.A. [1981], Intra-Industry Trade in Identical Commodities., Journal of International Economics, Nr. 11, pp.1-14.

Brander, J.A., P. Krugman [1983], A Reciprocal Dumping Model of International Trade., Journal of International Economics, Vol. 15, S. 313-321.

Brander, J.A., B. Spencer [1983], International R&D Rivalry and Industrial Strategy., Review of Economic Studies, Vol. 50, S. 707-722.

Brander, J.A., B. Spencer [1985], Export Subsidies and International Market Share Rivalry., Journal of International Economics, Vol. 18, S. 83-100.

Literatur

Breithaupt, K. et al [1979], Analyse der strukturellen Entwicklung der deutschen Wirtschaft., Kiel.

Broll,U., B.M.Gilroy [1987], Intra-industrieller Außenhandel, Wirtschaftswissenschaftliches Studium (WiSt), 16. Jg., S. 359-361.

Broll,U., B.M.Gilroy [1988], Intra-Industry Trade and Differences in Technology, Scottish Journal of Political Economy, Vol.35, S. 398-403.

Buchanan, J.M. [1975],The Limits of Liberty: Between Leviathan and Liberty.,Chicago.

Buckley, P.J., M. Casson [1981], The Optimal Timing of a Foreign Direct Investment., Economic Journal, Vol. 91, S. 75-87.

Cassing, J.H., A.L.Hillman, N.V.Long [1986], Risk Aversion, Terms of Trade Uncertainty and social-consensus Trade Policy, Oxford Economic Papers, Vol.38, S. 234-242.

Casson, M. [1979], Alternatives to the Multinational Enterprise., London.

Casson, M. [1986], The Firm and the Market: Studies on Transactions Cost and the Strategy of the Firm., London.

Casson, M. [1987], The Firm and the Market: Studies on Multinational Enterprise and the Scope of the Firm., Oxford.

Caves, R.E. [1982], Multinational Enterprise and Economic Analysis., Cambridge.

Caves, R.E., R.W. Jones [1985], World Trade and Payments, Boston, Toronto.

Chipman, J.S. [1986], Intra-industrieller Handel, Faktorproportion und Aggregation, in: ERTEL,R., H.J. HEINEMANN [Hrsg.], Aspekte internationaler Wirtschaftsbeziehungen, S.81-108, Hannover.

Chipman, J.S. [1987], International Trade., in: Eatwell, J., J. Milgate, P. Newman (eds.), The New Palgrave (A Dictionary of Economics)., New York, S. 922-955.

Culem, C., L. Lundberg [1986], The Product Pattern of Intra-Industry Trade: Stability Among Countries and Over Time., Weltwirtschaftliches Archiv, Bd. 122, S. 113-130.

Dixit,A., V.Norman [1982], Außenhandelstheorie., München, Wien.

Dixit,A., J.Stiglitz [1977] , Monopolistic Competition and Optimum Product Diversity, American Economic Review, Vol. 67, S.297-308.

Donges, J.B. [1981], Aussenwirtschafts- und Entwicklungspolitik., Berlin, Heidelberg, New York.

Donges, J.B., K.D. Schmidt et al. [1988], Mehr Strukturwandel für Wachstum und Beschäftigung., Tübingen.

Dunning, J.H. (ed.) [1985], Multinational Enterprises, Economic Structure and International Competitiveness., Chichester, New York.

Dunning, J. H., Norman, G. [1986], Intra-Industry Investment., in: Gray, P.H. (ed.), Research in International Business and Finance (A Research Annual) Uncle Sam As Host.,Vol. 5, Greenwich, Conn., S. 73-95.

Literatur

Eaton,J., G.Grossman [1986], Optimal Trade and Industrial Policy Under Oligopoly, Quarterly Journal of Economics, Vol. 101, S.383-406

Ebenroth, C.T. [1983], Zur Praxis des Internationalen Wirtschaftsrechts (Forschungsdefizite und Entwicklungspotentiale)., Konstanzer Blätter für Hochschulfragen, S. 42-64.

Ebenroth, C.T. [1987a], Code of Conduct - Ansätze zur vertraglichen Gestaltung internationaler Investitionen.,Konstanz.

Ebenroth, C.T. [1987b], Überlegungen zur Ausgestaltung transnationaler Investitionsverträge., in: Festschrift für E.C. Stiefel., München.

Ehrenfeld, H. [1985], Aussenhandel, Direktinvestitionen und Lizenzen., Frankfurt, Bern, New York.

Eilenberger, G. [1987], Finanzierungsentscheidungen multinationaler Unternehmungen, Heidelberg.

Ethier, W. [1986], The Multinational Firm, Quarterly Journal of Economics, Vol.101, S. 805-833.

Ethier, W.[1988], Modern International Economics, New York, London.

Fair, D.E., de Boissen, C. (eds.) [1988], International Monetary und Financial Integration: The European Dimension., New York.

Fischer, S., R. Dornbusch, S. Schmalensee [1988], Economics., New York.

Flam, H., E. Helpman [1987], Vertical Product Differentiation and North-South Trade., American Economic Review, Vol. 77, S. 810-822.

Frey, B.S. [1985], Internationale Politische Ökonomie, München.

Gilroy, B.M., U.Broll [1987], West Germany: Expanding Where the Markets are, Multinational Business, S. 1-11.

Glismann, H.H., E.J. Horn, S. Nehring, R. Vaubel [1986] , Weltwirtschaftslehre, Göttingen.

Göbel, H., R.J. Langhammer, F.D. Weiss [1988], Wachstum im asiatisch-pazifischen Raum., Tübingen.

Greenaway, D., C.R. Milner [1983], On the Measurement of Intra-Industry Trade., Economic Journal, Vol. 93, S. 900-908.

Greenaway, D., C.R. Milner [1986], The Economics of Intra-Industry Trade., Oxford.

Grubel, H.G., P.G. Lloyd [1975], Intra-Industry Trade.,London.

Hart, O. [1985], Monopolistic Competition in the Spirit of Chamberlin: Special Results., Economic Journal, Vol. 95, S. 889-908.

Hauser, H. [1979], Qualitätsinformationen und Marktstrukturen.,Kyklos, Vol. 32, S. 739-763.

Heinemann, H.J. [1985], Zum Zusammenwirken von Direktinvestitionen und Technolgietransfer., IFO-Studien, Heft 7, S. 93-100.

Literatur

Helpman,E. [1981], International Trade in the Presence of Product Differentiation, Economies of Scale and Monopolistic Competition: A Chamberlin-Heckscher-Ohlin Approach., Journal of International Economics, S. 305-340.

Helpman, E. [1984a], A Simple Theory of International Trade with Multinational Corporations., Journal of Political Economy, Vol. 92, No.3, S.451-471.

Helpman, E. [1984b], Increasing Returns, Imperfect Markets, and Trade Theory., in: Jones, R., P. Kenen (eds.), Handbook of International Economics., Amsterdam, New York, Oxford, S. 325-365.

Helpman, E. [1987], Imperfect Competition and International Trade: Evidence from Fourteen Industrial Countries., Journal of the Japanese and International Economies, Vol. 1, S. 62-81.

Helpman, E. and Krugman, P.R. [1985], Market Structure and Foreign Trade. Increasing Returns, Imperfect Competition, and the International Economy., Cambridge, Massachusetts, London.

Hennart, J.F. [1982], A Theory of Multinational Enterprise., Michigan.

Herberg, H. [1985], Preistheorie, Stuttgart, Berlin, Köln, Main.

Hesse, H. [1974], Hypotheses for the Explanation of Trade between Industrial Countries, 1953-1970., in: Giersch, H. (ed.), The International Division of Labour: Problems and Perspectives., Tübingen.

Hesse, H. [1977], Aussenhandel I: Determinanten., in: Handwörterbuch der Wirtschaftswissenschaften., Stuttgart, S. 364-387.

Hesse, H., H. Keppler, H.GH. Preusse [1985], Internationale Interdependenzen im wirtschaftlichen Entwicklungsprozess., Göttingen.

Hesse, H., R. Linde [1979], Steigende Skalenerträge, Ursachen und wirtschaftspolitische Bedeutung., WiSo, Heft 10, S. 129-143.

Hillman, A. [1982], Declining Industries and Political-Support Protectionist Motives., American Economic Review, Vol. 72, S. 1180-1187.

Hillman, A. [1989], The Political Economy of Protection. Chur, London, Paris, New York.

Hillman, A., H. Ursprung [1988], Domestic Policies, Foreign Interests, and International Trade Policy., American Economic Review, Vol. 78, S.729-746.

Holler, M. [1985], Ökonomische Theorie der Verhandlungen., München, Wien.

Horstmann, I., J.R. Markusen [1987a], Strategic Investments and the Development of Multinationals., International Economic Review, Vol. 28,S. 109-121.

Horstmann, I., J.R., Markusen [1987b], Licensing Versus Direct Investment: A Model Of Internationalization By The Multinational Enterprise., Canadian Journal of Economics, XX, No. 3, S. 464-481.

Horstmann, I., J.R., Markusen [1989], Firm-Specific Assets and the Gains from Direct Foreign Investment., Economica, Vol. 56, S. 41-48.

Literatur

Hwang, H. [1984], Intra-Industry Trade and Oligopoly: a Conjectural Variations Approach., Canadian Journal of Economics, Vol, 17, S. 126-138.

Jacquemin, A. [1987], The New Industrial Organization: Market Forces and Strategic Behavior., Oxford.

Jahresgutachten des Sachverständigenrates [1986], Auf dem Weg zu mehr Beschäftigung., Stuttgart.

Jones, R.W. [1979], International Trade: Essays in Theory., Amsterdam, New York, Oxford.

Jones, R.W. [1987], Heckscher-Ohlin Trade Theory., in: Eatwell, J., J. Milgate, P. Newman (eds.), The New Palgrave (A Dictionary of Economics)., New York, S. 620-626.

Jones,R.W.,P.Neary, F.Ruane [1983], Two-way capital flows: Cross-hauling in a model of foreign investment, Journal of International Economics, Vol. 14, S. 357-366.

Juhl, P. [1985], The Federal Republic of Germany., in: Dunning, J. (ed.) [1985], Multinational Enterprises, Economic Structure and International Competitiveness., Chichester, New York, S.127-154.

Kierzkowski, H. (ed.) [1984], Monopolistic Competition and International Trade.,Oxford.

Kierzkowski, H. [1987], Recent Advances in International Trade Theory: A selective survey. Oxford Review of Economic Policy, Vol. 3, S. S.1-19.

Kindleberger, C.P., D.B. Audretsch (eds.) [1983]., The Multinational Corporation in the 1980's., Cambridge, Mass.

Kohlhagen, S. [1983], Overlapping National Investment Portfolios: Evidence and Implications of International Integration of Secondary Markets for Financial Assets., in: R. Hawkins, R. Levich, and C. Wihlborg (eds.), Research in International Business and Finance., Greewich, Conn.

Kol, J., L.B.M. Mennes [1986], Intra-Industry Specialization: Observations on Concepts and Measurement., Journal of International Economics, Vol. 21, S. 173-181.

Krugman, P.R. [1979], Increasing Returns, Monopolistic Competition, and International Trade., Journal of International Economics, Vol. 9, pp. 469-479.

Krugman, P.R. [1980], Scale Economies, Product Differentiation, and the Pattern of Trade., American Economic Review, Vol. 70, pp. 950-959.

Krugman, P. [1981], Intra-Industry Specialization and the Gains from Trade., Journal of Political Economy, Vol. 89, S. 959-973.

Krugman, P. [1982], Trade in Differentiated Products and the Political Economy of Trade Liberalization., in: J.Bhagwati (ed.), Import Competition and Response., Chicago, S. 197-208.

Krugman, P.R. [1983], The New Theories of International Trade and the Multinationale Enterprise, in: Kindleberger, C.P., D.B.Audretsch, The Multinational Corporation in the 1980s, Cambridge, MA. S.57-73

Literatur

Krugman, P.R. [1984], Import Protection As Export Promotion: International Competition In The Presence Of Oligopoly And Economies Of Scale., in: Kierzkowski, H. (ed.), Monopolistic Competition and International Trade.,Oxford, S.180-193.

Krugman, P.R. (ed.) [1986], Strategic Trade Policy and the New International Economics., Cambridge, Mass..

Krugman, P.R. [1987] , Is Free Trade Passé ?, Economic Perspectives, Vol.1, S. 131-144.

Krugman, P.R., M. Obstfeld [1988], International Economics,Theory and Policy, Glenview, Boston, London.

Leamer, E. E. [1984], Sources of International Comparative Advantage Theory and Evidence., Cambridge, Massachusetts.

Lundberg, L. [1988], The Role of Comparative Costs for Determining Inter- and Intra-Industry Trade with Developing Countries., European Economic Review, Vol. 88, S. 1699-1710.

Magee, S.P. [1980], Three Simple Tests of the Stolper-Samuelson Theorem., in: Oppenheimer, P. (ed.), Issues in International Trade., Stocksfeld, S. 138-153.

Markusen, J.R. [1984], Multinationals, Multi-Plant Economies, and the Gains from Trade., Journal of International Economics, Vol. 16, S. 205-226.

Markusen, J.R. [1986], Explaining the Volume of Trade: An Eclectic Approach., American Economic Review, Vol. 76, S. 1001-1011.

Markusen, J.R., J. Melvin [1984], The Gains-From-Trade Theorem with Increasing Returns to Scale., in:Kierzkowski, H. (ed.), Monopolistic Competition and International Trade., Oxford, S. 10-34.

Mayer, W. [1984], Endogeneous Tariff Formation, American Economic Review, Vol. 74, S. 970-985.

McKinnon, R. [1988], Monetary and Exchange rate Policies for International Financial Stability: A Proposal., Economic Perspectives, Vol. 2, S. 83-104.

Melo, J., P.A. Messerlin [1988], Price,Quality and Welfare effects of European VERs On Japanese Autos, European Economic Review, Vol. 32, S. 1527-1546.

Milde, H. [1988], Theorie der Adversen Selektion., Wirtschaftswissenschaftliches Studium (WiSt), 17. Jg., S. 1-6.

Neumann, M., Böbel, I., A. Haid [1985], Konzentration, Aussenhandel und Marktergebnis., in: Bombach, G., Gahlen, B., A. Ott (Hrsg.), Industrieökonomik: Theorie und Empirie., Tübingen, S. 169-189.

Richter,R. [1987], Geldtheorie (Vorlesung auf der Grundlage der Allgemeinen Gleichgewichtstheorie und der Institutionenökonomik), Berlin, Heidelberg,New York, London,Paris, Tokyo.

Rose, K. [1986], Theorie der Aussenwirtschaft., München.

Rugman, A.M. [1981], Inside the Multinationals: The Economics of Internal Markets., London.

Literatur

Rugman, A.M. [1986], New Theories of the Multinational Enterprise: An Assessment of Internalisation., Bulletin of Economic Research, Vol. 38(2), S. 101-118.

Schittko, U. [1976], Lehrbuch der Aussenwirtschaftstheorie., Stuttgart.

Schlup, T. [1987], Die schweizerischen Direktinvestitionen im Ausland im Jahre 1986., SNB Quartalsheft No. 4, Dezember, S. 284-290.

Schumacher, D. [1983], Intra-Industry Trade Between the Federal Republic of Germany and Developing Countries: Extent and Some Characteristics., in: Tharakan, P.K.M. (ed.) [1983], Intra-Industry Trade: Empirical and Methodological Aspects., Amsterdam, New York, Oxford, S. 87-110.

Sgro, P.M. [1986], The Theory of Duality and International Trade., London, Sydney.

Shapiro, C. [1983], Premiums for High Quality Products as Returns to Reputations., Quarterly Journal of Economics, Vol. 85, S. 659-679.

Siebert, H. [1985], Economics of the Resource-exporting country: International Theory of Supply and Trade, Greenwich, London.

Siebert, H. [1988], Strategische Handelspolitik: Theoretische Ansätze und wirtschaftspolitische Empfehlungen., Aussenwirtschaft, Vol. 43, S. 549-584.

Siebert, H. [1989], Aussenwirtschaft., Stuttgart.

Smith, A. [1982], A Mathematical Introduction to Economics, Oxford. (siehe auch deutsche Übersetzung [1987], München, Wien).

Smith, A. [1987], Strategic Investment, Multinational Corporations and Trade Policy, European Economic Review, Vol. 31, S. 89-96.

Tharakan, P.K.M. (ed.) [1983], Intra-Industry Trade: Empirical and Methodological Aspects., Amsterdam, New York, Oxford.

Tirole, J. [1988], Industrial Organization., Cambridge.

Tuchtfeldt, E. [1988], Die Zahlungsbilanz der Schweiz., Zeitschrift für Wirtschaftspolitik, Institut für Wirtschaftspolitik an der Universität zu Köln, 37. Jg., Heft 2/3, S.121-137.

Tulde, R.V., G. Junne [1988], European Multinationals in Core Technologies., Chichester, New York.

Ursprung, H. [1987] , Die Einführung politischer Elemente in die Theorie der internationalen Handelspolitik: Einige neuere Ergebnisse., Geld und Währung, Vol. 3, S. 28-44.

Varian, H.R. [1987], Intermediate Microeconomics, New York, London.

von Ungern-Sternberg Th.R. [1984], Zur Analyse von Märkten mit unvollständiger Nachfrager-information, Berlin Heidelberg, New York, Tokyo.

Vosgerau, H.J. (ed.) [1989], New Institutional Arrangements for the World Economy., Berlin, Heidelberg, New York.

Waterson, M. [1984],Economic Theory of the Industry., Cambridge.

Literatur

Weihermüller, H. [1982], Lizenzvergabe im internationalen Marketing., München.

Woodland, A.D. [1982], International Trade and Resource Allocation, Amsterdam, New York, Oxford.

Young, L., S. Magee [1986], Endogeneous Protection, Factor Returns and Resource Allocation., Review of Economic Studies, Vol. LIII, S. 407-420.

Oldenbourg · Wirtschafts- und Sozialwissenschaften · Steuer · Recht

www.ingramcontent.com/pod-product-compliance
Lightning Source LLC
LaVergne TN
LVHW010650300926
849161LV00005B/1090
* 9 7 8 3 4 8 6 2 2 9 6 4 6 *